Dieter Klei

Münchner Maßstäbe

Dieter Klein

Münchner Maßstäbe

Der Siegeszug der Münchner Architektur
im 19. Jahrhundert

unter Mitarbeit von
Robert Hölzl und Markus Landerer

Volk Verlag München

Die „Münchner Maßstäbe" entstanden mit freundlicher Unterstützung von:

MÜNCHNER FORUM Münchner Diskussionsforum für Entwicklungsfragen e.V.

M DICH — MÜNCHEN MAG DICH — 850 JAHRE MÜNCHEN

Die Münchner Bezirksausschüsse

Altstadt - Lehel
Au - Haidhausen
Bogenhausen
Ludwigsvorstadt - Isarvorstadt
Neuhausen - Nymphenburg
Schwabing - Freimann
Sendling
Maxvorstadt

e·on | Energie

MITTEN IN MÜNCHEN

BAYERISCHE BAU UND IMMOBILIEN GRUPPE

Landeshauptstadt München **Kulturreferat**

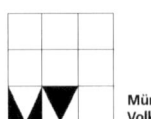

Münchner Volkshochschule

HERMANN REISCHBÖCK
DIPL.-ING. (FH) ARCHITEKT

Die Deutsche Bibliothek verzeichnet diese Publikation in der Deutschen Nationalbibliografie; detaillierte bibliografische Daten sind im Internet über http://dnb.ddb.de abrufbar.

Gestaltung und Satz: Ralf Bumann, München
Umschlaggestaltung: Florian Gleich, Robert Hölzl
Druck: Druckhaus Thomas Müntzer

© 2008 by Volk Verlag München
Streitfeldstraße 19 · 81673 München
Tel. 089 / 930 61 30 · Fax 089 / 93 93 29 13
www.volkverlag.de

Alle Rechte, einschließlich derjenigen des auszugsweisen Abdrucks sowie der photomechanischen Wiedergabe, vorbehalten.

ISBN 978-3-937200-50-7

INHALTSVERZEICHNIS

GRUSSWORTE	7
VORWORT	11
TEIL I MÜNCHEN – EIN ZENTRUM DER BAUKULTUR IM 19. UND 20. JAHRHUNDERT	13
Bautätigkeit in München seit dem Klassizismus	13
Stadtplanung und Bauvorschriften in München	16
Baustile in München vom Klassizismus bis zur Moderne	20
Architekten- und Baumeister-Ausbildungsstätten in München	31
Architektenpersönlichkeiten des Historismus im 19. Jahrhundert	36
Architekten des Jugendstils und der Heimatschutz-Bewegung	45
Anmerkungen Teil I	55
TEIL II MÜNCHNER BAUKULTUR IN EUROPA	65
Tirol, Südtirol und Trentino	66
Innsbruck	68
Bozen/Bolzano	75
Meran/Merano	79
Vorarlberg	81
Salzburg	84
Oberösterreich	87
Steiermark	89
Wien, Niederösterreich und das heutige Burgenland	91
Die Länder der Böhmischen Krone	96
Galizien und die Bukowina	101
Krain, Dalmatien und die Küstenländer	102
Münchner Einflüsse in den ungarischen Ländern der Donaumonarchie	104
Anmerkungen Teil II	113
ANHANG	
Bedeutende Münchner Architekten und Baumeister, Architekturbüros sowie Baufirmen des 19. und 20. Jahrhunderts	121
Literaturverzeichnis	122
Bildnachweis	124
Register	125

GRUSSWORTE

Münchner Forum

Keine der Künste umgibt uns so alltäglich wie die Architektur. Was sie zeigt und was nicht, gestaltet unsere gebaute Welt. Aber nicht nur die prägenden Leistungen von Architekten gestalten das Stadtbild – auch ihre Unterlassungen. Gehen wir mit offenen Augen und einem geschulten Blick durch unsere Städte, erleben wir das jeden Tag.

Das zeigen die baulichen Dokumente aus zurückliegender Zeit. Die klassische Baukunst lebte aus der gestaltenden Kraft der Antike, die der Gotik, die der Renaissance, die des Barock und noch die des Biedermeier – aus der Kunst, Gebäude visuell zum Sprechen zu bringen. Im Historismus erlebten alle diese architektonischen Sprachen eine Wiederbelebung, bisweilen eine unausgegorene, aber in der Wende zum Jugendstil eine ganz frische, originäre. Was an der Wende des 19. zum 20. Jahrhundert an Gebäuden entstand, vertrat jedenfalls den Anspruch, alle Künste zu einen. Häuser aus der Belle Epoque, den Jahrzehnten zwischen dem industriellen Aufbruch und dem Ersten Weltkrieg, waren nicht nur das Werk von Baumeistern, sondern auch von Bildhauern, von Malern, von Dekorateuren. Es waren Gebäude, die die Menschen der damaligen Zeit in das Erbe früherer Generationen einbanden und dieses doch fortschrieben, Jahrzehnt für Jahrzehnt.

Die Moderne hat sich dieser Kontinuität völlig verweigert. Martin Dülfers Jugendstil-Meisterwerk des Pressehauses an der Bayerstraße wurde schon in den späten 20er Jahren purifiziert. Alles was das späte 19. und das frühe 20. Jahrhundert hinterlassen hatten, galt nun als „Geschwürstil", wie sich der Schriftsteller Franz Hessel Ende der 20er Jahre ausdrückte. Er traf mit diesem Verdikt den Nerv seiner Zeit. Überall in Deutschland wurden Fassaden abgeschlagen und so glatt und eckig wie möglich gemacht. Nicht erst der pseudomonumentale Stil der Nationalsozialisten hat in Deutschland eine über viele Generationen gewachsene Baukultur zum Einsturz gebracht.

Als München wie die meisten anderen Städte nach dem Zweiten Weltkrieg den Wiederaufbau begann, hatte die Stadt zwar beschlossen, ihren historischen Grundriss beizubehalten und zumindest im Zentrum, das „liebe alte München", wie es damals hieß, wiedererstehen zu lassen.

Wenn die Wiederaufbau-Generation die Differenziertheit der bürgerlichen Baukultur nicht wiederherstelle, werde die nachfolgende Generation es doppelt nicht tun, hatte Münchens Stadtbaurat Karl Meitinger damals prognostiziert. Recht hat er gehabt. Das serielle Bauen im industriellen Maßstab verlangte und bekam neue, weit größere Parzellenstrukturen und auf ihnen glatte Fassaden, lange Fluchten, Ästhetik aus Beton, Stahl und Glas.

Gewiss: Auch dies ist Ästhetik. Der Versuch der DDR, in ihren späten Jahren industrialisiertes Bauen und Zierrat miteinander in Einklang zu bringen wie etwa am Friedrichstadtpalast in Berlin, wird weithin belächelt. Festzuhalten bleibt aber: Die Einheit der Künste hat die Architektur bisher nicht wieder gewonnen. Kunst am Bau gibt oft mehr eine Verlegenheitslösung als eine wirkliche Antwort.

Deshalb ist es nötig, den Blick wieder verstärkt auf jene Jahrzehnte zu lenken, in denen die Architektur sich als Klammer der Künste verstand. Niemand leitet daraus die Forderung ab, den damaligen Stil zu kopieren. Es geht nicht um eine Neu-Neurenaissance oder einen Neu-Neubarock. Mit der Ausstellung „Münchner Maßstäbe" will das Münchner Forum vielmehr den Blick dafür schärfen, was die Architektur als die integrativste der Künste zu leisten vermag.

Münchens Baukunst der vorigen Jahrhundertwende strahlte international aus. Sie machte München zu einem prägenden Ort. Der internationale Stil von heute hat seinen eigenen Wert. Ob es in München seinem Kontext gelingt, wiederum einen eigenen Stil zu entwickeln, ist eine spannende Frage.

Wolfgang Czisch
Programmausschuss des Münchner Forums

Münchner Maßstäbe auf internationaler Ebene

Als Präsident von ICOMOS, dem Internationalen Rat für Denkmalpflege, begrüße ich die von Dieter Klein und dem Münchner Forum veranstaltete Ausstellung „Münchner Maßstäbe – Inspiration und Ausstrahlung". Die Ausstellung zeigt in anschaulicher Weise, von welcher Strahlkraft München auf künstlerischem und insbesondere auf architektonischem Gebiet seit der Regierung König Ludwigs I. bis in die Zeit vor dem Ersten Weltkrieg geblieben ist. Es ist erstaunlich, dass die Ausstrahlung Münchens in diesem Bereich bis nach Lübeck im Norden und in entlegene Winkel der K. u. K.-Monarchie, ja bis nach Griechenland und Russland reichte. Wohl nicht zuletzt durch die Zäsur des Ersten Weltkriegs ging diese Schlüsselposition Münchens verloren und geriet in der Folgezeit weitgehend in Vergessenheit.

Die Ausstellung „Münchner Maßstäbe – Inspiration und Ausstrahlung" leistet einen wichtigen Beitrag zur Geschichte der Baudenkmäler dieser Epoche und wird den einen oder anderen Besucher vielleicht sogar anregen, sich in anderen europäischen Ländern und Regionen auf Spurensuche nach Münchner Architektur zu begeben.

Prof. Dr. Michael Petzet
Präsident von ICOMOS

Münchner Architektur auf heute polnischem Gebiet

Sehr geehrter Herr Dr. Klein,
die von Ihnen konzipierte Ausstellung über die architektonischen Beziehungen zwischen München und anderen mitteleuropäischen Städten eröffnet wird.

Es ist nicht nur für die Stadt München, „die erste deutsche Kunststadt", ein wichtiges Thema, sondern auch für viele Metropolen Mitteleuropas, darunter auch für Krakau. Denn München bedeutet nicht nur die berühmte Akademie und die Legende der dortigen Kunstschule. Noch in der ersten Hälfte des 19. Jahrhunderts wurde die bayerische Hauptstadt – eine Kunststadt mit Weltruf – ein wichtiger Orientierungspunkt für zahlreiche Metropolen Mitteleuropas. Die von der Dynastie der Wittelsbacher unternommenen städtebaulichen Schöpfungen machten die Stadt zu einem eigenartigen „Architekturlabor" im 19. Jahrhundert.

Die Suche nach dem neuen Stil an der Isar dauerte mehrere Jahre lang, das Werk von Leo von Klenze, Friedrich von Gärtner, oder später von Friedrich Bürklein sollte für zahlreiche Architekten zum „Baukatechismus" werden.

Auch Krakau geriet ziemlich schnell unter den Einfluss von München. Die namhaftesten Krakauer Architekten und Baumeister des 19. Jahrhunderts, Feliks Księżarski, Filip Pokutyński, Antoni Stacherski, Karol Kremer oder Tomasz Majewski wurden von der Münchner Architektenschule stark beeinflusst. Das beste Beispiel dafür wurde der Bau des damals monumentalsten Gebäudes Krakaus, des „Alten Theater" am Szczcpanski Platz, das ursprünglich im Münchner Rundbogenstil errichtet wurde.

Für Ihre Ausstellung wünsche ich Ihnen gutes Gelingen und gratuliere herzlich

Prof. Jacek Purchla
Direktor des Internationalen Kulturzentrums Kraków

Münchner Architektur in der heutigen tschechischen Republik

In Böhmen, Mähren und Schlesien der zweiten Hälfte des 19. und ersten Hälfte des 20. Jahrhunderts entstand eine Reihe hervorragender Bauten, deren Projektanten Tschechen ebenso wie auch Deutsche und Österreicher waren, die hier oder anderswo geboren wurden, doch die hier ihre Aufträge bekamen. Nebeneinander existierten sowohl tschechische als auch deutsche Architekturschulen – in Prag und Brünn waren es deutsche technische Universitäten.

Damit die Sache noch komplizierter wird: manche Tschechen studierten an deutschen Schulen, vor allem in Wien; beliebt war auch das Prager deutsche Technikum, insbesondere in der Zeit, als Josef Zítek – unter anderem der Architekt des Tschechischen Nationaltheaters in Prag, dort lehrte.

Nach der Entstehung der selbständigen Tschechoslowakischen Republik 1918 hörten die Tschechen auf, zum Studium nach Wien zu gehen. Die beiden deutschsprachigen Schulen blieben zwar erhalten, doch sie wurden bis auf wenige Ausnahmen nur noch von deutschen und jüdischen Studenten besucht.

Anfang der 20er Jahre wurde das Art deco zu einem beinahe dominierenden Baustil, versehen mit slawischer Ornamentik, gerne auch als „Nationalstil" gewertet. Später wurde diese Richtung zwar von den avantgardistischen Strömungen des Konstruktivismus und Funktionalismus verdrängt, doch die Stellung der deutschsprachigen Projektanten hat sich dadurch in der Tschechoslowakei nicht gebessert. Es kam auch zu kuriosen Fällen, als man zum Beispiel den Gewinnern des Wettbewerbs für die Eskompte-Bank auf dem Prager Graben empfahl, in das Team lieber noch einen tschechischen Kollegen mit einzuladen, um den Auftrag nicht zu gefährdden. Es machte sich hier ganz einfach der tschechische Nationalismus bemerkbar.

Der Zweite Weltkrieg war Ursache dafür, dass viele Architekten jüdischer Abstammung entweder ins Exil gingen oder in den Konzentrationslagern umkamen. Die Mehrzahl der anderen, deren Muttersprache Deutsch war, wurde nach dem Krieg vertrieben. Es sind nur ganz wenige übriggeblieben, meistens diejenigen, die sich bereits früher zu der linken Avantgarde bekannt hatten. Die anderen gerieten dann in Vergessenheit, kurzum sie wurden als Mitgestalter unserer Architektur (bis auf wenige Ausnahmen, wie Josef Zasche oder Adolf Loos) nicht mehr wahrgenommen.

Als ich vor einigen Jahren die Ausstellung „Begleichung der Schuld" vorbereitete, die fast siebzig solche Persönlichkeiten präsentieren sollte, waren manche Leute in Tschechien überrascht festzustellen, wie viele bekannte Gebäude nach den Projekten deutschsprachiger Architekten nicht nur im Sudetengebiet, sondern auch in Prag entstanden waren. Als Historiker der modernen Architektur empfinde ich ständig ein Schuldgefühl diesen unseren Mitbürgern gegenüber und deshalb begrüße ich mit Nachdruck die Aktivitäten meines guten Freundes Dieter Klein auf diesem Gebiet.

Zdeněk Lukeš
Architekturhistoriker im Büro des Präsidenten der Tschechischen Republik

Kulturelle Beziehungen München–Ungarn

Bayern und Ungarn sind seit langer Zeit durch vielerlei Beziehungen miteinander verbunden. Der erste König von Ungarn zum Beispiel, der im Jahr 1000 gekrönte (Sankt) Stefan heiratete Gisella, eine bayerische Fürstin.

Als Folge der gesellschaftlichen und kulturellen Bewegungen des 19. Jahrhunderts hatte sich die Aufmerksamkeit der Ungarn auf die für sie geographisch günstig gelegene, ambitiöse Hauptstadt Bayerns gerichtet.

An der Münchner Akademie studierten vor allem zwei junge ungarische Architekten, die in ihrer Heimat zu den wichtigsten Baukünstlern ihrer Epoche werden sollten, Frigyes Feszl und Miklós Ybl, die durch ihr Werk die ungarische Baukunst ganz wesentlich mitbestimmt haben. Vom Schwung der Münchner Stilsuche unter König Max II. von Bayern durchdrungen, bemühte sich Feszl auch zu Hause um die Schaffung eines eigenständigen ungarischen Stils im Rahmen des Rundbogenstils. Sein wichtigstes diesbezügliches Werk, die Pester Redoute, orientierte sich am Alten Bayerischen Nationalmuseum an der Münchner Maximilianstraße (dem heutigen Völkerkundemuseum). Miklós Ybl wählte einen anderen Weg, er stand nur in seinem Frühwerk im Banne der Romantik. Später wandte er sich der italienischen Renaissance zu und bereicherte die ungarische Hauptstadt mit einer Reihe von repräsentativen öffentlichen Bauten und Privatpalästen.

Am Ende des 19. Jahrhunderts lässt sich erneut starker Münchner Einfluss nachweisen, dieses Mal durch jene ungarischen Jugendstilarchitekten, die ihre Studien hauptsächlich an der Technischen Hochschule absolviert hatten. Die Namen von Emil Vidor, Gyula Kosztolányi, Albert Kálmán Körössy, Imre Benes, Rezső Ray und Rezső Hikisch müssen diesbezüglich erwähnt werden.

Noch ein weiterer Aspekt verdient unsere Aufmerksamkeit: Am Anfang des 20. Jahrhunderts haben die ungarischen Architekten die Volksbaukunst entdeckt; die auf siebenbürgische Vorlagen zurückblickende Werke von Ede Torockai Wigand, Károly Kós und ihrer Kollegen sprechen diese Sprache. In einem breiteren Sinne kann man hier größere europäische Zusammenhänge entdecken. In diesem Fall haben die Forscher den Einfluss der finnischen nationalen Romantik und der englischen Arts-and-Crafts-Bewegung festgestellt. Verwandt, aber etwas zu wenig beachtet worden ist allerdings die Bewegung, die in Deutschland vom Münchner Heimatstil geprägt war.

München und Budapest – zwei europäische Städte, die im 19. Jahrhundert zu modernen Metropolen wurden. Infolge persönlicher Beziehungen und eines immer noch wahrnehmbaren, gemeinsamen kulturellen Raumes existieren bis heute enge Verbindungen, die auch in diesen „Münchner Maßstäben" anklingen.

Dr. József Sisa
Mitglied der ungarischen Akademie der Wissenschaften

VORWORT

München galt um 1900 als „Erste Deutsche Kunststadt", die nicht zuletzt wegen ihrer liberalen Lebensart Künstler aus aller Welt anzog, Maler und Bildhauer ebenso wie Kunstgewerbler, Schriftsteller, Schauspieler, aber auch Architekten und Städtebauer.

„Brücken bauen" lautet das Motto der Aktivitäten anlässlich des 850-jährigen Münchner Stadtjubiläums. Brücken sind nur selten Einbahnstraßen – und so holen sich Münchner Architekten, die in anderen Städten bauten oder die durch ihre Münchner Werke anderenorts vorbildhaft wirkten, auch so manche Anregungen aus eben solchen anderen Städten.

Große Architekten wie Leo von Klenze oder Friedrich von Gärtner bauten in Griechenland, Klenze sogar für den russischen Zaren, während Gärtner durch seine erfolgreiche Lehrtätigkeit großen künstlerischen Einfluss auf die mitteleuropäische Architektur bekam. Diese Fakten sind relativ bekannt, während die späteren Jahrzehnte der Architekturgeschichte mitsamt den Neo-Stilen und dem Jugendstil bis vor gar nicht allzu langer Zeit vehement abgelehnt oder zumindest stiefmütterlich behandelt worden sind.

Diese Lücken begann man erst gegen Ende des 20. Jahrhunderts zu schließen. Grundlage für die vorliegenden Forschungen über die „Wechselbeziehungen der Münchner Architektur zu mitteleuropäischen Städten" wurden deshalb vor allem die Forschungsarbeiten des Autors aus den siebziger Jahren zu seiner Dissertation über den Architekten Martin Dülfer bzw. zu dessen Theaterbau in Meran.

In diesem Zusammenhang war die umfangreiche Tätigkeit der Münchner Architekten in den Nachbarländern erstmals zu ahnen: Dülfers Bauleiter Wilhelm Kürschner wurde noch während seiner Meraner Tätigkeit nach Bozen als Stadtarchitekt abgeworben, wo er ganze Stadtviertel neu errichten sollte. Das Bozener Theater schuf der Münchner Theaterfachmann Max Littmann, das dortige Rathaus Karl Hocheder, Erbauer des Münchner Volksbades.

Die frappanten Ähnlichkeiten in Bezug auf die Fassadengliederung zwischen Dülfers Bernheimer-Fassade und dem Budapester New-York-Palais wirkten als Auslöser für weiteres Interesse.

Auch mehrere Budapester Schulhäuser schienen den Münchner Schulhausbauten sehr verwandt. Die Gewährung des Bayerischen Staatsstipendiums über das Zentralinstitut für Kunstgeschichte und ein Wissenschaftsstipendium der Stadt Wien ermöglichte schließlich eine intensivere Beschäftigung mit dieser Themenstellung.

Schwerpunkt waren zunächst die Gebiete von Nord- und Südtirol, wo die Münchner Architekten der Gründerzeit in

Abb. 2 München, Bernheimer-Haus

Abb. 1 Meran/Merano, Stadttheater

Abb. 3 Budapest, New York-Palais

besonderem Maße ihre Anregungen geholt und umgekehrt auf die meist in München ausgebildeten Tiroler Architekten geschmacksbildend gewirkt hatten.

Die wichtige Rolle, die München im 19. Jahrhundert als ein Hauptzentrum der europäischen Architektur spielte, war in der jüngeren Vergangenheit weitgehend vergessen. Dabei wurden, von nationalen Grenzen nur wenig behindert, damals die künstlerischen Austauschmöglichkeiten intensiv genutzt. Eine gründliche Auswertung der Immatrikulationsverzeichnisse verschiedener Münchner Architekten-Ausbildungsstätten brachte überraschende Informationen: überproportional viele der Studenten stammten aus dem östlichen Mitteleuropa. Auffallend ist, dass zeitweise hier doppelt so viele Ungarn wie Österreicher Architektur studiert hatten.

Nach 1986 konnten die begonnenen Forschungsarbeiten im Rahmen eines weiteren Stipendiums, diesmal vom Fonds zur Förderung der wissenschaftlichen Forschung in Wien, weitergeführt werden.

Auf verschiedenen Studienreisen wurde eine Überfülle an Materialien gesammelt, die bis dahin in der Regel nur den einheimischen Wissenschaftlern oder regionalen Heimatforschern bekannt waren, überregional aber kaum Beachtung fanden.

Aus zeitlichen und finanziellen Ursachen konnte bislang nur ein Bruchteil der bekannten oder empfohlenen Quellen ausgeschöpft, nicht alle Länder gleichwertig bearbeitet werden. Manches wird erst von späteren Generationen bearbeitet werden oder auch ganz unerforscht bleiben. Vollständigkeit kann bei der Komplexität des Themas nicht angestrebt werden, darüber hinaus zeigen aber die vorgestellten Beispiele die hohe Qualität der Münchner Architektur und ihre Stellung in der mitteleuropäischen Kulturlandschaft, die noch heute besonders in den östlichen Nachbarstaaten deutlich zu erkennen ist. Die vorliegende Arbeit erinnert bewusst an früher selbstverständliche kulturelle Gemeinsamkeiten, die aus politischen Gründen nach dem Ersten, mehr aber noch nach dem Zweiten Weltkrieg ignoriert worden und schließlich in Vergessenheit geraten sind.

Dieter Klein
München, im Mai 2008

TEIL I
MÜNCHEN – EIN ZENTRUM DER BAUKULTUR IM 19. UND 20. JAHRHUNDERT

Bautätigkeit in München seit dem Klassizismus

Als Residenzstadt war München schon seit dem 16. Jahrhundert ein Mittelpunkt internationalen künstlerischen Schaffens gewesen. Mit der Konstituierung des zum Königreich erhobenen bayerischen Staates zu Beginn des 19. Jahrhunderts und der damit verbundenen Bautätigkeit verstärkte sich der Zuzug von Künstlern aus verschiedenen Ländern.

Der Aufstieg Münchens zur führenden, zur „Ersten Kunststadt Deutschlands" wäre ohne das einzigartige Mäzenatentum des Kronprinzen und späteren Königs Ludwig I. kaum denkbar gewesen. Er verstand seine Regentschaft als „Kulturkönigtum"[1], wenngleich dieses Mäzenatentum nicht uneigennützig und schon gar nicht frei von persönlichen Eitelkeiten war.

Ähnlich wie in Dresden entstand auch in München ein Primat des kulturellen Bereiches, nicht zuletzt weil die politischen Möglichkeiten der beiden Mittelstaaten Sachsen und Bayern durchaus begrenzt waren. Als erste Großstadt Europas konnte München seit dem späten 18. Jahrhundert bedeutende planmäßige Stadterweiterungen vorweisen: Brienner- und Ludwigstraße waren weitgehend fertiggestellt und die Maximilianstraße im Bau, als 1853 Haussmann Präfekt von Paris wurde und dort in der Folgezeit die mittelalterliche Stadt abreißen ließ. Weitere vier Jahre später erst entschloss man sich in Wien zum Bau der Ringstraße.[2]

Für solche Großprojekte waren die in München bereits gemachten Erfahrungen sehr hilfreich. So verwundert es nicht, dass Studienreisen vieler berühmter Architekten in die bayerische Metropole überliefert sind. Begründet war der gute Ruf Münchens als Kunststadt von Rang durch die Ideen eines **Gustav Vorherr** (1788–1848), die Bauten eines **Karl von Fischer** (1782–1820), eines **Leo von Klenze** (1784–1864) und eines **Friedrich von Gärtner** (1792–1847). Gärtners Ludwigskirche gab dem europäischen Sakralbau wichtige Impulse, ebenso **Joseph Daniel Ohlmüller** (1791–1839) mit seiner Mariahilf-Kirche in der Au, die als erster Neubau im Sinne der wiederentdeckten Gotik gilt.

Johann Nepomuk Pertsch (1780–1835) blieb mit seiner klassizistischen, 1827–1833 erbauten Kirche für die junge

Abb. 4 München, Staatsbibliothek

protestantische Gemeinde zumindest in München ohne Nachfolge. Erfolgreicher sollte er in Triest werden.[3]

Natürlich gab es auch kritische Stimmen, die nicht verschwiegen werden sollen. Der in Wien tätige Däne Theophil Hansen schrieb 1838 nach einer Studienreise: „mit der Architektur in München ... sähe es überhaupt schlecht aus, wenn man hier keinen Cornelius und Peter Hess gehabt hätte, den Bauten einigen Werth zu verleihen".[4]

Obwohl gerade der Münchner Rundbogenstil im österreichischen Raum viele Staatsbauten wie Kasernen oder Bahnhöfe stark beeinflusste, wurde er von prominenten Österreichern wie Franz Grillparzer negativ beurteilt: Er schrieb 1836 über die Münchner Architektur in sein Reisetagebuch: „dass es mir besonders gefallen hätte, kann ich nicht sagen. Die neuen Gebäude sind wie eine Musterkarte von allen Geschmäckern, von denen keiner der gute, vor allem aber nicht der meinige ist. Nirgends ein heiterer Anblick, überall schießschartenartige Fenster, die groß sein mögen aber klein scheinen, oben abgerundet, was der Helle Schaden tun muss".[5]

Bedeutsam für die folgenden Generationen war die Tätigkeit **Friedrich Bürkleins** (1813–1872) mit seinem Maximiliansstil; **Gottfried Neureuther** (1811–1887) baute im Sinne der Italienischen Renaissance; sehr viel später prägte die Architektur **Gabriel von Seidls** (1856–1919), des Wegbereiters der Deutschen Renaissance, über Jahrzehnte das Architekturgeschehen in der bayerischen Hauptstadt.[6]

Aus aller Herren Länder kamen Studierende an die Münchner Ausbildungsstätten, die Architekturstudenten wurden an der Akademie der Bildenden Künste, am Polytechnikum (der späteren Technischen Hochschule und heutigen Technischen Universität) oder an der Baugewerkschule (der späteren Bauschule, Staatsbauschule, heute Fachhochschule) ausgebildet.[7]

Neben den schon erwähnten, zahlenmäßig besonders stark vertretenen Österreichern und Ungarn studierten Bulgaren, Rumänen, Griechen, Russen, Schweizer, Skandinavier und auch Nordamerikaner in München. Umgekehrt arbeiteten Münchner Architekten in vielen deutschen und österreichischen Städten, aber auch in Italien, der Schweiz, in Luxemburg, Rumänien, Bulgarien, Griechenland, Russland, in den besetzten polnischen Gebieten, in Spanien, in Nord- und Südamerika und sogar in Siam.[8]

München galt zu jener Zeit als „hervorragendstes Emporium modernen Kunstlebens", als „eben jene Weltstadt ... die vorbehaltlos Talente jeder Herkunft und schöpferischer Ausdrucksweise aufzunehmen verstand und ihre Entfaltung ermöglichte."[9] Die Münchner Künstler der verschiedenen Stilrichtungen standen untereinander in regem gesellschaftlichen Kontakt. Viele waren in Künstlervereinen oder -gruppen zusammengeschlossen, von denen die in den 1870er Jahren gegründete „Allotria" einen besonderen Rang einnahm. Hier waren die Großen der Münchner Gesellschaft vereinigt; darunter bekannte Architekten wie Peter Behrens, Martin Dülfer, Jakob Heilmann, Max Littmann, Emanuel und Gabriel von Seidl, Friedrich von Thiersch oder der einflussreiche Verleger der Zeitschrift „Jugend", Georg Hirth.[10]

Das Münchner Stadtbild wurde damals von ausgezeichneten Architekten in den verschiedensten Neo-Stilrichtungen neu gestaltet: **Friedrich von Thiersch** (1852–1921) und **Martin Dülfer** (1859–1942) waren in München die ersten Vertreter des Neubarock; Dülfer erinnerte sich als einer der Ersten an den schlichteren Zopfstil (später eleganter als Louis-Seize-Stil bezeichnet). 1898 entstand schließlich einer der ersten deutschen Jugendstilbauten nach Dülfers Plänen. Die „moderne" Architektur der Zeit um 1900 war von ihm, von seinen Schülern und Mitarbeitern in besonderem Maße geprägt.

„Um die Jahrhundertwende blühte der Jugendstil. München war eines seiner Leuchtfeuer auf dem Kontinent" hieß es rückblickend in einer Publikation der sechziger Jahre.[11] Deshalb durfte zu Beginn des vorigen Jahrhunderts ein Münchner Kunstkritiker schreiben: „Wir Münchner sind heute ganz Deutschland in unserer Architektur voraus. Und das verdanken wir dem glücklichen Umstand, dass hier am frühesten große schöpferische Persönlichkeiten auftraten".[12]

Parallel zum floralen Jugendstil hatte sich im Zuge einer fast alle Staaten Europas erfassenden Rückbesinnung auf die eigenen, bodenständigen Bautraditionen ein „heimattümlicher Historismus" in verschiedenen nationalen Spielarten entwickelt. Die bayerisch-österreichische Variante verbreitete sich mit vielen regionalen Besonderheiten im gesamten deutschsprachigen Alpenraum. Sie war betont auf malerische Wirkungen ausgerichtet, dabei aber durchaus funktionell. Dieser behaglich wirkende Stil entstand bereits zu Zeiten des gründerzeitlichen Eklektizismus und wurde später gerne mit Elementen des Jugendstils vermischt. Als einflussreichster Vertreter ist **Theodor Fischer** (1862–1939) zu nennen.[13]

Aus heutiger Sicht muss die heimattümliche Richtung süddeutscher Prägung als Bemühen um einen unverwechselbaren Regionalstil gesehen werden, das in seinen Ergebnissen mit den nationalistisch geprägten Strömungen in Ungarn und in anderen Kronländern der ehemaligen Donaumonarchie ebenso zu finden ist wie in Finnland oder Katalonien.

Die Betonung der regionalen Bauformen war für das Selbstbewusstsein all dieser Völker von großer Bedeutung, überall wurden die überkommenen Bauformen wissen-

Abb. 5 Bozen/Bolzano, Rathaus

schaftlich erforscht und nach zeitgemäßen Bedürfnissen umgeformt. So wie diese kleineren Nationen, die in größere Staatenbünde integriert waren, so sah auch Bayern seine Eigenständigkeit seit dem deutsch-französischen Krieg von 1870/71 durch die Hegemonie Preußens stark beeinträchtigt.

In abgeschwächtem Maße versuchten die westösterreichischen Kronländer ihre kulturelle und künstlerische Unabhängigkeit von Wien zu dokumentieren. Nach Plänen von Münchner Architekten entstanden auch im österreichischen Alpenraum viele repräsentative Gebäude wie Schulen, Hotel- und Restaurantbauten oder gar Rathäuser, während Wiener Architekten dort eher selten zum Zuge kamen.

Die Münchner hatten nicht nur den Vorteil der geographischen Nähe, sie waren den einheimischen Architekten und Baubeamten oft durch persönliche Freundschaften seit der gemeinsamen Studienzeit verbunden. „Verlockend bei der Auswahl der in München lebenden Techniker war wohl die Leichtigkeit des beständigen mündlichen Verkehrs, welcher durch die vorzügliche Bahnverbindung … möglich ist", hieß es offiziell.[14]

Dazu kam, dass viele der in München ausgebildeten westösterreichischen Architekten und Baumeister die Münchner Bauweise direkt in ihre Heimatländer zurückimportierten. Auch die Böhmen schätzten „München mit seiner derben bürgerlichen Baukunst" als „wohltuende Erscheinung".[15]

Die Ungarn kombinierten dagegen die Münchner Formensprache gerne mit Motiven der ungarischen Volkskunst, wie die Werke verschiedener Architekten ungarischer Abstammung beweisen, die das Bild der damals neu entstehenden Münchner Stadtviertel entscheidend mitgeprägt haben.[16] Gefragt waren malerische Wirkungen, die aber die Funktionalität der Bauwerke nicht vernachlässigten.

Überregional bekannt und auch nachgebaut wurden vor allem zwei in München weiter entwickelte Bautypen: das in sozialer und hygienischer Hinsicht neuartige „Münchner Schulhaus" und natürlich der „Münchner Bierpalast". Sie wurden in Deutschland ebenso begeistert aufgenommen wie in der österreichisch-ungarischen Monarchie. Maßgeblich an solchen Erfolgen waren die Architekten des Münchner Stadtbauamtes beteiligt: Karl Hocheder, Hans Grässel und Theodor Fischer, die „München zum Zentrum eines neuen Bauens in Deutschland machten.[17]

Das wurde auch anlässlich der Leipziger Baufachausstellung von 1913 festgestellt: Als Autor eines Ausstellungsberichtes für das Amtsblatt der Bayerischen Baugewerks-Genossenschaft bemängelt Heinrich Steinbach die allzu geringe Präsenz der Münchner Architektur bei dieser Ausstellung. Der Fachkundige bemerke aber „im gesamten Bauwesen Deutschlands, von der künstlerischen Seite betrachtet, den Münchner Einfluss" ohnehin.

„… überall bauen sie jetzt nach dem Münchner Vorbild – sie schleppen auch die oberbayerische Putzfassade überall mit hin … Das Ursprüngliche des Verdienstes in der Entwicklung der neueren Bauweise wird in dem Abschnitt über den Hochbau, dem Auftreten der Wiener Wagner-Schule und der Revolution der Darmstädter Künstlerkolonie zugeschrieben … Es ist eigentlich ganz unglaublich, dass in dem Katalog bei dieser Gelegenheit München gar nicht erwähnt, doch von Wien gesprochen wird, das heute [das war 1912/1913] seine Gemeindebauten so baut, wie man in München schon vor einem Vierteljahrhundert zu bauen begann". Gemeint sein dürften die Städtischen Wohnhäuser an der Wernhardstraße in Ottakring.[18]

Im Allgemeinen bauten nur wenige bekannte auswärtige Architekten im München der Prinzregentenzeit, was aber nicht heißt, dass ausländische Einflüsse prinzipiell abgelehnt worden sind: „nach Wien richtete … die süddeutsche Architektur vielfach ihre Fühler". So wurde vermutlich die Tradition des Antragstucks in München von Wiener Handwerkern wiederbelebt[19], wie überhaupt die „Münchner Schule" ohne die Vorbilder der Tiroler Renaissance oder des österreichischen Barock, ohne die starken kulturellen Bindungen zu den Nachbarländern oder ohne die grenzübergreifende Heimatschutzbewegung eine völlig andere Ausprägung erfahren hätte.

Wenn diesbezüglich aus Wien Kritik kam, so ist das nicht verwunderlich. Kein Geringerer als **Adolf Loos** (1870–1933) klagte die „Heimatkünstler" an „große Städte zu Kleinstädten, Kleinstädte zu Dörfern herabdrücken zu wollen". Er nannte die „neue Sucht, im Stile von … München-Dachau zu arbeiten" abwertend nur „Münchnerei".[20] Auch **Henry van de Velde** (1863–1957) stand der Bayerischen Architektur ablehnend gegenüber, räumte aber ein, dass München ein Kunstzentrum sei, dem in Europa größte Wertschätzung entgegengebracht würde. Weder Düsseldorf geschweige denn Berlin könnte mit München wetteifern.[21]

Umgekehrt begeisterte sich der Wiener Kunstkritiker **Joseph August Lux** für eben diese Strömung: „Früher als in anderen Städten wurde die entzückende örtliche und ländliche Überlieferung erkannt".[22]

Stadtplanung und Bauvorschriften in München

Früher als in anderen europäischen Städten begann man in München bereits 1791 mit der Schleifung der Stadtmauern. Ab der Stadtgrenze waren die historischen Einfallstraßen auf die Türme der Frauenkirche ausgerichtet. Im Auftrag der Regenten Max I. Joseph und seiner Nachfolger Ludwig I., Maximilian II. und des Prinzregenten Luitpold wurden die Max- und die Ludwigsvorstadt mit den großen Straßenachsen Brienner-, Ludwig-, Maximilian- und Prinzregentenstraße angelegt, in die jeweils alle neuartigen Erkenntnisse des modernen Städtebaues eingearbeitet waren. Auch diese Straßen waren auf markante Bauwerke hin orientiert, so die Brienner Straße auf das Hofgartentor und (später) auf die Propyläen, die Ludwigstraße auf Siegestor bzw. Feldherrnhalle, die Maximilianstraße auf das Maximilianeum, schließlich der jüngste der großen Straßenzüge, die Prinzregentenstraße auf Friedensengel bzw. das Prinz-Carl-Palais.

Nach ähnlichen Idealen waren auch weniger wichtige Straßen angelegt: die Amalienstraße wird optisch mit der Kunstakademie abgeschlossen, die Karlstraße führt scheinbar auf die jenseits der Isar gelegene Turmspitze von St. Johann-Baptist in Haidhausen zu, die Promenade und die heutige Pacellistraße auf das Bernheimer-Haus, die Augustenstraße auf den Turm der St. Josefskirche und die Friedrichstraße schließlich auf die Eingangshalle von St. Ursula.

Die älteren Stadterweiterungsbereiche waren über geometrischen Straßenrastern angelegt, aufgelockert durch runde Sternplätze, von denen die Straßen strahlenförmig ausgehen. Prägend waren große Baublöcke von bis zu 200 Metern Länge. Sie umgaben große Innenhöfe mit weitläufigen Gartenarealen, die allerdings schon bald durch Hinterhäuser oder Werkstattbauten „verhüttelt" worden sind.[23]

Erlaubt waren Erdgeschoss plus vier Stockwerke bis höchstens 22 Metern Höhe, in Einzelfällen konnte aber auch niedrigere Bebauung vorgeschrieben werden. Keinesfalls durften die Gebäudehöhen die Straßenbreite übertreffen.[24]

Die „Alignements" für die Maxvorstadt, das Gärtnerplatzviertel und für das „Franzosenviertel" in Haidhausen zeigen auf dem Reißbrett entworfene geometrische Anlagen mit den schon genannten Sternplätzen nach dem Vorbild barocker Stadtgrundrisse (Karolinen-, Gärtner-, Weißenburger-, Pariser- und Orleansplatz).[25] Solche Plätze wurden gärtnerisch gestaltet und manchmal mit Brunnen versehen. Besonders repräsentative Plätze am Rande der historischen Altstadt legte man als Rondelle an mit den alten Stadttoren als Point-de-Vue, so den Karlsplatz und den Sendlinger-Tor-Platz, später auch den Orleansplatz, diesen mit dem Ostbahnhof im Mittelpunkt. Der ebenfalls großzügig geplante Ausbau des Isartor-Platzes kam hingegen niemals zustande.[26]

Dazu verlangte die Bayerische Landesbauordnung von 1864 als ästhetische Grundvoraussetzung, dass bei Fassaden alles zu vermeiden sei, „was die Symmetrie und Sittlichkeit verletzen könnte".[27]

Die Straßen mussten mindestens 13 Meter breit sein, Äußerlichkeiten überwogen oft die Funktionalität. So wurden beispielsweise rund um den Gärtnerplatz alle Straßen ohne Rücksicht auf das verschieden starke Verkehrsaufkommen in gleicher Breite ausgeführt.[28]

Erst später, nach Einführung sogenannter „Wohnstraßen" ohne Verkehr, reduzierte man deren Breite auf acht Meter und weniger, wodurch die Straßenbaukosten natürlich erheblich gesenkt und die großen Blöcke geteilt werden konnten.[29] So überwog im Münchner Stadtgebiet des späten 19. Jahrhunderts das sogenannte „Pavillonsystem", das keine geschlossene Zeilenbebauung vorsah, sondern nach höchstens 45 Metern eine Unterbrechung der Häuserzeile durch je zwei zusammengelegte Grundstückseinfahrten vorschrieb.[30] Dadurch waren die Höfe besser durchlüftet und die Hofwohnungen heller als bei dichterer Verbauung, wie sie in anderen Städten mit liberalen Bauvorschriften möglich war, wo eine intensive Ausnutzung des Baugrundes zum Nachteil der Bewohner zugelassen war.

Die Bebauung der bayerischen Hauptstadt unterschied sich wohltuend von anderen Großstädten wie Berlin, Wien, Prag oder Budapest.

In Berlin durften beispielsweise die Lichtschächte auf 5,34 Meter im Quadrat beschränkt werden – bedingt durch den Wenderadius einer Feuerspritze. War in Berlin die fünfeinhalbfache Überbauung der gesamten Grundstücksfläche gestattet, so erlaubten die Vorschriften in München höchstens eine dreifache. Das heißt, auf einem 100 Quadratmeter großen Grundstuck konnten, nach Aussparung der vorgeschriebenen Hofflächen 350 Quadratmeter Wohnfläche geschaffen werden.[31]

Um 1905 bestand die Münchner Bausubstanz zu 74 Prozent aus Vordergebäuden, eine Zahl die auf relativ angenehme Wohnverhältnisse schließen lässt.[32] Bei der Grundrissgestaltung wurde auf separat zugängliche Räume geachtet, die meist von einem langen Mittelflur aus erschlossen wurden.

In den Villengegenden von Bogenhausen, der Ludwigshöhe oder von Neuhausen war nur einstöckige, offene Bauweise zugelassen, im sogenannten Wiesenviertel gruppenweise Verbauung mit Erdgeschoss und bis zu zwei Stockwerken. Gerade dieses Wohngebiet gilt als eine der geglücktesten Stadterweiterungen Münchens.[33]

Um die Jahrhundertwende warf man den älteren Städteplanern vor, „mathematische Geister" gewesen zu sein und verwarf deren Idealvorstellungen.[34] „Die Stadterweiterungen, die überall mit dem tiefsten Architekturniedergang zusammenfielen und unter der Vorherrschaft des Geometers standen, haben allen Städten in den letzten fünfzig Jahren das bekannte schematische Gepräge aufgedrückt. Nur München ist dieser Gefahr ziemlich entronnen", schrieb der aus Wien stammende Kunstkritiker **Joseph August Lux**, der als Ursache dafür die „volkstümliche Behandlung von künstlerischen Fragen" und im praktisch bürgerlichen Sinne sieht, „dem das Emporkömmlinghafte fehlt".[35]

„Malerischer Städtebau" hieß die neue Bewegung, unter deren Vorzeichen 1892 ein Wettbewerb zur Erlangung von Stadterweiterungsplänen ausgeschrieben wurde. Daran nahm unter anderen **Georg Hauberrisser** (1841–1922, Schöpfer unseres Rathauses) teil, dessen Pläne aber nicht wettbewerbskonform ausgearbeitet waren. Er hatte aber schon damals eine Art Staffelbauordnung vorgeschlagen, wie sie erst zwölf Jahre später verwirklicht werden sollte.[36]

Prämiert wurde das Projekt von **Karl Henrici** (1842–1922) als ein besonderes „Dokument des deutschen Städtebaues", nicht zuletzt, weil es auf Grundlagen des damals wohl berühmtesten Städteplaners **Camillo Sitte** (1843–1903) basierte, der an den vorbarocken Städtebau anzuknüpfen versuchte.[37]

Sitte selbst gehörte übrigens dem Preisrichterkollegium an, er war zu jener Zeit Professor an der Wiener Kunstgewerbeschule.[38] Nach Beendigung des Wettbewerbes wurde **Theodor Fischer** (1862–1939) als Vorstand des 1894 gegründeten Stadterweiterungsbüros berufen. München war damit die erste deutsche Stadt, die so weitreichende Stadtplanungen einem beamteten Architekten übertrug.[39]

Fischer bemaß die Straßenbreite nach der zukünftigen Verkehrsbedeutung und unterschied, wie schon manche seiner Vorgänger, nach Verkehrs- und nach Wohnstraßen. Neu an seinen Planungen war jedoch, dass auf Niveauverhältnisse ebenso Rücksicht genommen wurde wie auf bestehende Wegeführungen oder auf Besitzgrenzen. Die vorher so beliebte „gerade Linie um jeden Preis" war nicht mehr aktuell, zumal in Bayern damals zugunsten „schematischer Regelungspläne" keine Enteignungsverfahren möglich waren und Grundstücksabtretungen nur im Vergleich ausgehandelt werden konnten.[40]

So gab man die geometrischen Alignements, wie sie der Stadtplaner **Arnold Zenetti** (1824–1891) für weite Teile der Stadt geschaffen hatte, einfach auf oder führte sie nicht weiter, wenn sie nicht gleich komplett durch „malerische" Planungen ersetzt worden sind. Dabei konnte es an den Nahtstellen zwischen alten und neuen Straßenplanungen durchaus zu städtebaulich unbefriedigenden Situationen kommen. Trotz der nunmehr geschwungenen Straßen versuchte man möglichst rechtwinkelige Bauparzellen zu schaffen.[41] Bei der Aufstellung der neuen Baulinienpläne wurden sogar alte Baumbestände berücksichtigt; außerdem konnte nunmehr die Abtretung eines Drittels der Grundstücksfläche für Straßen- oder Grünflächen unentgeltlich gefordert werden. Bereits 1898 war eine Überarbeitung der Pläne notwendig, da ein Ministerialbeschluss für die Neubaugebiete mindestens fünf Prozent Grünfläche vorsah.[42]

Durch allerlei Ausnahme- und Durchführungsbestimmungen waren all diese Vorschriften derart verunklärt worden, dass ab 1900 die Beratungen über eine Staffelbauordnung begannen, die schließlich 1904 in Kraft trat.[43] Sie brachte eine Einteilung in neun Staffeln, die in fünf geschlossene und in vier offene Systeme gegliedert waren. Die erste der fünf geschlossenen Staffeln erlaubte eine Bebauung von Erdgeschoss plus vier Stockwerken, abfallend bis zur fünften, die nur noch einstöckige Bebauung erlaubte. Die offenen Staffeln gestatteten bestenfalls Erdgeschoss plus drei Stockwerke bis höchstens 20 Meter Höhe. Für die Rückgebäude galten ähnliche Bestimmungen, dazu war aber auch eine Mindestgröße des Hofraumes einzuhalten. Die dichtesten Baustaffeln 1 und 2 (fünf bzw. vier Geschosse) blieben vorwiegend auf das Stadtzentrum beschränkt, wobei die niedriger bebauten Vororte von Hauptverkehrsstraßen mit höherer Bebauung durchzogen wurden. Diese Münchner Bauordnung ist mit einem halboffenen Regenschirm oder einem Seestern vergleichbar, wenn sich höher bebaute Hauptverkehrsstraßen rippenartig bis an die Stadtgrenzen ziehen; ein System, das auch von mehreren damals noch nicht eingemeindeten Nachbargemeinden übernommen und weitergeführt worden ist.[44]

Darin lag der Unterschied zu anderen Städten, die meist die Bebauungshöhen von der Innenstadt gegen den Stadtrand hin abfallen ließen. Diese Bauweise ist am ehesten als „pyramidenförmig" zu beschreiben.

Zwischen 1870 und 1914 war die Münchner Bevölkerung von 170 000 auf 640 000 Einwohner gewachsen. Damit stand man, was den Zuzug anbetraf, nach Berlin und Hamburg an dritter Stelle im Reich. Dadurch erhielt die Bauspekulation einen starken Auftrieb, wobei allerdings Auswüchse durch die schon erwähnten strengen Bauvorschriften in Grenzen gehalten werden konnten: „der Schutz des Bauunternehmertums vor unzumutbaren Forderungen" war in München zum Glück nicht so perfekt wie in anderen Großstädten.[45]

Das bewirkte, dass keine Slums gebaut wurden; die gab es, sie waren in den alten, nicht von Spekulanten erbauten Herbergsvierteln zu finden: kleine, zwar malerische aber unhygienische Häuschen, die vorzugsweise im hochwassergefährdeten Gebiet der Isarniederungen oder auch den Schotterflächen des Ziegelabbauareale entstanden und die völlig überbelegt waren.

Dagegen können alle damals neu entstandenen Münchner Wohnviertel als durchaus menschenwürdig bezeichnet werden. Eigene Badezimmer waren zu dieser Zeit nicht einmal für die Wohlhabenden ein unbedingtes Bedürfnis; allerdings nahm München im letzten Drittel des 19. Jahrhunderts auf dem Gebiet der Stadthygiene bereits eine absolute Spitzenstellung ein, die verantwortungsbewusste Stadtplanung hatte das Entstehen von ungesunden, übermäßig verdichteten neuen Elendsquartieren verhindert.[46]

Manchen Zeitgenossen schien aber auch diese vergleichsweise strenge Bauordnung noch als zu lasch, so zum Beispiel Ludwig Thoma: „kurzsichtige Stadtväter haben der Spekulation, der Gewinnsucht … dem Bauschwindel das Land überlassen, und die Erfolge sehen wir mit Trauer. Was haben die Vandalen aus Schwabing gemacht? Straße neben Straße mit dem Lineal gezogen, ein Mietstadel neben dem anderen … Zeugen einer törichten Bauordnung, die jedes künstlerische Wollen unterdrückt, aber ohnmächtig ist gegen Schwindel".[47] Trotz solcher Kritik gehört Schwabing heute zu den begehrtesten Wohngegenden der Stadt.

Mit einer ähnlichen Mietshausbebauung wie in Schwabing plante Theodor Fischer den neu entstehenden Stadtteil Bogenhausen, hier allerdings weiter aufgelockert durch großzügige Straßen und ausgedehnte Villenbebauung. Eine besondere Leistung des malerischen Städtebaus ist der Prinzregentenplatz; von der Funktion her eigentlich ein Sternplatz, wusste ihn Fischer als „geschlossenen Platzraum" zu gestalten. Im damals österreichischen Meran sollte ihm später die dortige Stadterweiterungsplanung übertragen werden.[48] Als wichtigster Mitarbeiter im Stadterweiterungsbüro ist **Wilhelm Bertsch** (1865–1916) zu nennen, der ab 1901 die Leitung dieser Institution übernommen hatte.

Um 1900 nahm allgemein die Beteiligung von Privatarchitekten an Baulinienprojekten zu, die bis dahin nur durch das Stadtbauamt ausgearbeitet worden waren. Besonderes Interesse an solchen Aktivitäten zeigten – im eigenen Interesse – die „Terraingesellschaften". Die endgültige Zulassung solcher privat initiierter Projekte erfolgte erst nach Überprüfung durch das Stadtbauamt.[49]

Abb. 6 München, Prinzregentenplatz

In diesem Zusammenhang gestaltete **Oskar Lasne** (1854–1935, Schöpfer des Luitpold-Blocks) das Gebiet in Laim zwischen Agnes-Bernauer-Straße, Bahnlinie und Forstenrieder- und Fürstenrieder Straße. Wie Fischer so wurde auch er mit städtebaulichen Aufgaben in Österreich betraut, für Kufstein, Innsbruck-Amras, Zirl und sogar für Wien.[50]

Martin Dülfer zeichnete für den südlichen Teil des Herzogparks als Direktor der Terraingesellschaft Herzogpark-München-Gern verantwortlich[51], Gabriel von Seidl für das Villengebiet südlich von Harlaching am Isarhang ebenso wie für die Umgebung seiner St. Anna-Kirche im Lehel.[52] Heilmann & Littmann gestalteten die Villenkolonie Prinz-Ludwigshöhe nach eigenen Planungen und Leonhard Romeis schuf zugleich mit seiner Bennokirche die umliegende Mietshausbebauung.[53]

Die Idealvorstellungen der Stadtplanung waren immer Zeitströmungen unterworfen. An die Stelle von geschwungen verlaufenden Straßenzügen trat gegen Ende der Gründerzeit eine geradlinige Verschiebung von Häusern aus der Baulinie (Beispiele Prinzregentenplatz, Richard-Wagner-Straße, Josephsplatz im Bereich Hiltenspergerstraße), sodass die betreffenden Straßen optisch mit einem dekorativ gestalteten Giebel oder einer Fassade abgeschlossen scheinen, während der Straßenverlauf im rechten Winkel daran vorbeigeführt wird.

Als ein weiteres Beispiel der veränderten Vorstellungen von Platzgestaltung ist **Hans Grässels** (1860–1928) Dom-Pedro-Platz zu erwähnen, der auch den Marktplatz-Idealentwürfen des Stadtplaners **Karl Henrici** entsprach: „maßvolle Verschiebung der Achsen, verschieden große, maßvoll asymmetrische oder unregelmäßige Baukörper stilistisch verschiedener Provenienz in ausgewogener, aufeinander bezogener Stellung formen ein malerisches, gleichsam gewachsenes Ensemble".[54]

Um der zunehmenden Spekulation zu begegnen, wurden um 1900 Wohnbaugenossenschaften gegründet, die sogenannte „Kleinwohnungsanlagen" errichteten. Darunter verstand man Einheiten bis zu drei Zimmern mit Nebenräumen, an denen zeitweise in München größerer Mangel bestand. Der Münchner Wohnungsmarkt hatte damals ein deutliches Überangebot an „herrschaftlichen" Wohnungen mit bis zu zehn Zimmern, die allerdings oft unvermietbar blieben. In der Herstellung waren sie billiger als Kleinwohnungen, weil die Installationskosten für Küchen oder Bäder unabhängig von der Größe für jede Wohneinheit anfielen.[55]

Solche Siedlungsbauten entstanden meist mit freundlichen Gartenanlagen in den malerischen Innenhöfen an der Daiser-/Oberländerstraße (1900–1901) von den **Gebrüdern Rank**, an der äußeren Dachauer Straße/Karl-Singer-Straße (1909–1911) von **Johannes Mund**, an der Valley-, der Thalkirchner- und der Dreimühlenstraße (1909–1911) von **Heilmann & Littmann**, Dienstwohnungen des Bekleidungsamtes an der Barbarastraße (1909–1910) von **Beetz bzw. Bezold** und schließlich Dienstwohnungen des Hauptzollamtes an der Landsberger Straße (1910–1912) von **Hugo Kaiser** (diese bereits mit Bädern ausgestattet).[56]

Für den etwas besser verdienenden Mittelstand entstanden schlichte Ein- oder Zweifamilienhäuser mit kleinen Gartengrundstücken in Gern von Heilmann & Littmann und anderen Architekten, in Laim von Theodor Fischer

Abb. 7 München, Daiserstraße 17–25

und in Nymphenburg, dort teilweise von den Gebrüdern Rank.⁵⁷

Noch höheren Ansprüchen genügten die Villenkolonien Neu-Pasing (die allerdings damals noch nicht zu München gehörten, hauptsächlich von **August Exter** (1858–1933) geschaffen) oder an der Prinz-Ludwigshöhe. All diese Siedlungen haben die Qualität sogenannter „Gartenstädte", auch wenn sie in München niemals unter dieser Bezeichnung geführt worden sind.

International wurde der Münchner Städtebau sehr wohl geschätzt. Der schon mehrfach zitierte **Joseph August Lux** lobte die Offenheit der Diskussion über städtebauliche Probleme in München, „dort, wo sich zuerst im Deutschen Reiche wieder ein architektonischer Stadtcharakter auszubilden beginnt, wird über die Bauvorlagen mündlich und öffentlich verhandelt".⁵⁸ Welches Ansehen die Münchner Stadtplaner auch im Nachbarland Österreich genossen, zeigt die Häufigkeit, mit der die Münchner zusammen mit einheimischen Kräften immer wieder von den Stadtverwaltungen zu Wettbewerbsausschreibungen eingeladen worden sind.⁵⁹

Baustile in München vom Klassizismus bis zur Moderne

Münchens architektonische Entwicklung lässt sich im 19. Jahrhundert in vier wesentliche Abschnitte einordnen, die ab 1825 ungefähr mit der Regierungszeit der vier auf-

einander folgenden Regenten **Ludwig I., Maximilian II., Ludwig II.** und **Prinzregent Luitpold** zusammenfallen.

Den klassizistischen Bauten seines Vaters Max I. Joseph fügte der damalige Kronprinz Ludwig viele weitere dazu. Während seiner Regierungszeit wurde deshalb der Begriff „Isar-Athen" geprägt. Ab den späten zwanziger Jahren favorisierte Ludwig dann den Rundbogenstil, auch „Romantischer Historismus" genannt. Dafür bediente man sich ausgewählter Formen der italienischen Trecento-Architektur, verarbeitete aber gleichzeitig Elemente der jüngeren Renaissance.

Die repräsentativsten Beispiele dieser beiden Stilrichtungen sind am Königsplatz und an der Ludwigstraße zu finden. Rückblickend sahen manche Architekten der Moderne im Klassizismus den „Beginn des Niedergangs der Architektur, da dort das Wissen über das Können siegte", das erworbene kunsthistorische Wissen sozusagen über die schöpferischen Ideen.⁶⁰

Bevorzugtes Baumaterial beider Stilrichtungen war der verputzte Ziegelbau; Sandsteinverkleidungen blieben den Repräsentationsbauten vorbehalten, gleichzeitig fanden auch Klinker- und Terrakottaverkleidungen Anwendung. Als wichtigste Beispiele für die letztgenannte Technik sind Klenzes Alte Pinakothek (1826–1833), die Seitenfassaden seiner Allerheiligen-Hofkirche (1837), Gärtners Staatsbibliothek (1832–1843) und seine Salinendirektion (1838–1843) sowie Daniel Ohlmüllers Maria-Hilf-Kirche (1831–39) zu nennen.

Klenze wandelte schon sehr früh, ab 1816 italienische Renaissance-Vorbilder ab, so erstmals beim Leuchtenberg-Palais am Odeonsplatz, das als „frühester Neorenaissance-Palazzo" in die Fachliteratur einging oder auch bei den später errichteten Residenztrakten.⁶¹

Nach seiner erzwungenen Abdankung konnte Ludwig einige Gebäude wie die Ruhmeshalle und die Propyläen fertig bauen, die weitere Stadtentwicklung nahm nach 1848 aber sein Sohn Maximilian II. in die Hand. Genau wie sein Vater so trachtete auch er, die Residenzstadt großzügig zu erweitern. Außerdem wollte er die Architektur von Grund auf erneuern. 1850 schrieb er einen Wettbewerb unter den damals bekanntesten Architekten Europas zur „Erlangung von Plänen für eine höhere Bildungs- und Unterrichtsanstalt" aus. Alle Namen sind zwar nicht mehr feststellbar, aber **Klenze** und **Paul Lange** (gemeint ist vielleicht **Ludwig Lange**?) aus München sowie **Othmar Essenwein** (1831–1892) aus Karlsruhe, **Carl Rösner** (1804–1859) aus Wien sowie mindestens die fünf Gärtner-Schüler **Bürklein, Kreuter, Metzger, Voit** und **Ziebland** gehörten dazu.⁶²

Die Abgabetermine wurden mehrfach verschoben und das Preisgericht fällte sein Urteil bemerkenswert spät, erst

Abb. 8 München, Nationaltheater

1854.[63] Zur Jury gehörten Klenze, Voit und Ziebland (obwohl sie vorher selbst am Wettbewerb beteiligt waren), Heinrich Hübsch (1795–1863) aus Karlsruhe, Friedrich August Stühler (1800–1865) aus Berlin, Jaques Ignace Hittorf (1792–1867) und Franz Christian Gau (1790–1853), beide aus Paris, Ernst Friedrich Zwirner (1802–1861) aus Köln und Eduard van der Nüll (1812–1868) aus Wien sowie Carl Rösner, Schüler des letztgenannten van der Nüll.[64]

Insgesamt waren Arbeiten von etwa 40 deutschen, 38 französischen, 15 englischen, zwei Schweizer und zwei dänischen Architekten eingegangen.[65]

Ausdrücklich gewünscht war die Verwendung der gotischen Formenelemente, weil „das neue Gebäude in Deutschland stehen sollte". Fälschlicherweise empfand man damals gerade die Gotik als besonders „altdeutsch". Tatsächlich kamen vorzugsweise Elemente der englischen Gotik zur Anwendung, vereinzelt in Verbindung mit alpenländischen Architekturdetails, wie etwa kunstvoll gesägten Balkonbrüstungen oder Dachgestaltungen, wie sie von oberbayerischen Bauernhäusern bekannt waren.[66] „Sollte es nicht gelingen, wie seinerzeits der Renaissancestil sich aus den damals bekannten entwickelte, so auch jetzt eine neue Bauart zu finden …"[67] Die „besten Elemente aus allen damals bekannten Stilarten sollten excerpiert und miteinander so zu etwas Neuem zusammengesetzt werden, dass sich … die gesamte Kulturgeschichte" spiegelte[68], ein Gedanke, der für

Abb. 9 München, Königsplatz-Glyptothek

die dann folgende Epoche des eklektizistischen Historismus programmatisch werden sollte.

Von diesem Wettbewerb erhoffte sich der junge bayerische König einen „neuen Stil". [69] Das Ergebnis war aber nur eine Sonderform des „Romantischen Historismus", wie er auch in anderen Ländern zu jener Zeit gebräuchlich war. In Bayern bürgerte sich dafür nach dessen Initiator der Name „Maximilianstil" ein.

Das eigentlich geplante Bauwerk, als „Athenäum" ausgeschrieben, wurde schon vor seiner Fertigstellung „Maximilianeum" genannt. Es sollte „eine Krone der Bautätigkeit und der Stadterweiterung" werden und stand symbolhaft für die Bemühungen Maximilians um die Baukunst. Der König selbst starb bereits 1864, zehn Jahre vor der Fertigstellung dieses Gebäudes. [70]

Als Hauptvertreter dieses ersehnten neuen Stils ist **Friedrich Bürklein** (1813–1872) zu nennen, der nicht nur große Teile der Maximilianstraße samt dem Maximilianeum, sondern auch viele Bahnhöfe gestaltet hatte. [71] Aufwändiger als Bürklein dekorierte **Emil Riedel** (1813–1885) seine Bauten, so etwa das Alte Nationalmuseum an der Maximilianstraße (1858–1867), das heutige Völkerkundemuseum. Von Riedel sollten später auch die ersten Pläne für Neuschwanstein geschaffen werden, doch davon später. [72]

Die neu entstandenen bürgerlichen Wohnviertel in der Maxvorstadt oder um den Gärtnerplatz zeigen ähnliche Formen mit wenig vorkragendem Stuckdekor und mit Putzfassaden. Gottfried Semper (1803–1879) hatte schon 1834 für die Wiedereinführung polychromer Fassaden plädiert, die Farbgebung erfuhr nach der farbfeindlichen Epoche des Klassizismus nunmehr eine neue Bewertung. [73]

Beliebt wurden seit der Zeit Ludwigs I. zarte Pastelltöne an Fassaden (zum Beispiel die verschiedenfarbige, gemalte Putzrustika an Gärtners Universität). Eine stärkere Farbigkeit kam durch die Rottöne der Klinker-Verkleidungen ins Straßenbild. Die grobe Beschaffenheit des Münchner Sandes war allerdings der Qualität der Terrakotten nicht förderlich, so dass schon bald nach Maximilians Tod wieder zur Putzarchitektur übergegangen wurde. [74]

Die folgende Generation empfand die eben genannten „königlichen Stilergebnisse" als „beschämendes Denkmal der künstlerischen Anarchie …, als wildes Formenragout". [75] Als „einzig gesundes an diesen Stilbestrebungen" empfand man das Streben, Zweck und Form zu einem zeitgemäßen Ausdruck zu bringen. Verwirklicht wurden diese Bemühungen ausgerechnet an einem Bau, der kaum Elemente des Maximilianstils aufwies: am 1853 von **August Voit** erbauten Münchner Glaspalast. [76]

Der Maximilianstil und parallel dazu ein sehr zählebiger Spätklassizismus hielten sich bis in die siebziger, vereinzelt sogar bis in die neunziger Jahre – dann allerdings vorzugsweise nur noch von Maurermeistern und nicht mehr von ausgebildeten Architekten verwendet, regional konzentriert auf die nördlichen Gebiete der Maxvorstadt, das Westend und auf das Haidhauser „Franzosenviertel": schlichte Gebrauchsarchitektur ohne großen gestalterischen Aufwand, oft mit Elementen der damals modernen Neurenaissance vermischt.

Bald wurde der Maximilian- auch Bürklein-Stil genannt und zunehmend angefeindet. Gerade die Kulissenarchitektur des Maximilianeums forderte die Kritik heraus. Von „romantischer Kulisse" oder „vorgebundener Maske, hinter der sich ein ungefüger, nüchterner Zweckbau verbirgt" war die Rede, vom „fatalen Eindruck des Ruinenhaften" und vom „Schamtuch für Haidhausen". Solche Kritik trug zu einer schweren Erkrankung Bürkleins bei, die schließlich zu geistiger Umnachtung und 1872 zu seinem Tod führte. [77]

Von allen Stilrichtungen des 19. Jahrhunderts scheint die Epoche zwischen Klassizismus und der Gründerzeit die am wenigsten wiederentdeckte zu sein. Noch 1925 war sie als „Totenmaske der historischen Stilepoche" gewertet worden [78], heute wird sie sicher nicht mehr so negativ gesehen.

Unmittelbar nach Maximilians Tod begann sich ab 1864 eine um historische Richtigkeit bemühte italienisierende Neurenaissance durchzusetzen, die ihre Vorläufer ja bereits 1816 mit Klenzes Leuchtenberg-Palais hatte. Wichtige Impulse für diesen neuen Stil gab die von Ludwig II. projektierte Prachtstraße, die von der Residenz nach Osten führend, am Isar-Hochufer von Sempers geplantem Festspielhaus optisch abgeschlossen werden sollte. [79]

Die Neurenaissance hatte nicht nur den Vorteil, repräsentativer als der Romantische Historismus zu sein, sie galt zudem um die Mitte des 19. Jahrhunderts als Symbol einer fortschrittlich-humanistischen Gesinnung. Die mittelalterlichen Stile wurden dagegen mit Konservatismus in Verbindung gesehen. [80] Solche Überlegungen blieben keinesfalls auf Deutschland beschränkt; beispielsweise sollte in Ungarn das Pester Rathaus ursprünglich im „gotischen Stil" erbaut werden; der in der dortigen Stadtpolitik vorherrschenden liberalen Strömung wegen entschloss man sich aber zu einem Neorenaissance-Bau. [81]

Die eher in norddeutschen Städten beliebte „reine" Neugotik war in München, abgesehen von Sakralbauten und von den ersten Bauabschnitten des Neuen Rathauses, eher selten verwendet worden. In chronologisch richtiger Reihenfolge wurden Früh-, Hoch- und Spätrenaissance Mode; nur die akademische, von italienischen und französischen Formen beeinflusste Neurenaissance blieb für die „großen Bauaufgaben", also für die Repräsentativbauten lange Zeit verbindlich.

Im Münchner Wohnhausbau wurde sie allmählich von der schon genannten antiklassischen, deutschnational orientierten Stilrichtung abgelöst, die durch malerische Asymmetrien und durch Renaissance-Vorbilder aus Augsburg oder Nürnberg geprägt war.[82]

Dazu gesellten sich wenig später Elemente der alpenländischen (vorwiegend der tirolischen) Renaissance, in geringerem Maße auch der Weser-Renaissance.[83] In München wollte man auf einheimische, profane Renaissance-Vorbilder nicht zurückgreifen, sie erschienen dem Zeitgeschmack vermutlich als zu schlicht oder als allzu gedrungen (Antiquarium der Residenz oder Alter Marstall-Hof/Münzhof). Das selbstbewusste Bürgertum wollte aber auch für eher schlichte Bauaufgaben, wie es Mietshäuser nun einmal sind, nicht auf elegante Repräsentationsformen verzichten.[84] Dazu kam, dass mit Ausnahme der eben genannten Bauten fast alle profanen Beispiele dieser Epoche in München längst vernichtet waren.

Die Bezeichnung „Altdeutsch" wurde zunehmend für die sogenannte „Deutsche Renaissance" verwendet, während dieser Begriff zuvor eher mit Neugotik verbunden war.[85]

Als besonders „artverwandt" bot sich die relativ aufwändige, malerische Tiroler Architektur geradezu an, war die doch der Münchner Bauweise seit dem Mittelalter immer ähnlich gewesen, wenn auch reicher und prachtvoller. Die Gestaltung durch verschiedenartige Erker, Loggien, Türmchen und Dachaufsätze, oftmals in Verbindung mit bemalten Wandflächen und der aus Italien übernommenen Arkaden-Architektur, die sich von dort aus auch in die Inn- und Salzachstädte verbreitet hatte, ließen gerade diese malerische Bauweise zum beliebten Vorbild der Süddeutschen Architekten des Historismus werden. Diese „heimattümlichen" Formen entsprachen dem Geschmack und dem sozialen Selbstverständnis des Münchner Bürgertums, das seinerseits noch stark mit dem bäuerlichen Umland verbunden war.[86]

Nach dem Deutsch-Französischen Krieg von 1870/71 sollten Begriffe wie „Altdeutsch" eine geradezu lächerliche Überbewertung erfahren. Der Mittelstand verfügte über erhebliche Geldmittel und konnte sich einen Lebensstandard leisten, der in den vorangegangenen Zeiten nur einer dünnen, meist adeligen Oberschicht möglich gewesen war; staatliche und städtische Repräsentationsbauten entstanden in großer Zahl in dieser neuen Stilrichtung.

In der Folgezeit wurden alle nebeneinander verwendeten Stilarten, also Spätklassizismus, Neurenaissance und vereinzelt schon Neubarock, zunehmend aufwändiger. Das lässt sich auch in den Münchner Arbeiterquartieren feststellen, von der Mode bereits überholte Stilrichtungen wurden dort noch längere Zeit eingesetzt.[87]

Das Innere der Münchner Mietshäuser blieb im Gegensatz zu den immer aufwändiger werdenden Fassaden bis in die neunziger Jahre meist ausgesprochen schlicht. Wenn überhaupt, dann wurden für die Innenausstattung nur einfache Stuckteile verwendet. Auch gestaltete man die für München typischen Holztreppenhäuser nicht so aufwändig wie die steinernen in anderen Städten, wo strengere Brandschutzvorschriften das billiger zu verarbeitende Holz über Eisenkonstruktionen nicht gestatteten.

Von besonderer Bedeutung – zunächst nur für die Innenraumgestaltung – war die „Allgemeine Deutsche Kunst- und Gewerbeausstellung" von 1876. Unter dem Motto „Unserer Väter Werke" traten zum ersten Mal jüngere Architekten wie Gabriel Seidl programmatisch gegen den akademischen Historismus eines Gottfried von Neureuther auf und propagierten eine Erneuerung durch bodenständige Bayerische oder Tiroler Formen; eine Bewegung, die nach 1886 schließlich als offizielle Kunst der Prinzregentenzeit galt.[88] Gezeigt wurde auch ein Neurokoko-Raum, der aber damals kaum Beachtung fand.[89]

Diese Ausstellung trug wesentlich dazu bei, dass München zum Ausstattungszentrum des Deutschen Reiches wurde und den Ruf einer „Führenden Kunststadt Deutschlands" errang: „Die Größe und der enorme Einfluss Münchens stammen daher, dass ... alle Zweige ... der Kunst ... fast zur gleichen Zeit Triebe ansetzten.[90] Endlich war „der Bann der Vorurteile gebrochen, wonach alles, was auf künstlerischen Geschmack Anspruch macht, nur aus Paris bezogen werden könne."[91]

Weitgehend unbemerkt begann man das lange verpönte Barock und das Rokoko wieder zu entdecken. Fast ein Jahrzehnt vor der oben genannten Ausstellung ließ König Ludwig II. um 1867 seine Residenz-Wohnung im Stile Louis XIV. einrichten. Seine Vorliebe für diesen Stil blieb zunächst nur in seinem Privatbereich wirksam, zumal er sich nach dem Scheitern seiner städtebaulichen Projekte völlig von seiner Residenzstadt zurückzog.[92]

Bedeutsam für das Neubarock war die Neugestaltung der Münchner Heiliggeist-Kirche, die 1885 mit einer vorher nicht vorhandenen Westfassade in Anlehnung an die Prager Thomaskirche versehen wurde.

Daneben sind auch vereinzelte Wohnhausfassaden bereits mit barockisierendem Dekor gestaltet worden.[93] Der eigentliche Durchbruch dieser beiden Neo-Stilrichtungen gelang aber erst durch die „Deutschnationale Kunstausstellung" von 1888 in München.[94]

Kurz vorher entstand ab 1887 der zunächst in Neurenaissance geplante erste und wirklich bedeutende Neubarockbau Münchens, das Bernheimer-Haus von Friedrich Thiersch und Martin Dülfer, dessen Fassade außerdem erst-

Abb. 10 München, Restaurant Bauerngirgl

mals modernste, unverkleidet belassene Eisenkonstruktionen zeigte. Wenig später wandelte Thiersch seine ursprünglich in Renaissanceformen eingereichten Baupläne für den Justizpalast ins Barocke um.[95]

Geradezu als „Münchner Spezifikum" galt der Fachwelt die Verbindung von funktional fortschrittlicher Konzeption einer Bauaufgabe mit historisierender, nunmehr oft barock beeinflusster Formensprache.[96] Diese Stilvariante wurde in manchen anderen Städten übernommen, sogar in Wien. Über das vor 1902 von Franz von Neumann erbaute Restaurantgebäude der Ottakringer Brauerei, Ottakringer Straße 93, heißt es: Es „erinnert an die Münchner Moderne, die sich in ihrer Heimat zu imposanten Schöpfungen emporgeschwungen hat".[97]

Ganz offensichtlich orientierte sich dieses Gebäude an Gabriel von Seidls Bauten an der Marsstraße 23 (1899) und am Restaurant Bauerngirgl (1893, ehemals an der Residenzstraße, im Kriege zerstört).[98]

Für München verstärkten sich die barocken Tendenzen nach der Kunstgewerbeausstellung von 1888 ganz wesentlich. Sie konzentrierten sich vorerst auf die Straßen entlang der Isar (Widenmayer-, Steinsdorfstraße, Mariannenplatz) und auf Schwabing. Beliebt wurde die symmetrische Zusammenfassung mehrerer Häuser zu geschlossenen Palastfronten.[99]

In Wien zum Beispiel war Neubarock zu jener Zeit längst in Mode. Von dort holte man das Vorbild eines repräsentativen Wohnhaustypus, der in großstädtischen Dimensionen schon seit dem 18. Jahrhundert nachweisbar war.[100]

Vereinzelt gestalteten die Münchner Architekten ihre von Wien beeinflussten Fassaden so eindrucksvoll, dass sie von Wiener oder auch von Budapester Architekten regelrecht zurückimportiert wurden. Lincke & Littmanns Wohnhausgruppe Mariannenplatz/Thierschstraße 25–29 von 1889 findet sich in abgewandelter Form ein halbes Jahrzehnt später am Wiener Naschmarkt, Linke Wienzeile 42 wieder (dort 1896–1897 von **Kmunke & Kohl** erbaut), oder noch etwas später in Budapest als Palast der Ungarischen Klassenlotterie (1898–1899 von **Körössy & Sebestyen**) wieder.[101]

Ein sehr beliebtes Vorbild für die historisierende Architektur in den 1890er Jahren war der Michaelertrakt der Wiener Hofburg, der um 1890 teilweise nach den originalen Plänen Fischer von Erlachs endlich vollendet worden war. In München sind diese markanten Ecklösungen gleich mehrfach zu finden: an der Deutschen Bank am Lenbachplatz (1886–1898 von Albert Schmidt) wurde sie für alle vier Ecken übernommen[102],

Die Gesamtkonzeption wurde auf einen hocheleganten Wohnblock am Anfang der Prinzregentenstraße übertragen (um 1895 von **Sidek & Tilčner**)[103] und auch am allgemein sehr wienerisch wirkenden Häuserblock Mariannenplatz/Thierschstraße 25–29 (1889 von Lincke & Littmann).

Die wenigen Augsburger Werke des Münchner Architekten **Martin Dülfer** orientieren sich ebenfalls an wienerischen bzw. österreichischen Vorbildern: das (1891–1892 erbaute, um 1972 abgerissene) Hotel Kaiserhof wandelte Elemente des Michaelertraktes geschickt ab, die Stadt- und Staatsbibliothek orientierte sich am offenen Treppenhaus des Stiftes Sankt Florian, die Gehänge über den Risalitfenstern sind von der Alten Universität in Wien übernommen. Für sein letztes historisierendes Mietshaus in München an der Franz-Joseph-Straße 13 verwendete Dülfer 1900 Elemente des frühbarocken, reich dekorierten Hackl-Hauses in Leoben/Steiermark.[104]

Mindestens drei Mal ist das Vorbild der Salzburger Kollegienkirche in München abgewandelt worden: am Lüftungsturm von Dülfers Kaimsaal (die spätere Tonhalle in der Türkenstraße, 1895 erbaut, nach Kriegszerstörungen um

Abb. 11 Wien, Ottakringer Brauerei

1960 abgerissen), für Hocheders Hauptfeuerwache an der Blumenstraße (1902–04) und noch einmal für **Hermann Bucherts** Korbinianskirche am Gotzingerplatz (1924–1926).

Den Architekten der Neurenaissance und der neubarocken Richtungen war die Nachbildung von Steinformen in Putz eine Selbstverständlichkeit. Natursteinverkleidungen wurden nur für aufwändigere Bauten verwendet, wie überhaupt in München um die Jahrhundertwende auf „von weit hergeholte Baumaterialien" verzichtet wurde.[105]

Auffallend ist, dass sich in der zeitgenössischen Literatur kaum Hinweise auf die Farbgestaltung der Fassaden finden. Nachträglich wurde sie mit „schmutziggelb" oder „schmutzigweiß" oder noch abwertender als „Kehrrichthaufenton" beschrieben, der als „durchaus passend zu der allgemeinen Abstumpfung und Verkommenheit des Farbensinnes" empfunden wurde.[106]

Zur gleichen Zeit waren aber schon gewichtige Gegenströmungen entstanden, die vereinzelt bemüht waren, materialgerecht zu bauen, und die sich lebhafter Farben bedienten. Eine dieser Strömungen bevorzugte vor allem bodenständige Architekturelemente, die sowohl der Spätgotik wie der Renaissance entnommen waren. Zu dieser Tendenz passte die Anlage von winkeligen, „mittelalterlichen" Straßenbildern mit malerischen Fassaden, wie sie beispielsweise rund um die Münchner St.-Anna- oder die St.-Benno-Kirche, oder neben dem Alten Rathaus mit dem (im Krieg zerstörten) Stadtarchiv sowie in der Richard-Wagner-Straße, dort um 1900 von **Leonhard Romeis** geschaffen wurden.[107]

In historisch richtigem Ablauf verwendete man für die barockisierende Richtung nach Neubarock und Neurokoko den relativ schlichten Louis-Seize- oder Zopfstil. Da der letztgenannte „Zopf" in Bayern nicht viele profane Vorbilder hatte, griff man unter anderem auf Breslauer Bürgerhäuser zurück – schließlich stammte der Münchner Hauptvertreter dieser Stilrichtung, **Martin Dülfer**, aus der schlesischen Hauptstadt.[108]

Abb. 12 München, Leopoldstraße 4

In München entstanden erste Beispiele jenes wiederentdeckten Stils nach 1893 (Häuserblock in der Liebigstraße 37–41 und Reitmorstraße 23–25), zwei Jahre später gefolgt vom Hauptwerk dieses Stils, dem schon erwähnten Kaimsaal (1895) und den ersten Münchner Luxus-Miethäusern Leopoldstraße 4–6 (1894–1897). Der Portikus von Nr. 4 orientierte sich am klassizistischen Prinz-Carl-Palais.

Mit diesem Bau wurden Mietswohnungen erst „gesellschaftsfähig"; bis dahin hatten die wohlhabenden Münchner eher eigene Villen oder gar Palais bevorzugt, die jetzt mitunter von solchen hochherrschaftlichen Etagenwohnungen an Wohnfläche sogar übertroffen werden konnten.

Als Fassadendekor waren zopfartige Festons und in die Länge gezogene Konsolen, ovale Kartuschenfelder und sogenannter Pfeifendekor (parallele Kanneluren in sonst glatt belassenen Flächen) beliebt. Anstelle von Pilastern wurden meist Lisenen verwendet, die Fenster schneiden oft ungerahmt in die Mauerfläche ein. Solche Details waren auch bei frühen Münchner Jugendstil- und bei „heimattümelnden" Bauten verwendet worden.[109]

Wenig später wurden die aus England importierten Polygonalerker oder auch die Bay-Windows modern, oft mit floraler Ornamentik überzogen, die in fortlaufende, geometrische Felder eingepasst war.[110]

Die historischen Vorbilder wurden immer freier angewandt, in den Proportionen verändert und eigenwillig arrangiert; Triglyphenformen traten an die Stelle von Kapitellen, Schlusssteine wurden überdimensioniert als Schmuckform verwendet und anderes mehr. „Historisch richtig" wollten die guten Architekten der späten Eklektik jedenfalls nicht mehr bauen. Sie standen einem Kopieren vergangener Stilrichtungen ebenso fern wie die Renaissancekünstler einer originalgetreuen Nachahmung der Antike.[111]

An solchen späthistoristischen Bauten wurde ein Anliegen der „modernen" Architekten jener Zeit bereits verwirklicht: die Funktion der Räume sind an der Fassade durch verschiedene Fensterformate nach außen hin kenntlich gemacht.

Im Zusammenhang mit dem Müllerschen Volksbad an der Isar sprach zum Beispiel der Stifter Karl Müller von einer „sonderbaren Richtung, welche die Baukunst in den letzten Jahren in München genommen ... die wohl eine Verwirrung in diesem Kunstzweig genannt werden muss. Dass man nämlich aus einem Gebäude, welches einem gewissen Zweck zu dienen hat, immer ein ganzes Landschaftsbild zu machen bestrebt ist".[112]

Mit dem Späthistorismus kam eine neuartige Verwendung des Putzmaterials auf, man setzte in verstärktem Maße glatte neben raue Putzsorten. Beliebt war der sogenannte „Altdeutsche Putz", der erst eine halbe Stunde nach dem Auftrag mit einem Filzreibbrett bearbeitet wurde. Daneben verwendete man neuartige Techniken wie Riefen- (oder

Abb. 13 München, Müllersches Volksbad

Riffel-) Putz, der auch Kammputz genannt wurde, weil bei dieser Putzart der noch feuchte Mörtel mit einem Kamm (oder Rechen) durchfurcht wurde. Seltener verwendet und weniger beliebt war „tropfsteinartiger Bewurf", dünnflüssiger Mörtel der in tropfenförmigen Bildungen erstarrte, ebenso eine Ornamentierung des noch feuchten Putzes durch Stempel oder Schablonen.

Durch die verschiedenartige Oberflächenbeschaffenheit erreichte man unterschiedliche Farbschattierungen, die künstlerisch durchdacht eingesetzt wurden. Vor allem war man bestrebt, keine Steinformen in Putz nachzubilden, Pseudo-Rustika war verpönt. So ergab sich ein relativ flächenhaftes Fassadenrelief mit geringen Ausladungen, das so den spezifischen Eigenschaften des Putzmaterials – Haften und Überziehen, ohne zu tragen oder gar zu unterstützen – am ehesten Rechnung trug.

Ein Grund für das früher als anderswo erwachte Materialbewusstsein der Münchner Architekten und die Bevorzugung der Putztechnik mag das Fehlen von brauchbaren Steinmaterialien in der näheren Umgebung gewesen sein. Aus der Not wurde sozusagen eine Tugend gemacht.

Die billigste, damals wiederentdeckte Methode der Putzverarbeitung war eine Verwendung von sehr dünnflüssigem Mörtel, der in Anstrichmanier als „Schlämmputz" aufgetragen wurde. In größerem Umfang setzte man ihn aber erst während der Jugendstilzeit ein, dann vor allem im Schulhausbau.[113]

Im Zusammenhang mit diesem Verzicht auf stark plastische Ausbildung der Stuckteile ist vermutlich die zunehmend farbige Gestaltung der Fassaden zu sehen. Farbe war das einfachste Mittel, die verschiedenen Bauglieder nebeneinander zur Geltung zu bringen. Kräftige Farbkontraste sind in der Münchner Architektur seit den 1890er Jahren zu finden – Dülfers Augsburger Hotel Kaiserhof von 1893 kommt diesbezüglich eine Schlüsselrolle zu. Vergoldungen blieben vorerst eher selten.[114]

Weich und fließend wirkende Dekorformen kamen derart in Mode, dass sie in der Folgezeit – allem Material-

Abb. 14 München, Fotoatelier Elvira

gerechtigkeits-Denken zum Trotz – auch in Stein hergestellt wurden (besonders verbreitet im französischen Art Nouveau, dort an den Werken von Guimard, Schoelkopf und Lavirot).

In all seinen verschiedenen nationalen und regionalen Varianten war der Jugendstil seit dem Rokoko die erste Bewegung, die eine völlig neuartige Formensprache zu schaffen versuchte und sich nur bedingt an historischen Vorbildern orientierte.[115]

Ab 1896 erschien in München die Zeitschrift mit dem Titel „Jugend", die in ihren Abbildungen eine bislang nicht bekannte, bizarre Linienführung zeigte, die später so beliebte „Schlangenlinie". Durchaus abwertend gemeint wurde damals in diesem Zusammenhang vom „Jugendstil" gesprochen.[116] Vorbereitet wurden die neuen Tendenzen unter anderem durch die „7. Internationale Kunstausstellung" von 1897 im Münchner Glaspalast. Dort entstanden in Zusammenarbeit der Münchner Künstlergenossenschaft mit der Münchner Secession und der Luitpoldgruppe zwei Räume, in denen erstmals „modernes" Kunstgewerbe ausgestellt war. Eingerichtet hatten diese Ausstellungsräume **Martin Dülfer** und **Theodor Fischer**, sie wurden begeistert von der Kunstkritik aufgenommen und sind als „Kinderstuben der modernen dekorativen Kunst" in die Literatur eingegangen.[117]

Ein Jahr später wurde auf der „Münchner Jahresausstellung von 1898" der „Gruppe für Architektur und dekorative Kunst" besonderes Interesse entgegengebracht, begannen doch bereits die Vorbereitungen für die entsprechende Abteilung auf der Pariser Weltausstellung von 1900.[118]

Bei dieser Ausstellung war unter anderem eine Federzeichnung des wohl ersten deutschen Jugendstilbaues zu sehen, von Dülfers Villa Bechtolsheim an der Münchner Maria-Theresia-Straße 27. Berühmter wurde **August Endells** (1871–1925) nur wenig jüngere, kompromisslose Fassade für das Fotoatelier Elvira an der Von-der-Tann-Straße 15 (im Krieg zerstört); auf die Münchner Architektur sollte sie jedoch ohne Einfluss bleiben.

Vorsorglich wurde der Jugendstil zum „Deutschen Stil" erklärt, weil in die Linienführung des Dekors „altgermanische Ornamentik" hineininterpretiert wurde.[119] Tatsächlich orientierten sich aber die Münchner Jugendstilarchitekten eher an der schlichten englischen Landhaus-Bauweise mit ihren rustikalen Grundtendenzen.[120]

Weitere stilbildende Anregungen holte man sich aus der ostasiatischen Kunst und aus Amerika, dort vor allem von der Formensprache des Architekten **Henry Hobson Richardson** (1838–86), der sich seinerseits an der französischen Romanik orientiert hatte. Kennzeichnend für das Erscheinungsbild seiner Bauten war die Verwendung von rauhen, grob behauenen Steinblöcken neben großen, schmucklosen Putzflächen. Den floralen Dekor der Münchner Jugendstilfassaden scheinen die Architekten aber eher von einem anderen amerikanischen Architekten übernommen zu haben, von **Louis Sullivan** (1855–1924), einem Schüler Richardsons.[121]

Der „Belgische Linienkult" eines **Victor Horta** oder eines **Henry van de Velde** konnte sich in München dagegen nicht recht durchsetzen. Die Münchner Dekorweise erinnert zwar oftmals an Buchschmuckgraphik jener Zeit, kombiniert aber gleichzeitig florales Rankenwerk mit geometrischen Verzierungen. Außerdem blieben Reminiszenzen an die bayerische Barockarchitektur lebendig, überkuppelte Mittelrisalite, geschwungene Ädikulen und Kartuschenfelder. Wohl nicht zuletzt aus diesem Grund verweigerten manche Architekturhistoriker der vorigen Generation der damaligen Münchner Bauweise über lange Zeit die Bezeichnung „Jugendstil" ohne aber zu bedenken, dass zum Beispiel die Weser-Renaissance mit der italienischen Renaissance ebenso wenig gemein hatte wie der deutsche Jugendstil der Münchner Prägung mit dem späteren, ebenfalls zum Jugendstil gerechneten Archaismus mit seiner zyklopenhaften Naturstein-Behandlung oder dem französischen Art Nouveau. Jedenfalls wurden die „radikal neuen Formen" als „Absonderlichkeiten ..., als Absurditäten" abgelehnt.[122]

Bei der geplanten Schaffung einer „Kommission für staatliche Neubauten" sollten die progressiven Architekten gar ganz ausgeklammert bleiben, weil „durch Zuziehung von Architekten, welche der bei weitem noch nicht gefestigten und berechtigten modernen Richtung huldigen, der Sache nicht gedient sein dürfte"[123]

Aufzuhalten war der Siegeszug der modernen Stilrichtung aber nicht mehr; alleine in München bildeten sich mehrere verschiedene Richtungen, in denen vereinzelt sogar die Zackenformen des späteren Art-Deco zu finden waren. So verwendete Dülfer solche wohl von der indo-islamischen Architektur beeinflussten Gestaltungselemente bereits um 1900, so für die Erkerkonsolen des Hauses Schellingstraße 26 und für die Proszeniumslogen seines Meraner Stadttheaters.[124]

Die Grundrissgestaltung der Mietshäuser blieb vorerst unverändert. Im Villenbau setze sich allmählich die „englische", oft über zwei Stockwerke geführte Treppenhalle durch, für München erstmals um 1897 bei Dülfers Villen Georgenstraße 30 und Ludwigshöher Straße 12.

Bei den herrschaftlichen Etagenwohnungen wurde nach der Jahrhundertwende die Anlage eines großen, repräsen-

Abb. 15 München, Ludwigshöher Straße 12

tativen Vorraumes beliebt, der vereinzelt sogar mit offenem Kamin ausgestattet war.

Die Bebauung der Jugendstilzeit konzentrierte sich auf das damals neu eingemeindete Schwabing, auf Neuhausen und auf Bogenhausen in der Umgebung des Friedensengels. Dort entstanden riesige Gruppenbauten, die meist einheitlich von einem Architekten bzw. von einem Bauunternehmer gestaltet waren. All die von den progressiven Architekten propagierten Ideale wie Entsprechung von Grundriss und Fassade, Materialgerechtigkeit, Vermeidung von als langweilig empfundener Symmetrie, all das wurde unglaubwürdig, weil sich die neuen Tendenzen bei zahlreichen Nachahmern nur auf den oberflächlichen Dekor beschränkten. „Die neuesten Bauten suchen das Wesen eines modernen Stiles darin, dass die auf den alten Organismus moderne Pflanzenornamente … leimen". [125]

In der Tat wurden die Jugendstilornamente zunehmend von Musterzeichnern ausgeführt und in altherkömmlicher Weise auf konventionelle Baukörper so appliziert wie eine Generation vorher Renaissance- oder Barockkartuschen, ohne jedes Verständnis für den Gesamtorganismus. Da half es wenig, wenn sich zur gleichen Zeit Künstler wie **Richard Riemerschmid** (1868–1957) um „komplette Ausstattungsprogramme für verschiedene Einkommensschichten" bemühten, [126] die letztlich nur durch maschinelle Serienproduktion auch für die unteren Einkommensschichten erschwinglich waren.

Parallel zu dieser Sachlichkeit folgte in München ein neuer Historismus, der die überlieferten Stilelemente auf ihre Monumentalität reduzierte, ohne auf historische Richtigkeit bedacht zu sein. [127]

Alle angeblich „staubfangenden Details" wurden einer „konstruktiven Einfachheit" geopfert. Edle Materialien wie Marmor oder Edelhölzer wurden in der städtischen Architektur jetzt in ihrer Materialwirkung gezeigt, ohne weitere künstlerische Bearbeitung.

Der Jugendstil wurde in München nach wenigen Jahren durch schlichte, aber trotzdem elegante Bauten überwunden, die auf jeglichen Stuckdekor verzichteten, so etwa **Paul Ludwig Troosts** Villen Maria-Theresia-Straße 26 oder Georgenstraße 5, beide um 1903 entstanden. Auch die sachlich-heimattümliche Richtung begann ihren Siegszug, hier sei das Wohnhaus Kapuzinerstraße 65–67 von **Stengel & Hofer** von 1906 genannt. [128]

Im Wintersemester 1897/98 unternahmen die Professoren **August Thiersch** und **Günther Blumentritt** mit ihren Studenten eine Exkursion ins bayerische Gebirge „zum Studium der älteren Bauernhäuser". Dabei kamen sie zu dem Schluss, dass in den 1840er Jahren „ein echt volkstümlicher Styl erlischt, der noch nie recht gewürdigt und von dem jetzigen Volk nicht verstanden wird. Mit unglaublicher Rohheit werden die alten, geschnitzten Balkenköpfe beseitigt, um der äußersten Nüchternheit oder der einfältigen Geschmacklosigkeit Platz zu machen … Die Denkmäler der alten Holzbaukunst verschwinden mit erschreckender Schnelligkeit". [129] Diese rapide Dezimierung der bäuerlichen Bautraditionen mag für deren Wiederentdeckung bedeutsam gewesen sein.

Auch für diese Stilrichtung kam einer Ausstellung Signalwirkung zu, im (alten) Messegelände an der Theresienwiese fand sie unter dem Titel „München 1908" statt. An der Gestaltung der wichtigsten Ausstellungsbauten waren unter anderem **Emanuel Seidl**, die **Gebrüder Rank**, **Richard Berndl** und **Franz Zell** beteiligt. [130] Wenn auch schon vor diesem Datum entsprechende Gebäude entstanden waren, so schien bis zum Beginn des Ersten Weltkrieges in München fast nur noch diese behagliche, wenn auch etwas spröde Formensprache verbindlich zu sein; eine „klassische Gschertheit wurde Architekturmode". [131]

Schwerpunkte dieser Bauweise sind an der äußeren Widenmayerstraße, an der Teng- und an der Agnesstraße zu finden. Nicht nur für Monumentalbauten wie das Hauptzollamt an der Landsberger Straße (1909–1912 von **Joseph Kaiser**), den Erweiterungsbau der Universität (1905–1908 von **German Bestelmeyer**), die Kaufhäuser Tietz und Oberpollinger (am Bahnhofsplatz bzw. in der Neuhauser Straße, beide 1904–1905 von **Heilmann & Littmann**), das Geschäftshaus der Münchner Neuesten Nachrichten (1905–1906 ebenfalls von Heilmann & Littmann), für mehrere Militärbauten an der Lazarettstraße (1909–1910 von verschiedenen unbekannten Baumeistern) sondern auch für Einfamilienhäuser in Gern, Neuhausen und im Herzogpark schien diese Formensprache sehr geeignet.

Bauten dieser Stilrichtung entstanden auch in vielen bayerischen und in tirolerischen Kleinstädten.

In Murnau oder in Tölz wurden die Ortsbilder unter Berücksichtigung von denkmalpflegerischen Aspekten, hier besonders durch **Emanuel** und **Gabriel von Seidl** nach deren Vorstellungen einheitlich geprägt, wobei diese Architekten mitunter auch für fremde Bauten in die eigene Tasche griffen, um eine Renovierung nach ihren Idealvorstellungen durchzusetzen. [132]

Beliebt waren versprosste Fenster, Fensterläden und Spaliergitter, Simse, Erker, Dachgauben, manchmal sogar die historische Würdeform der Portalsäulen verliehen den Fassaden ein lebhaftes Erscheinungsbild. All diese Merkmale treffen übrigens auch auf die genossenschaftlichen Kleinwohnungsbauten der Münchner Vorstädte zu, die nach der Jahrhundertwende bis in die dreißiger Jahre entstanden sind. [133]

Auch im Tiroler Raum waren die Münchner Städteplaner und Architekten tätig, so nach dem großen Dorfbrand von Zirl, wo der Wiederaufbau durch den „**Bayerischen Verein für Volkskunst und Volkskunde**" auf Ersuchen des Tiroler Landesausschusses besonders aufmerksam betreut wurde.[134]

Dieser Verein, 1902 in München gegründet, wurde später in „Bayerischer Landesverein für Heimatpflege" umbenannt und existiert bis heute. Er verfolgte von Anfang an ähnliche Ziele wie schon Jahrzehnte zuvor der Kreis um **William Morris** (1834–1896) in England. Man wollte das ganze Leben reformieren: Wohnkultur, Kleidung, Architektur, Tanz … Außerdem versuchte man „auf dem Lande Vorhandenes … in Bau und Einrichtung des Hauses sowie Sitten und Gebräuche … zu sammeln und … aus dem Bauen und Handwerken … die Unmoral" auszutreiben.[135]

Einige Erfolge konnte der Verein in seinem Vorgehen gegen das Überhandnehmen der Reklametafeln, gegen die Telegraphenständer auf historischen Gebäuden und gegen Kirchenpurifizierungen verbuchen. Umstritten blieb schon damals die Forderung, nur noch Neubauten zuzulassen, „welche sich dem Charakter der ortsüblichen Bauweise anschließen."[136]

Zu den Gründungsmitgliedern gehörten neben anderen die Architekten **August Thiersch, Hans Grässel, Franz Zell**, die Bildhauer Anton Pruska und Heinrich Waderé, der Maler Rudolf Schiestl (Schöpfer des Titelbildes der Vereinszeitschrift), ferner der Inhaber der Glasmalerei Franz Xaver Zettler und der spätere bayerische Ministerpräsident Gustav Kahr. Später stießen noch **Gabriel von Seidl, Theodor Fischer, Richard Berndl** und **Josef Rank** dem Verein bei.[137]

Gleichzeitig schienen die Weichen für die Sachlichkeit in Bayern aber längst gestellt. Bereits um 1900 war eine erste Abkehr vom Jugendstil festzustellen. Als frühestes bekanntes Beispiel für die neuen Tendenzen muss die Wohnung Heymel in der Münchner Leopoldstraße 4 gelten. Dort wurden schon damals üppige Stuckdecken in neubarocken Formen beseitigt und durch schlichte Stuckprofile ersetzt. Dazu wirkten die fast schmucklosen Möbel wie Entwürfe aus den 1950er Jahren.[138]

Hauptvertreter dieser „frühen Sachlichkeit" war zweifelsohne der junge **Paul Ludwig Troost**, dessen Bauten in der Georgen- und in der Maria-Theresia-Straße verwiesen sei.[139] Durchsetzen konnte sich die „Moderne" im heutigen Sinne allerdings erst später. Von Einzelerscheinungen, wie den in den zwanziger Jahren entstandenen Postbauten **Robert Vorhölzers** abgesehen, blieb der sachlich-behagliche Heimatstil dominant, wenn auch nicht unumstritten. Nach der Machtübernahme durch die Nationalsozialisten kam ein gewollt monumentaler Repräsentationsstil auf, der vergröberte klassizistische Elemente aufgriff, der vergleichbar zu jener Zeit aber von Paris bis Moskau zu finden war. Für München hatte dieser Stil seine Wurzeln in der beginnenden Moderne der Jahrhundertwende, spezifisch „münchnerisch" war diese Stilrichtung trotz umfangreicher Bautätigkeit (Haus der Kunst, Führerbauten beim Königsplatz usw.) aber eigentlich nicht mehr.

Architekten- und Baumeister-Ausbildungsstätten in München

Die wichtigsten drei Ausbildungsstätten für Architekten und Baumeister waren in München seit der Mitte des 19. Jahrhunderts die Bauschule an der **Akademie der Bildenden Künste**, die Hochbauabteilung an der **Technischen Hochschule** und an der **Baugewerkschule**. Von Festschriften unterschiedlichen Informationswertes abgesehen sind viele wichtige Dokumente teils im Krieg, teils aber erst durch Unwissenheit in den letzten Jahren vernichtet worden.

An der Akademie blieben nur die Matrikelbücher erhalten, aus denen zwar das Entrittsdatum und die Studienrichtung, nicht aber die Studiendauer und die belegten Lehrfächer hervorgehen. Dabei handelt es sich um die älteste, über lange Zeit auch angesehenste bayerische Architekturschule, die unter dem Namen „Bauschule" seit 1808 der Akademie angegliedert war. Vorgängerinstitutionen sind in der von Lespilliez gegründeten „Zeichenschule" und in einer „Handwerksfeier-Tagsschule" vorhanden, bis dahin waren die Münchner Architekten in anderen Städten ausgebildet worden.[140]

Besser ist die Quellenlage an der Technischen Universität, dort wurden jedes Semester neue Daten über „Personalstand" mit Nennung der Lehrkräfte und alphabetischer Auflistung der Studentennamen aller Fakultäten herausgegeben. Ab 1884 bildet der jährliche „Bericht über die Königliche Technische Hochschule in München" eine wichtige Quelle. Dort sind auch die künstlerischen Tätigkeiten der Architekturprofessoren und der Assistenten verzeichnet, alle Exkursionen und Nachrufe auf verstorbene Mitglieder des Lehrkörpers.

Von der Staatsbauschule sind im Münchner Stadtarchiv die „Jahresberichte" von 1893/94 bis 1903/04 und von 1906/07, sodass der für unsere Forschungen besonders interessante Zeitraum nur teilweise bearbeitet werden konnte. In den durchgesehenen Listen finden sich kaum bekannte Namen, Ausländer waren nur wenige eingeschrieben. Verweise aus dem Thieme-Becker-Künstlerlexikon auf diese Institution konnten in vielen Fällen nicht verifiziert werden, was auf die dürftigen Quellenlage zurückzuführen sein könnte.

Die Bauschule an der Akademie der Künste
Erster Professor der neuen Bauschule war **Carl von Fischer** gewesen. Er arbeitete praxisorientiert und beschäftigte seine Studenten auch an den von ihm geleiteten Bauaufgaben, so zum Beispiel am Hof- und Nationaltheater.[141] Zu seinen etwa 140 Schülern gehörten **Joseph Daniel Ohlmüller** (1791–1839), der als Baubeamter zum „rechten Arm" Klenzes wurde,[142] **Ludwig Förster** (1797–1863), der von 1816–18 an der Akademie studierte[143] und als Schöpfer der Wiener Ringstraße berühmt werden sollte, **Friedrich Ziebland** (1800–1873), der bereits als Zwölfjähriger an die Akademie kam und später selber dort unterrichtete.

Als wichtigster Name ist aber der **Ludwig von Gärtners** (1792–1847) zu nennen, der nach Fischers frühem Tod 1820 mit nur 18 Jahren dessen Nachfolge als „regierender Professor"[144] antrat. Die etwas spröde wirkende „Gärtnerschule" wurde ein wichtiger Gegenpol zur Berliner „Schinkelschule" und zu Weinbrenners Schule in Karlsruhe, die beide stärker an der Antike orientiert waren.[145]

Zeitweise waren bis zu 90 Studenten bei Gärtner eingeschrieben,[146] obwohl sein als autoritär überlieferter Unterricht nicht unumstritten war. Nach seiner Ernennung zum Akademiedirektor versuchte er ab 1841 den gesamten Lehrbetrieb an der Akademie zu verschulen, was ihm aber erst 1846 gegen den erklärten Willen der übrigen Professoren gelang. Damit wurde die „Architektenausbildung vom Handwerk und handwerklichem Nachwuchs in verhängnisvoller Weise abgekoppelt".[147]

Der „Civilbau-Unterricht" wurde an die polytechnische Schule abgegeben, an der Akademie wollte man sich ganz auf die „höhere Baukunst" und auf repräsentative Bauaufgaben konzentrieren.[148]

Aus Gärtners Schule gingen über 700 Architekten hervor, von denen hier nur die prominentesten oder mit unserem Thema in Zusammenhang Stehenden genannt werden sollen:

– **Matthias Berger** (1825–1897), Erbauer der Haidhauser Johann-Baptist-Kirche 1852–1879; Regotisierung der Münchner Frauenkirche ab 1858; Maximilianskaserne, vergleichbar mit dem Wiener Arsenal.[149]
– **Friedrich Bürklein** (1813–1872), Schöpfer der Maximilianstraße und des alten Münchner Hauptbahnhofes.[150]
– **Friedrich Feszl** (1821–1884), Hauptmeister des Romantischen Historismus in Ungarn, Architekt der Pester Redoute.[151]
– **Josef Feszl** (1820 geboren), Bruder des Friedrich.[152]
– **Conrad Wilhelm Hase** (1812–1902), Begründer der Hannoveranischen Schule, wichtiger Neugotiker, auch Lehrer einiger bedeutender Münchner und Österreichischer Architekten.[153]
– **Caspar Josef Jeuch** (1811–1895), Haupttätigkeitsgebiet in der Schweiz, Kasernenprojekt für Bregenz.[154]
– **Franz Jakob Kreuter** (1813–1889), in München Palais Dürckheim, Türkenstraße 4, und in Wien Palais Windischgrätz, Strohgasse 21. Tätigkeit als Bauleiter bei Theophil Hansen in Wien.[155]
– **Christian Leins** (1814–1892), Mitbegründer der Stuttgarter Schule, Ausbilder von Friedrich Thiersch und Martin Dülfer.[156]
– **Gottfried Neureuther** (1811–1887), Überwinder des Rundbogenstils und Hauptmeister der akademischen Neurenaissance, bedeutende Lehrtätigkeit.[157]
– **Joseph Daniel Ohlmüller** (1791–1839); schuf mit der Auer Maria-Hilf-Kirche den ersten neugotischen Kirchenbau im süddeutschen Raum. Am Rande vermerkt sei, dass er um ein Jahr älter war als sein Lehrer Gärtner.[158]
– **Eduard Riedel** (1813–1885), Erbauer des alten Bayerischen Nationalmuseums an der Maximilianstraße (heute Völkerkundemuseum) und der Kathedrale von Minnesota/USA, der Zisterzienser-Klosterkirche Mehrerau bei Bregenz und der Pfarrkirche Dornbirn-Hatlerdorf in Vorarlberg. Außerdem schuf er die dekorative Ausstattung des Königspalastes in Athen und erste Pläne für Neuschwanstein, bis er 1872 aus Altersgründen diesen Auftrag an Georg Dollmann übergab.[159]
– **Gottfried Semper** (1803–1879), wohl wichtigster Architekt und Theoretiker des Historismus; Projekt für ein Münchner Festspielhaus, Planungen für ein Kaiserforum in Wien.[160]
– **August Voit** (1801–1870), Schöpfer des Glaspalastes und der Neuen Pinakothek; Gärtners Nachfolger als Professor der Bauschule an der Akademie ab 1841, außerdem Nachfolger Klenzes als Leiter der Obersten Baubehörde ab 1847.[161]
– **Arnold Zenetti** (1824–1891), Anlage des Alten Nördlichen Friedhofes und des Schlachthofes in München; künstlerisches Hauptwerk war das spätere Hotel Imperial in Wien.[162]
– **Georg Ziebland** (1800–1873); Ausstellungsgebäude am Königsplatz (heute Antikensammlung) und Bonifazius-Basilika an der Karlstraße; wenig erfolgreiche Lehrtätigkeit.[163]

Teilweise hatten diese Architekten auch bei Klenze gelernt und von ihm wichtige Impulse empfangen. Einige von ihnen wurden selber bedeutsame Lehrer, auf die in der Folge noch eingegangen wird.

Von Klenzes Schülern dürfte **Georg Dollmann** (1830–1895) wegen seiner für König Ludwig erbauten Königsschlösser wohl der bekannteste sein. Sie entstanden in Zusammenarbeit mit dem in Triest geborenen und in Wien ausgebildeten **Julius Hofmann** (1840–1896). [164]

Nach Gärtners Tod wurde **Ludwig Lange** (1808–1868) auf Gärtners Lehrstuhl berufen. Maßgeblich dafür dürfte sein Schlossprojekt für Athen gewesen sein, das er für König Otto von Griechenland 1837 entworfen hatte. Bevor sich der „Griechische Baurat" bewähren konnte, wurde Ludwig 1848 zum Rücktritt gezwungen. Seinem Sohn Maximilian II. schien aber Langes antikisierender Stil nicht mehr als zeitgemäß. [165] Er bekam von staatlich bayerischer Seite keine Bauaufträge mehr, während er andernorts durchaus erfolgreich war: In Leipzig baute Lange das Städtische Museum, in Athen das Archäologische Museum, in Moskau eine Kirche, in Hallstadt (Oberösterreich) die protestantische Kirche sowie eine Schützenhalle für Innsbruck. [166] Nicht ausgeführt wurde sein interessantes Projekt für das Münchner Künstlerhaus, an dem auch der Reichenberger Architekt **Gustav Sachers** beteiligt gewesen wäre, [167] der in seinen Werken später öfters münchnerische Vorbilder verwendete.

Lange „durfte" an der Akademie bleiben, allerdings wurde ihm Ziebland „zur Seite gestellt", um die neuen Kunstideale des jungen Königs durchsetzen zu können. [168]

Bei den Studenten war Ziebland nicht beliebt. Sie inskribierten bei Lange und wechselten auch nach dessen Tod 1868 nicht zu ihm über, sodass 1873 die Bauklasse ganz aufgegeben wurde. Danach hielten Neureuther und Friedrich Thiersch sozusagen nur nebenbei noch Übungen zur Baukunst an diesem ehemals so angesehenen Institut. [169]

Zu Langes bedeutendsten Schülern gehörten sein eigener Sohn **Emil Lange** (1841 geboren), **Viktor Rumpelmayer** (1830–85), der ein wichtiger Architekt in seiner Heimatstadt Pressburg wurde, in Wien so prominente Bauten wie die deutsche und die englische Botschaft schuf und daneben das prachtvolle Palais Festetics in Keszthely (Westungarn) errichtete. [170]

Albert Geul (Lebensdaten unbekannt) war stärker von Neureuther als von Lange beeinflusst [171]

Albert Schmidt schließlich (1841–1928), Erbauer der Lukaskirche, der Synagoge und der Deutschen Bank in München, dürfte für das Münchner Stadtbild wohl der bedeutendste Schüler Langes gewesen sein. [172]

Künstlerisch weniger hervortretend war **Johann Marggraf** (1830 geboren) mit seiner Münchner Benedikt-Kirche im Westend und seinem Behelfsbau für die alte Herz-Jesu-Kirche in Neuhausen und auch nicht mit seiner Kapelle für Obladis bei Landeck in Tirol. [173]

Die Hochbauabteilung der Technischen Hochschule

Aus verschiedenen Vorläuferinstituten wie der „**Polytechnischen Zentralschule**" oder einem „**Ingenieurskurs**" entstand 1868 das „**Münchner Polytechnikum**", das bald in „Technische Hochschule" umbenannt wurde. [174]

Zugleich mit der Eröffnung des neuen Instituts entstand dort die **Fakultät für Hochbau** mit den Lehrstühlen für „Höhere Baukunst" und für „Civilbau". [175]

Im Studienjahr 1900/1901 wurde erstmals eine Promotion möglich und damit der Titel „Diplom-Ingenieur" eingeführt. Dem damaligen Kronprinzen und späteren König Ludwig III. verlieh man als erstem die Ehrendoktorwürde. [176]

Die Immatrikulationslisten weisen Studenten, Hospitanten und Zuhörer über lange Jahre hinweg getrennt aus. Hospitanten waren ältere Studierende, „Männer reiferen Alters" oder Studenten, die ihre Hochschulausbildung bereits an einem anderen Lehrinstitut absolviert hatten. Als Zuhörer waren Abiturienten oder Mittelschüler über 17 Jahre zugelassen, die sich für die eingeschlagene Studienrichtung vorerst nur prinzipiell interessierten. Ausländer waren in den Anfangsjahren der Technischen Hochschule nur als Hospitanten oder Zuhörer zugelassen, wenn sie keine bayerische Schulbildung vorweisen konnten. „Die große Zahl der Zuhörer … mag dem Umstande zuzuschreiben sein, dass viele, die nach dem Besuch einer Baugewerkschule oder ähnlichen Lehranstalt sofort der Praxis sich zugewendet haben, nach einiger Zeit das Bedürfnis einer weiteren Ausbildung insbesondere in künstlerischer Hinsicht empfinden." [177]

Die „Höhere Baukunst" wurde von **Gottfried Neureuther** unterrichtet. Im ersten Semester waren 18 Studenten bei ihm eingeschrieben, bei seiner Emeritierung 1882 waren es 150. Von Neureuthers Schülern waren einige auch für den österreichisch-ungarischen Raum bedeutsam, die allerdings Teile ihres Studiums auch bei seinem Nachfolger **Friedrich von Thiersch** absolvierten.

Zu ihnen gehörten **Albert Geul** (1829–1898); er unterrichtete zuerst „Civilbau" zur gleichen Zeit wie Neureuther an der Technischen Hochschule, wurde später Vorstand der Hochbauabteilung und konnte insgesamt 30 Jahre Lehrtätigkeit vorweisen. [178]

In Geuls Nachruf wird auf dessen freundschaftliche Beziehungen zu Theophil Hansen und zu Gottfried Semper hingewiesen, die eine eingehende Erforschung wert wären. [179]

– **Robert Curjel** (1859–1925) betrieb zusammen mit Karl Moser das erfolgreichste Baubüro Karlsruhes, das überregional bekannt und auch in Vorarlberg tätig war. [180]
– **August Exter** (1858–1933) wurde durch seine Pasinger Villenkolonien nach Art der englischen Gartenstädte bekannt. Auch in Karlsbad/Karlový Vary war er tätig. [181]

- Theodor Fischer (1862–1939) gilt als Hauptmeister einer schlichten, an heimattümlichen Formen orientierten Bauweise. Neben seiner erfolgreichen Lehrtätigkeit in München und Stuttgart schuf er Stadterweiterungspläne und einige Bauten in Tirol. [182]
- Hans Grässel (1860–1928) wurde vor allem für seine Sozialbauten und Friedhofsanlagen überregional bekannt. [183]
- Georg Hauberrisser (1841–1922) war außer bei Neureuther auch Schüler von Ziebland, Lange und in Wien bei Friedrich von Schmidt. Sein Spezialgebiet waren Rathaus- und Kirchenbauten, seine Werke sind auch im heutigen Österreich und in Mähren zu finden. [184]
- Jan Hinz (1842–1902) arbeitete für Neureuther in Gries bei Bozen, ab 1875 als Assistent an der Münchner Technischen Hochschule, zwischenzeitlich auch im Büro von Gottgetreu. [185]
- Karl Hocheder (1854–1917) war als Münchner Stadtbaurat für die Entwicklung des Schulbaues und für viele andere städtische Bauten bekannt, Schöpfer des Müllerschen Volksbades, das seinerseits vorbildhaft für Badeanstalten in Siebenbürgen und Bulgarien war. Stilistisch bevorzugte er barockisierende Jugendstilformen, als Lehrer erfreute er sich großer Beliebtheit. [186]
- Robert Rehlen (1859 geboren) schuf als Münchner Stadtbaurat mehrere Schulhäuser. [187]
- Emanuel von Seidl (1856–1919) gilt als erfolgreichster Villenarchitekt der Prinzregentenzeit. Seine Aufträge führten ihn bis nach Salzburg, Tirol, Niederösterreich und Böhmen. [188]
- Gabriel von Seidl (1848–1913), der ältere Bruder des eben Genannten, prägte den Geschmack des wohlhabenden Münchner Bürgertums, seine Bauten in Deutscher Renaissance oder in Neubarock sind auch in Tirol und Ungarn zu finden. [189]
- Richard Streiter (Lebensdaten unbekannt) war als Architekturhistoriker, Kritiker und Mitarbeiter der Zeitschrift „Kunst und Handwerk" äußerst einflussreich. [190]

Von großer Bedeutung war die Lehrtätigkeit des dritten Architekturprofessors, von **Rudolph Gottgetreu** (1821–90), der ab 1842 an der Münchner Akademie bei Voit studiert hatte und auch für Klenze arbeitete. Zeitweise war er Assistent am Polytechnikum, dann Hilfslehrer an der Baugewerkschule. Für Voit hatte er als Radierer gearbeitet, bevor er zu Ludwig Lange wechselte und 1847 seine Zivilarchitektenprüfung ablegte. Merkwürdigerweise scheint er dann in Salzburg den Beruf eines Obertelegraphisten und noch später des eines Telegraphenbeamten bei König Max II. in Hohenschwangau ausgeübt zu haben. Um 1850 zog er endgültig nach München.

In Vorarlberg sind Villen in Feldkirch (vermutlich Villa Ganahl) sowie eine Villenanlage am Klausenberg in Bregenz überliefert. Er war ständiger Mitarbeiter der in Wien erscheinenden „Allgemeinen Bauzeitung". [191]

Seine wichtigsten Schüler waren zweifelsohne **Hermann Helmer** (1849–1919), der später in Wien zusammen mit **Ferdinand Fellner jun.** Europas erfolgreichstes Theater-Baubüro begründete, [192] und **Albert Schmidt** (1841–1913), der als Assistent bei Gottgetreu arbeitete und sich mehrmals österreichischer Architekturvorbilder bediente. Wie sein Lehrer so arbeitete auch er bei der „Allgemeinen Bauzeitung" mit. [193]

Noch ein weiterer Name ist mit der Gründungszeit der Architekturklasse an der Technischen Hochschule untrennbar verbunden: **August Thiersch** (1843–1916). Zuerst als Assistent Neureuthers tätig, wirkte er später als Vorstand der Hochbauabteilung. [194]

Sein Bruder **Friedrich von Thiersch** (1852–1921) war bedeutender und sollte als Neureuthers Nachfolger zum beliebtesten Lehrer einer ganzen Generation an der Münchner Architektenschule werden. [195] Seine Karriere hatte 1875 mit einem Lehrauftrag für Entwerfen an der Münchner Kunstgewerbeschule begonnen, bevor er 1879 zur Unterstützung Neureuthers an die Technische Hochschule kam. [196]

Zu seinen begabtesten Schülern gehörten **German Bestelmeyer** (1874–1942), der auch bei Gabriel von Seidl und bei dem Münchner Architekten **Friedrich von Schmidt** (Lebensdaten unbekannt; nicht mit dem Wiener Dombaumeister identisch!) studierte und den er besonders schätzte. Bestelmeyer unterrichtete später in Dresden, Berlin-Charlottenburg und folgte Friedrich von Thiersch nach dessen Tod an die Münchner Technische Hochschule. [197] Er sollte ab 1905 die Münchner Universität erweitern; ab 1912 schuf er das German Museum der Harvard University in Cambridge, Massachusetts, USA. [198]

Für die moderne Jugendstilarchitektur wurde der Thiersch-Schüler **Martin Dülfer** (1859–1942) besonders bedeutsam. Er und seine Mitarbeiter prägten die Münchner Stilvariante in besonderem Maße. Seine großen Theaterbauten stehen in Südtirol und in Norddeutschland. In seinem Büro arbeiteten neben anderen **Franz Rank, Max Langheinrich, Heinrich Tessenow** und **Paul Ludwig Troost**. [199]

Ebenfalls bei Thiersch hatten **Theodor Fischer, Karl Hocheder** und **Hans Grässel** studiert, die bereits bei den Neureuther-Schülern erwähnt worden sind. Hocheder unterrichtete erstmals Mitte der achtziger Jahre an der Technischen Hochschule, bevor er ab dem Sommersemester 1898 fest angestellt und später ebenfalls Vorstand der Architekturabteilung wurde.

Bedeutsamer als bisher bekannt könnte die Tätigkeit des gebürtigen Budapesters **Rezsö Hikisch** (1876–1928) gewesen sein. Er arbeitete bei Theodor Fischer und soll in dieser Zeit eine der Isarbrücken entworfen haben, die aber unter Fischers Namen publiziert wurde. [200]

Otho Orlando Kurz (1881 geboren) war Mitarbeiter im Büro der Gebrüder Seidl. Nach Gründung eines eigenen Baubüros zusammen mit **Eduard Herbert** entstanden Bauten in Südtirol, Oberösterreich und in Böhmen. [201]

Fritz Schumacher (1869 geboren) arbeitete bei Gabriel von Seidl, unterrichtete an der Dresdner Technischen Hochschule und war Stadtbaurat in Hamburg. Seine Memoiren „Stufen des Lebens" geben interessante Informationen über das gesellschaftliche Leben um 1900 und über die Kontakte der Architekten untereinander. Neben seinen Hauptwerken in Dresden und Hamburg schuf er auch Bauten in Südtirol. [202]

Heinrich Tessenow (1876–1950) hatte auch bei Hocheder studiert, war zeitweise bei Dülfer Bürochef und später, in dessen Dresdner Zeit, sein Assistent, bevor er als Professor an die Wiener Akademie für angewandte Kunst wechselte. [203]

Heinrich von Schmidt (1850–1928, Sohn des Wiener Dombaumeisters) unterrichtete als außerordentlicher Professor der Baukunst ab dem Winter-Semester 1883/84 an der Münchner Technischen Hochschule. Später wurde er ordentlicher Professor und schließlich Vorstand der Architekturabteilung. [204]

Aus Ungarn stammte der außerordentliche Professor **Fritz Jummerspach** (1858–1914), der mit dem Aufgabenbereich Landwirtschaftliches Bauwesen und Entwicklung des Bauernhauses" betraut wurde. Unter anderem baute er in Abbazia/Opatija an der Adria ein Sanatorium und im ungarischen Gut Sárvár einen Wasserturm (diese Besitzung gehörte Erzherzogin Marie-Therese, der Frau des letzten bayerischen Königs Ludwig III., der dort im Exil starb). [205]

Dem Namen nach zu schließen dürfte **Emil Edler von Meceneffy** ebenfalls aus Ungarn gekommen sein. Er unterrichtete ab 1900 als außerordentlicher Professor für Hochbau-Konstruktionslehren; unter anderem beteiligte er sich an August Exters Wettbewerb zum Villenbau in der Pasinger Kolonie, allerdings mit einigen kaum überzeugenden Beiträgen. [206]

Aus Basel kam 1901 **Ernst Fiechtner** (Lebensdaten unbekannt), der die frei werdende Stelle von Günter Blumentritt einnehmen sollte. [207]

Von überregionaler Bedeutung für die Entwicklung der mitteleuropäischen Baukunst war Theodor Fischers Lehrtätigkeit. Unter seinen Schülern befanden sich einige erfolgreiche Architekten:

Der einer Tiroler Familie entstammende **Lois Welzenbacher** (1889–1955), einer der besten „modernen" Architekten seiner Zeit, der u.a. in den 1930er Jahren neue Bauleitlinien für die Stadt Gablonz an der Neisse/Jablonec nad Nisou in Nordböhmen geschaffen hat. [208]

Heinrich Freiherr von Schmidt (1850–1928, Sohn des Wiener Dombaumeisters) war ab 1910 als Assistent für Städtebau und Entwerfen an der Technischen Hochschule tätig. [209]

Aus Ungarn kam **Gustav Pulitzer** (1887–1967), der von 1906–1911 bei Fischer studierte und in den zwanziger Jahren durch seine Schiffseinrichtungen bekannt werden sollte. [210]

Sein Landsmann **Rezsö Hikisch** (1876–1928) wird im Unterkapitel Ungarn näher behandelt.

Im Sommer-Semester 1906 wurde Friedrich von Thiersch zum Rektor der Technischen Hochschule gewählt, Hocheder rückte zum Vorstand der Architekturabteilung auf. Als August Thiersch 1908 aus Gesundheitsgründen ausschied, wurde als Nachfolger Theodor Fischer aus Stuttgart zurückberufen und wirkte dann als Professor für Baukunst.

In jenen Jahren studierten an der Technischen Hochschule etwa 2800 Studenten, damit stand man an erster Stelle aller deutschen Hochschulen. Alleine die Anzahl der Architekturstudenten war von 18 auf fast 400 angestiegen. [211]

Ein wichtiges Element der Architektenausbildung waren die Exkursionen, die traditionsgemäß nach Italien, später auch nach England und in andere europäische Länder führten. Die in den „Berichten über die Königliche Technische Hochschule zu München" angeführten Exkursionen bleiben hier auf die für unser Thema relevanten Reisen beschränkt. [212]

Im Studienjahr 1885/86 fuhr **Friedrich von Thiersch** mit seinen Hochbaustudenten nach Salzburg, dabei entstand das in der Literatur mehrfach erwähnte „Salzburger Album". [213]

Unter der Leitung von **Joseph Bühlmann** führte die Exkursion der Hochbauabteilung 1888/89 nach Wien, Melk und Salzburg. Weitere Exkursionen erfolgten:
– 1890/91 mit **Friedrich von Thiersch und Dozent Pfeiffer** nach Südtirol;
– 1891/92 mit **Bezold und Paul Pfann** nach Wien;
– 1893/94 mit **Bühlmann** nach Innsbruck und ins Unterinntal;
– 1901/02 mit **August Thiersch und Friedrich Jummerspach** u.a. nach Vorarlberg und Westtirol zum „Bauernhaus-Studium";
– 1902/03 mit **Karl Hocheder** über Passau nach Krems und Salzburg;
– 1903/04 mit **Heinrich von Schmidt, Paul Pfann und Jummenspach** nach Wien und Graz;
– 1907/08 mit **Friedrich von Thiersch und Emil v.**

35

Mecenseffy nach Prag, dort eine Führung durch Prof. Kick sowie die Schwerpunkte Barockbauten und neuer Franz-Josephs-Bahnhof erwähnt.[214]

Die Baugewerkschule

Die heutige **Staatsbauschule** war 1823 als **Baugewerkschule** gegründet worden. Erster Leiter wurde der damalige Kreisbauinspektor **Gustav Vorherr** (1773–1847). Grundlage dieser neuen Institution waren die Ideale der Freimaurerei, die Vorherr selbst bei der Eröffnung der Meisterklasse am 22. November 1824 vortragen sollte.[215]

Der Unterricht war betont praxisorientiert, da vor allem bereits im Beruf stehende Handwerker weitergebildet werden sollten, die über den Kenntnisstand von Volkschul-Oberklassen verfügten und die mindestens 16 Jahre alt und mindestens seit zwei Jahren berufstätig sein mussten.

Die Studierenden stammten vorwiegend aus Handwerker-Familien, aber auch Söhne von Oberkofferträgern, von Königlichen Professoren, von Hoftheatertänzern und Kirchenparamenten-Fabrikanten sind verzeichnet.

Bis zur „Reorganisation" von 1906 waren bis zu 70 Schüler in den einzelnen Kursen, danach nur noch bis zu 30.[216]

Als Studienziel konnte der Titel „Baumeister" angestrebt werden, wobei unbekannt bleibt, wie viele der später erfolgreichen Architekten ihre erste Ausbildung vor 1906 an diesem Institut erhalten hatten; wie bereits erwähnt, sind die meisten Unterlagen aus dieser Zeit vernichtet.

Besser dokumentiert sind die Lehrinhalte, die sich im Laufe der Jahre nicht allzu sehr verändert haben dürften. So hielt zum Beispiel ab dem Wintersemester 1902/03 **Franz Zell** (1866–1961) Vorträge über volkstümliche Bauweise. Er beschäftigte sich außerdem mit der Herstellung von Modellen und der Dokumentation alter Bauernhäuser. Ab 1906 waren ihm dazu die landwirtschaftliche Baukunde und das Entwerfen nach ländlichen Bauaufgaben übertragen worden.[217]

Aus den nur lückenhaften Verzeichnissen der ehemaligen Lehrer sind außer Zell (der bis zum Ersten Weltkrieg hier wirkte und 1912 zum Professor ernannt wurde) nur wenig bekannte Namen zu finden. Genannt seien **Anton von Braunmühl** (1848–1852 an der Baugewerkschule), **Rudolph Gottgetreu** (1852–1862), **August Rancher** (1877–1892), und **Oskar Strehlin** (1919–1920).

In den wenigen erhaltenen Jahresberichten werden neben anderen **Robert Graschberger** und **Eugen Hönig** (geboren 1873) genannt, die beide interessante Wohn- und Geschäftshäuser in München schufen. Hönig wurde um 1910 zum Vorstand des Münchner Architekten- und Ingenieurvereins gewählt.[218]

Starke Beziehungen zum österreichisch-ungarischen Raum hatte der von 1894–1906 als Leiter der Baugewerkschule eingesetzte Baurat **Friedrich Herdegen** (Geburtsdatum unbekannt, 1920 gestorben). Er war auf Eisenbahnbauten spezialisiert und projektierte beispielsweise die Strecken Hof-Eger/Cheb sowie mehrere Linien im ungarischen Gebiet. Er wurde schließlich zum Oberbauinspektor der ungarischen Westbahngesellschaft ernannt.[219] An der Schule folgte ihm **Konrad Linder**.[220]

Bei den Studierenden fällt der geringe Ausländer-Anteil auf. Eine Erklärung könnte die doppelte, bzw. später sogar auf das Vierfache erhöhte Studiengebühr für diesen Personenkreis sein: anstatt 50 Mark sollten sie 200 bezahlen.[221]

Dazu wurde auf besonders straffe Disziplin Wert gelegt, wie die heute unfreiwillig komisch wirkenden Bemerkungen belegen. Verweise wurden erteilt wegen Teilnahme an Kneiperei, wegen ungeeigneten (!) Benehmens, Unfleiß (!), schlechter Heftführung, Abschreibenlassen der Probenarbeit, frecher Bemerkung und wegen großer Gleichgültigkeit. Die Teilnahme an einer Streiterei führte sogar zur Entlassung.[222]

An bedeutenden Architekten und Baumeistern, die aus der Baugewerkschule hervorgingen, sind **Bernhard Borst** (später Mitarbeiter von Theodor Fischer und Architekt in Pasing, Schöpfer der sogenannten „Borstei"),[223] **August Fingerle** (bei Bozen beschrieben),[224] **Arthur Ringler** (1876 geboren, bei Innsbruck beschrieben),[225] **Josef Scherer** (geb. um 1880, später Mitarbeiter bei Dülfer),[226] **Sigmund Waidenschlager** (um 1873 geb.)[227] und **Fritz Norkauer** (1887 geboren)[228] zu nennen.

Architektenpersönlichkeiten des Historismus im 19. Jahrhundert

Für die Ausbildung der Münchner Architekten waren während der Regierungszeit König Ludwigs I. Gärtner und auch Klenze zweifelsohne von größter Bedeutung. Zu Klenzes Schulern gehörte **Georg Dollmann** (1830–1895), der sein Schwiegersohn werden und nach Klenzes Tod die Befreiungshalle vollenden sollte.[229] Besonders prominent wurde er aber durch seine für Ludwig II. erbauten Königsschlösser, die in Zusammenarbeit mit dem in Wien ausgebildeten **Julius Hofmann** (1840–1896) entstanden.[230]

Auf Gärtners erfolgreiche Lehrtätigkeit wurde bereits eingegangen. Er war „moderner" als Klenze, sein Rundbogenstil wurde zukunftweisend und so wählte Maximilian II. vor allem aus diesem Kreis die meisten seiner Architekten.

Einige von ihnen hatten ja bereits 1850 am Wettbewerb zum Maximilianeum teilgenommen.

Diesen Wettbewerb hatte zwar **Wilhelm Stier** (1799–1857) aus Berlin gewonnen, der preisgekrönte Entwurf konnte jedoch aus finanziellen Gründen nicht ausgeführt werden.

Erwähnenswert scheint ein außer Konkurrenz eingesandter Beitrag, dessen Verfasser kein geringerer als der preußische König Friedrich Wilhelm IV. war. Er empfahl, die „liebliche Bauweise der bayerischen Alpenhäuser" auf monumentale Steinarchitektur zu übertragen. [231]

Zwei der zahlreichen Gärtner-Schüler sollten für München von besonderer Bedeutung werden: **Gottfried von Neureuther** (1811–1887) und der etwas jüngere **Friedrich Bürklein** (1813–1872). Stilistisch war der jüngere Bürklein konservativer, weil er ähnlich wie Gärtner, Klenze oder auch Schinkel versuchte, mittelalterliche und antike Formenelemente zu verschmelzen. [232] Er lehnte zwei vielversprechende Berufungen in die Nachbarländer ab: 1842 an die Bauschule in Prag, 1850 an die Akademie in Wien. Schließlich wurde er von König Maximilian II. zum Professor an der Münchner Polytechnischen Schule ernannt. [233]

In einer ähnlichen Formensprache wie Bürklein arbeitete **Rudolph Gottgetreu** (1821–1890), das zeigt neben anderem sein Hotel Vier Jahreszeiten an der Maximilianstraße. Stadtbildprägend, wenn auch nicht übermäßig originell, war die von ihm 1873 begonnene Markuskirche an der Gabelsbergerstraße, die leider nach einigen Kriegszerstörungen durch Modernisierung bis zur Unkenntlichkeit purifiziert worden ist. Richtungsweisend war dagegen sein Kaufhaus Hildebrand an der Löwengrube (im Krieg zerstört), das erstmals für München über mehrere Stockwerke reichende Eisenkonstruktionen aufwies. [234]

Nach König Maximilians Tod setzte sich schon bald eine „akademische", italienisierende Neurenaissance durch, deren bedeutendster Wegbereiter eben Neureuther war. Sein Polytechnikum, die spätere Technische Hochschule, entstand 1866–1870 (auf seine jahrelange Unterrichtstätigkeit an diesem Institut wurde bereits verwiesen). Dieses Gebäude orientierte sich an Sempers Eidgenössischer Technischer Hochschule in Zürich (1859–1864). In sehr ähnlicher Formensprache schuf er die Münchner Akademie der Bildenden Künste (1875–1885), währen seine etwa gleichzeitige Villa Wendlandt in Bozen-Gries (um 1875) eher klassizistisch wirkte. [235]

Stilistisch stand der aus Weilheim stammende **Carl Ritter von Müller** (1821–1909) Neureuther sehr nahe. Von ihm sind in München nur die im Kriege zerstörten „Müllerhäuser" belegbar, die er 1861–1863 an der Karlstraße 1, Ottostraße 3a und b sowie Barerstraße 2 und 4 erbaute.

Als Grundstock für seine Stiftung „Müllersches Volksbad" sollte er 1894 diese Objekte der Stadt München schenken. Zum österreichisch-ungarischen Raum stand Müller in vielerlei Beziehung: In Innsbruck und Dornbirn gründete er um die Mitte des 19. Jahrhunderts gewerblich-technische Schulen. 1850 wurde er in Innsbruck Städtischer Bauingenieur, drei Jahre später übersiedelte er nach Wien, wo er einige nicht näher lokalisierbare „Privatbauten" geschaffen haben soll. Seinen Alterssitz verlegte er nach Bozen, wo er durch mehrere Stiftungen seinen Namen der Nachwelt überlieferte. [236]

Stilprägend und besser dokumentiert ist das Werk von **Lorenz Gedon** (1843–1883), dessen Schackvilla 1872–1874 erstmals für München eine betont asymmetrische Fassade aufwies. „München erhielt um 1870 das Gesicht einer internationalen Großstadt … Es beginnt ein wüster Tanz. Während Neureuther seine Riesenfassaden türmt, knetet Gedon sein Schackpalais". Seine pompösen Inneneinrichtungen entstanden für die gesellschaftliche Oberschicht, er bekam Aufträge auch aus dem Ausland, so schuf er beispielsweise die Einrichtung für das Palais Todesco an der Kärntner Straße in Wien. [237]

Ob eine ähnliche Beschreibung auch für die Werke von **Friedrich Adam** (1847–1928) passt, ist nicht bekannt, keines von ihnen war bisher auffindbar. Er hatte angeblich die Münchner Technische Hochschule ab 1869 besucht, arbeitete 1872–1873 in Wien für Hasenauer an den Weltausstellungsbauten und war laut Familienüberlieferung auch in Oberösterreich, Böhmen und Tirol tätig. Außerdem soll er ein eigenes Baugeschäft zusammen mit seinem Schwager **Christian Lothary** (Lebensdaten unbekannt, später Mitarbeiter von August Thiersch) von 1886–1896 betrieben haben. In dieser Zeit dürfte er das Marinecasino in Pola/Pula (Istrien) gebaut haben. Danach war er ab 1896 am Münchner Stadtbauamt tätig. [238]

Für die Weiterentwicklung der Münchner Architektur weniger bedeutsam blieben die zwar bewunderten, aber kaum nachgeahmten neugotischen Werke des gebürtigen Grazers **Georg Hauberrisser** (1841–1922). Besonders der (ab 1865 errichtete) erste Bauabschnitt des Münchner Rathauses und die Paulskirche (1892–1906) wurden in der Fachliteratur sehr gelobt. [239] Er war sichtbar von seinem Lehrer, Friedrich von Schmidt aus Wien beeinflusst, verwendete aber auch die in der Tradition Neureuthers stehenden Elemente von Deutscher, Niederländischer oder Französischer Renaissance.

Beim älteren Teil seines Rathauses kam die in München eher selten gebräuchliche Technik der Klinkerverkleidung zur Anwendung, die er auch an späteren Werken öfters zeigte und die auch die frühen Bauten der Baufirma Heilmann prägte. Nicht zufällig: Hauberrisser war mit **Jakob Heilmann** (1846–1927) befreundet und arbeitete über längere Zeit für ihn als entwerfender Architekt.

Für Rathausbauten und für Kirchen schien im späten 19. Jahrhundert der gotische Stil geradezu prädestiniert. Hauberrisser hatte sich deshalb nicht zufällig auf Rathäuser spezialisiert, die nach seinen Plänen in Wiesbaden, Kaufbeuren und Saarbrücken – St. Johann entstanden.[240] In Landshut und in Landsberg am Lech baute er die bestehenden Rathäuser um.

Für seine Heimatstadt Graz schuf er (1881–1891) die Herz-Jesu-Kirche mit dem Pfarrhaus; er arbeitete auch an einem Stadterweiterungsplan, der aber einen großen Teil der Altstadt vernichtet hätte und deshalb abgelehnt wurde.[241] Trotzdem versuchten die Grazer Hauberrisser an die dortige Baugewerkschule abzuwerben. Man bot ihm an, sofort Technischer Direktor der Steirischen Baugesellschaft zu werden. In München setzte man alles daran, dies zu verhindern. Schließlich wurde ihm eine Professur an der Akademie angeboten und zu äußerst günstigen Bedingungen das städtische Grundstück für sein Wohnhaus an der Schwanthalerstraße überlassen.[242]

Hauberrisser blieb also in München, auch wenn er weiter Projekte für die Steiermark, für Graz die dortige Universität und die Technische Hochschule, sowie für eine Kirche in Gnas (1872) schuf, die alle nicht zur Ausführung kamen. Ebenso auf dem Papier blieben die Entwürfe für ein Pfarrhaus in Busau (Mähren, 1907–1911), für eine Pfarrkirche in Auer (Ora, Südtirol, 1912), für die Propsteikirche in Troppau (Mährisch-Schlesien) und für ein Rathaus in Reichenberg/Liberec in Böhmen.[243]

Ob das Schloss Lippertheide bei Brixlegg in Zusammenarbeit mit dem Architekten Hirsch tatsächlich entstanden ist, konnte noch nicht geklärt werden.[244]

Den Hang zu Mittelalter und zu früher Neuzeit lebte er auch privat aus: sein Wohnhaus an der Schwanthalerstraße 106 war mit einer Zugbrücke versehen, die allabendlich hochgeklappt wurde.[245] Sein Selbstportrait, dargestellt mit einem Renaissance-Barett, findet sich als Schlussstein über einem der Erdgeschoss-Fenster.

Noch zwei von Hauberrissers Schülern sollen erwähnt werden: **Josef Schmitz** (1860–1936), zeitweise Baumeister an St. Sebald in Nürnberg. Er führte in Meran die Stadterweiterungsplanung durch und schuf zusammen mit dem ebenfalls in München ausgebildeten **Karl Lun** (geboren 1853) die neue Friedhofsanlage. Schmitz war auch am Bau der Marienkirche in Innsbruck-Pradl beteiligt und schuf in Tirol – ohne genaue Ortsangabe – ein Knabenheim.[246]

Der zweite Hauberrisser-Schüler, **Hans Grässel** (1860–1939) hatte bei Neureuther, Bühlmann und bei den

Abb. 16 München, Schwanthalerstraße 106

beiden Thiersch studiert, bevor er in Hauberrissers Atelier eintrat. 1900 wurde er Städtischer Baurat in München als Löwels Nachfolger, seine Münchner Friedhofsanlagen und auch seine Sozialbauten wie das Altersheim St. Josef am Luise-Kiesselbach-Platz errangen überregionale Beachtung.[247]

Zur Frage des Wiener Karlsplatzes wurde er gemeinsam mit Hocheder und Mecenseffy gehört.[248] Von ihm wird später noch die Rede sein.

Besonders geglückt war Hauberrissers Rekonstruktion der Deutsch-Ordensburg im mährischen Busau/Busov.[249] Ein kleineres Werk entstand in Bozen, das Denkmal für Peter Mayr bei der Stadtpfarrkirche.[250] Sein Tätigkeitsgebiet reichte viel weiter: bis nach Brasilien, dort baute er angeblich in Santa Fé bei Rio de Janeiro um 1882 ein Schloss für den Plantagenbesitzer Näher, das „den Ruhm des Meisters und der Münchner Kunst … jenseits des Ozeans und des Äquators" verkündete.[251]

In Südamerika arbeitete noch ein weiterer, in Bayern tätiger Architekt: der aus Triest stammende, spätere Bayerische Baurat **Julius Hofmann** (1840–1896), der als Hofarchitekt des Kaisers Maximilian von Mexiko zum Bau von dessen Residenz berufen wurde. Zuvor hatte er zusammen mit seinem Vater seit 1858 bereits das Schloss Miramare bei Triest für diesen Habsburger Herrscher eingerichtet. Er entstammte einer Triestiner Steinmetz-Familie und blieb auch nach Maximilians Tod in höfischen Diensten; zunächst als

Abb. 17 München, Altersheim am Luise-Kiesselbach-Platz

Leiter von Zettlers Glasmaleranstalt in München tätig, bevor er unter **Georg Dollmann** (1830 geboren) am Bau der Königsschlösser Ludwigs II. mitarbeitete und nach Dollmanns Tod die alleinige Verantwortung für den Weiterbau unternahm. Nach seinen Entwürfen entstand auch die Gedächtniskapelle in Berg am Starnberger See, die allerdings erst 1900, also nach Hofmanns Tod fertiggestellt worden ist.[252]

Noch ein weiterer Hofarchitekt für Mexiko stand in Verbindung zu München, **Gangolf Kayser** (1837–95); Er hatte in München bei Julius Lang und Wien studiert, bevor er wie Hofmann nach Mexiko berufen wurde und dort von 1864–67 wirkte. Später restaurierte er die südlich von Wien gelegene Burg Liechtenstein im historisierenden Sinne.[253]

Eine verkleinerte Version des eben genannten Schlosses Miramare entstand auch bei Oberammergau, dort relativ spät von 1899–1901 für den Neffen der Burgschauspielerin Katharina Schratt, für Leonhard Schratt. Architekt dürfte **Karl Gerste** gewesen sein.[254]

Relativ wenig war über Ausbildung und Leben des Thüringers **Albert Schmidt** (1841–1913) zu erfahren. Seine beiden Münchner Hauptwerke, die Synagoge beim Lenbachplatz und die Lukaskirche an der Isar gestaltete er in neuromanischen Formen. Dieser Kirchenbau orientierte sich an Friedrich von Schmidts Maria-vom-Siege in Wien-Fünfhaus (1867–1875), von dort übernahm er die Grundrisskonzeption mit den schräggestellten Fassadentürmen und die Zentralkuppel. Ansonsten bevorzugte er die neubarocke Richtung, wie seine Deutsche Bank und das Haus am Lenbachplatz 4 oder die ehemalige Staatsbank an der Kardinal-Faulhaber-Straße beweisen. Für die Deutsche Bank inspirierte ihn die Eckrisalit-Gestaltung vom 1893 fertiggestellten Michaelertrakt der Wiener Hofburg. Im Polizeimeldebogen wird er als Königlicher Professor, als Verfertiger künstlicher Steine(?), Baumeister, Kunstsägebesitzer und Ziegeleibesitzer genannt.[255] Zu dem Wiener Architekten Friedrich von Schmidt stand er vermutlich in keinem verwandtschaftlichen Verhältnis.

Anders als **Heinrich von Schmidt** (1850–1928), er war der Sohn des aus Köln zugewanderten Wiener Dombaumeisters Friedrich, außerdem mit einem anderen bedeutenden Architekten verschwägert, nachdem er die Tochter von C. W. Haase aus Hannover geheiratet hatte. Seit 1883 wirkte er an der Münchner Technischen Hochschule.

Als sein Hauptwerk muss die neuromanische Maximilianskirche an der Isar gelten (1895–1909); außer dem Passauer Rathausturm ist kein weiterer Bau von ihm bekannt. Sein Entwurf zur neuen Klosterkirche zum Guten Hirten in Budapest dürfte Projekt geblieben sein.[256]

Ein anderer **Friedrich von Schmidt**, über den nicht einmal die Lebensdaten bekannt sind, war ab 1911 als Assistent für Städtebau und Entwerfen an der Technischen Hochschule tätig. Er hatte im Privatbüro von Theodor Fischer gearbeitet.[257]

39

Abb. 18 München, Café Luitpold

Wenig bekannt blieb **Otto Lasne** (1854–1935), der ein ebenso ausgezeichneter Architekt wie Städteplaner war. Sein frühestes Werk war der Umbau des einstmals so prächtigen Luitpoldblocks an der Brienner Straße mit dem berühmten Café Luitpold (1886–88). [258]

Mehr Aufträge scheint er in Tirol bekommen zu haben, besonders in Kufstein. Dort entstand nach seinen Plänen ein Hotel in Staffing am Thierbergweg 19 (1898–1901), am Franz-Josephs-Platz 2–4 ein Anbau zum Gasthof Drei Könige (1905–1906) sowie seine eigene Villa am Thierbergweg 28 (1897–1901). In Südtirol baute er den Postgasthof von Fischleinsthal. [259]

Wie weit seine heimattümlichen Bauten vom Neubarock-Pomp der älteren Bauten entfernt waren, beweist sein 1903 errichtetes Wohnhaus an der Münchner Königinstraße 69. Es zeigte Einflüsse aus dem westösterreichischen Raum und dürfte umgekehrt mit seiner schlichten, barockisierenden Fassade vorbildhaft für ähnliche Bauten gewesen sein. [260]

Als Städteplaner machte er 1894 auch in München von sich reden, als er einen Durchbruch von der Prannerstraße zum Max-Joseph-Platz vorsah. Überregional bekannt wurde er im gleichen Jahr durch seine Stadtregulierungspläne für Wien, die er zusammen mit dem Bezirksingenieur Haindl aus München verfasste. Er errang immerhin den dritten Preis, der erste ging an Otto Wagner. [261]

Für Kufstein schuf er 1899–1902 den Stadtregulierungsplan, ebenso für Brixen (dort für das südliche Stadtgebiet, das Bahnhofsviertel und für Stufels), für Zirl nach dem Dorfbrand 1908 den Baulinienplan und einen nicht datierten Regulierungsplan für den Innsbrucker Stadtteil Amras. [262]

Elemente der Tiroler Spätgotik und der Renaissance verwendete in besonders starkem Maße **Max Ostenrieder** (1870–1917) – für seine Generation eher untypisch und nicht mehr zeitgerecht. Immer wieder ist in seinen Werken das Vorbild des „Goldenen Dachl" in abgewandelter Form zu finden, so an der Sendlinger Straße 52 (1899) oder am Platzl 1 (1896–97) gegenüber dem Hofbräuhaus. [263]

Aus seiner Hand stammen auch das prachtvolle Benefiziatenhaus am Münchner Stephansplatz 1 (1899), ein Wohn- und Geschäftshaus am Altheimer Eck 5 (1899) sowie der Högerbräu im Tal 75 (1901–02, heute Mac Donalds). [264]

Ähnlich baute auch **Wilhelm Spannagl** (Lebensdaten unbekannt); von seinen Bauten sind nur die Objekte Lamplgarten (an der Glückstraße/Jägerstraße, im Krieg zerstört), Widenmayerstraße 52 und Kaulbachstraße 61 a, Rückertstraße 7 und 9, Schubertstraße 8 und Uhlandstraße 2 bekannt, die alle um 1900 entstanden. Auch hier ist deutlich tirolerischer Einfluss zu bemerken, der umgekehrt zum Beispiel nach Bozen in die Rosminstraße zurückimportiert worden ist. [265]

Abb. 19 München, Platzl 1

Für die Übernahme von frei abgewandelten historisierenden Stilrichtungen wurde vor allem **Friedrich von Thiersch** (1852–1921) maßgeblich, einer der bedeutendsten Vertreter des späten Historismus in Deutschland. Er war in Stuttgart bei **Christian von Leins** ausgebildet worden und arbeitete später im Atelier der Semper-Schüler **Mylius & Bluntschli**, die unter anderem in Wien den ersten Bauabschnitt des Zentralfriedhofes ausführten. Er wurde 1879 als außerordentlicher Professor für Innendekoration und malerische Perspektive an die Königliche Technische Hochschule nach München berufen.[266]

Während seiner Frühzeit war er von der Wiener Ringstraßenarchitektur beeinflusst, sein Parcus-Haus am Promenadenplatz (1887–89) und sein Justizpalast zeigen deutlich wienerische Züge. Für das Bernheimer-Haus (1887–89) zog er zugunsten seines Schülers **Martin Dülfer** (1859–1942) den eigenen Fassadenentwurf wieder zurück, nachdem Dülfer einen Alternativvorschlag für die Fassadengestaltung in neubarocken Formen unterbreitet hatte, der das Werk des Lehrers an Phantasie bei weitem übertraf und schließlich zur Ausführung bestimmt wurde.[267] In der Folgezeit änderte Thiersch auch den ursprünglich in Renaissance gehaltenen Vorentwurf zu seinem prachtvollen Münchner Justizpalast in neubarocker Manier ab.[268]

Der Mittelrisalit der Ostfassade zeigt das Vorbild des Wiener Palais Schwarzenberg an seiner Akroterienzone recht deutlich. Thiersch schätzte offenbar die österreichischen Barockbauten ganz besonders, jedenfalls ließ er eine große Anzahl von ihnen fotografisch dokumentieren.[269]

Durch seine zahlreichen Schüler hatte er auch auf den österreichisch-ungarischen Raum bedeutenden Einfluss. Eine direkte Beteiligung am dortigen Baugeschehen ist nur durch seine Teilnahme am Wettbewerb zur Budapester Elisabethbrücke (1893) nachweisbar.[270]

Er ließ seinen Schülern große künstlerische Freiheiten und verlangte keine Rücksichtnahme auf die eigenen stilistischen Vorlieben, die er ohnehin während seiner Laufbahn mehrfach änderte. „Seine Schüler gelangten zu einer evolutionären Überwindung des Historismus – deshalb fand in München kein revolutionärer Umsturz statt".[271]

Sein älterer Bruder **August Thiersch** (1843–1916) bediente sich wie sein Lehrer Neureuther, dessen Assistent er zeitweise war, fast ausschließlich der italienischen Renaissanceformen. Als Musterbeispiel sei seine Schwabinger Ursulakirche (1894–1897) genannt, bei der Brunelleschis Vorbild in Motiven der Florentiner Domkuppel mit denen des Campaniles in Venedig verschmolzen wurden. Der komplizierte Kuppelbau brachte übrigens seinen schon erwähnten Mitarbeiter **Christian Lothary** im wahrsten Sinn des Wortes um den Verstand. Er starb in geistiger Umnachtung.[272]

Als Vorsitzender des Vereins für Volkskunst und Volkskunde war Thiersch maßgeblich am Wiederaufbau des Tiroler Dorfes Zirl beteiligt. Bisher nicht auffindbar war das Wohnhaus Finsterwalder in Sterzing.[273] Auch er entfaltete eine reiche Lehrtätigkeit, die aber kaum durch Unterlagen dokumentiert ist.

Die in München stadtbildprägende, traditionsorientierte Bauweise der letzten Jahrzehnte des 19. Jahrhunderts in München war vor allem durch das Werk eines **Gabriel von Seidl** (1848–1913) geprägt. Seine Bauten sind von Straßburg bis Schlesien, von Bremen bis Südtirol und auch in Ungarn zu finden. Bis 1870 hatte er als Maschinentechniker gearbeitet, studierte dann ab 1871 bei Neureuther und war zeitweise als Student, zeitweise als Gasthörer an der Technischen Hochschule immatrikuliert (1868–73).[274] Er galt als „besonders geistreicher Vertreter der Deutschen Renaissance"; für die von **Lorenz Gedon** 1876 veranstaltete Ausstellung „Unser Väter Werke" hatte Seidl das berühmt gewordene „Deutsche Zimmer" gestaltet.[275] Obwohl er nur wenige direkte Schüler hatte, prägte sein Geschmack die süddeutsche Architektur des Historismus durch die Verwendung bodenständiger Vorbilder in ganz besonderem Maße. In seinem Büro an der Seidl-

41

straße (ehemals ein Rückgebäude, das Vorderhaus wurde im Krieg zerstört) arbeiteten **Josef Kronenberger** (1860–1912) als Atelierchef, zeitweise auch **Fritz Schuhmacher, Theodor Fischer** und **Otho Orlando Kurz**.[276]

Seidls erste Bauten entstanden 1879, das „Deutsche Haus", ein Mietshaus mit Gaststätte Ecke Sophienstraße/ Karlsplatz und sein eigenes (im Krieg zerstörtes) Wohnhaus an der Marsstraße. Sein Engagement für die „Schöpferische Denkmalpflege" war kennzeichnend für die um 1900 herrschenden Tendenzen; er gehörte zu den Gründungsmitgliedern des Isartalvereins (1905), der aktiv gegen die Bodenspekulation und gegen eine drohende Industrialisierung dieses Gebietes kämpfte. Seidls Engagement rettete die Ortsbilder von Neubeuern und von Tölz oder versuchte sie im Sinne des damaligen Zeitgeschmacks wiederherzustellen.[277]

Vereinzelt trat in Seidls Werk auch die Italienische Renaissance auf, so etwa bei der Münchner Lenbach- oder auch bei der Kaulbach-Villa, beide in Anlehnung an römische Villen-Vorbilder.[278]

In Kufstein-Thierberg baute er 1903 eine heimattümliche Villa[50], in Innsbruck war er 1907 am Wettbewerb zum Tiroler Volkskunde- und Kunstgewerbemuseum beteiligt. Dort erhielt er zwar den ersten Preis, sein Entwurf wurde aber nicht ausgeführt. Für Südtirol entwarf er ein Sanatorium, Schloss Goyen bei Meran; über dessen Realisierung aber nichts bekannt ist.[279]

Zu Seidls 60. Geburtstag charakterisierte der Sprecher der Künstlergesellschaft „Allotria" Seidls Werk folgendermaßen: „Trauliche Häuser hast Du gebaut für glückliche Menschen und stolze Schlösser für die, die was größeres brauchten, ragende Kirchen, von deren Türmen die Glocken hallen und schallen … Du wirst … geliebt und verstanden in Deiner schlichten Größe".[280]

Sein jüngerer Bruder, **Emanuel von Seidl** (1856–1919) begann mit Renaissanceformen, die er gerne mit antiken Details wie Säulenstellungen und pompejanischer Farbgebung verschmolz. Er war der „Elegantere", der Modernere von beiden.

Besonders erfolgreich war er im Landhaus- und Villenbau: Sein Freund, der Arzt Felix Schlagintweit charakterisiert in seinen Memoiren diese Bauten als „komfortable, fast schon schlossartige luxuriöse Landhäuser in Naturparks, die er allerdings oft erst dazukomponierte. Wenn der Bauherr es wollte, baute ihnen Emanuel ein Schlösschen um ein altes Familienmöbel herum oder um eine Gemäldesammlung, oder er lieferte Haus, Garten, Hof und Hausrat bis zum Handtuch fix und fertig. Darin hatte er schon einen Weltruf, namentlich weil seine Bauten neben raffinierter Vornehmheit auch so gemütlich wirkten".[281]

Wieweit der „Weltruf" reichte, ist nicht bekannt. Auf alle Fälle baute er in Österreich, in St. Gilgen am Wolfgangsee 1908 die Villa Kestranek, in Thumersbach/Zell am See um 1904 die Villa Brücke, in Meran/Obermais um 1903 die Villa Georg Erhard, in Gaaden bei Wien um 1910 das Schloss Skoda, eine Villa in Graz für den Kunstmaler K. Mayr und in Baden bei Wien die Villa Theuer, beide um 1903. Das größte Objekt im Nachbarland dürfte das neubarocke, um 1904 erbaute Jagdschloss für den Grafen Nostiz im böhmischen Falkenau (heute Sokolov in Tschechien, damals noch zu Österreich gehörend) sein.[282]

Bei Seidls Landhäusern waren Tiroler Einflüsse immer fühlbar: „Die aus dem Typus des … Ansitzes entwickelte Villa geht in ihrer räumlichen Anlage direkte Beziehungen zur umliegenden Landschaft ein", heißt es in Achleitners Architekturführer über die Villa Kestranek.[283]

Wie sein Bruder Gabriel in Tölz so wirkte auch Emanuel im Sinne des Heimatschutzes, er allerdings in seiner Wahlheimat Murnau. Einige Häuser am Marktplatz wurden dort nach seinen Entwürfen bemalt, wofür er manchmal sogar selbst die Kosten übernahm.[284]

Als „Hocheder-Barock" wurde die von **Karl Hocheder** (1854–1916) geprägte Stilrichtung bezeichnet; er wan-

Abb. 20 Kufstein, Thierbergweg, Villa

Abb. 21 Falkenau/Sokolov, Nostiz-Jagdschloss

Abb. 22 Tirol, Landsitz Neumatzen

delte barocke Vorbilder, hauptsächlich Salzburger Bauten Fischer von Erlachs, sehr subjektiv ab,²⁸⁵ kennzeichnend sind breitgelagerte Baukörper mit großen Fenstern, gedrungene Säulen an Eckbalkons, reichgegliederte Fassaden mit süddeutscher Barockdekoration, diese kombi-

Abb. 23 München, August-Exter-Straße 21

niert mit Schlangenlinien des Jugendstils, bekrönt von aufwändigen Dachgestaltungen oder wenig vorspringenden Türmen.

Seine Hauptwerke in München sind das Müllersche Volksbad (1898–1901), mehrere Schulen und das nach Kriegszerstörungen zwischen 1960–1971 abgebrochene Bayerische Verkehrsministerium (1905–1913 erbaut) an der Arnulf-/Seidlstraße. Hocheder hob „alle Bauaufgaben in die Sphäre höchster künstlerischer Gestaltung, zugleich alle praktischen Anforderungen in mustergültiger Weise erfüllend". ²⁸⁶

Im Raum der Donaumonarchie schuf er für Südtirol das Bozener Rathaus (1904–1907) und in Levico (Valsugana) die Villa Bessler und, geographisch im weit entfernten Ungarn, für das siebenbürgische Hermannstadt/Nagy Szeben/Sibiu (heute Rumänien) um 1907 eine Kuranstalt. Für ein Badehaus in Karlsbad/Karlovy Vary (Westböhmen) saß er zusammen mit Friedrich Ohmann im Preisgericht und auch am Wettbewerb zur Gestaltung des Wiener Karlsplatzes war er beteiligt. ²⁸⁷

Von der Südtiroler Bauweise, der dort typischen „Ansitz-Architektur", ließ sich **Leonhard Romeis** (1854–1904) gerne inspirieren. Ihm blieb „bei Anwendung der südtirolischen Renaissance Gelegenheit genug, selbstschöpferische Kraft zu entfalten und in dem von ihm gewählten Stil mit all seinem Reichtum an Erkern und Winkeln, Gewölben und Säulenstellungen an Höfen, Treppenhäusern und Hallen Neues zu schaffen und trotzdem in dem Beschauer die Erinnerung an Schlösser oder Herrensitze in den Tälern von Bozen oder Meran wachzurufen". Seine Grützner-Villa (1883–1884) an der Grütznerstraße hinter dem Maximilianeum und sein Haus Winklhofer, Möhlstraße 3 (erbaut um 1897, Abbruch 1960) sind ohne Kenntnis der Tiroler Ansitze nicht denkbar. Tatsächlich ist 1880 eine Studienreise nach Südtirol überliefert, außerdem baute er in Rotholz bei Jenbach in Nordtirol für Grützner eine Sommervilla. ²⁸⁸ Ein Lob aus dem Munde von Gabriel Seidl dürfte ihn besonders gefreut haben: „man wohnt darin wie in einem alten Herrensitz in Südtirol". ²⁸⁹

Ähnliche Vorbilder verwendete **August Exter** (1858–1933), Schöpfer der Pasinger Villenkolonien. Er verbrachte mit seiner Familie über lange Jahre den Urlaub in Bozen; nicht zufällig wirken deshalb die älteren seiner Entwürfe wie kleine Ansitze. ²⁹⁰ Das gilt auch für sein einziges Werk in Karlsbad; dort ist allerdings sein Anteil an einer Zusammenarbeit mit **Hessemer und Schmidt** bei der Villa Ritter (1897) nicht klar genug überliefert. ²⁹¹

In der „Allgemeinen Bauzeitung" wurde die „Mustergiltige Exter'sche Villencolonie für den Mittelstand in Pasing bei München" ausführlich gewürdigt. „Vorherrschend ist

Abb. 24 München, Nymphenburger Str. 151

der für diese Bauart vorzüglich geeignete Barockstil ... auch Landhäuser im Tiroler Geschmack mit umlaufenden Galerien sind in verschiedenen Versionen vorhanden":[292]

An einem von Exter ausgeschriebenen Wettbewerb für weitere Villenbauten beteiligten sich die Architekten **Franz Schiefthaler** (aus Linz, Lebensdaten unbekannt), **Emil von Mecenseffy** (zu dieser Zeit in Nürnberg ansässig) und die bekannten Münchner Ateliers **Hönig & Söldner** sowie **Helbig & Haiger**.[293]

Nur teilweise von der alpenländischen Architektur waren die Werke der Firma Heilmann & Littmann geprägt. Der Architekt **Max Littmann** (1862 geboren) assoziierte 1892 mit dem Bauunternehmer **Jakob Heilmann** (1846–1927), der auch sein Schwiegervater werden sollte. In Dresden ausgebildet, verstand er in vielen verschiedenen Stilrichtungen zu bauen, die von einem kühlen Klassizismus seines Prinzregententheaters oder seines Weimarer Nationaltheaters bis zum malerischen Heimatstil seines (im Krieg zerstörten) Bozener Stadttheaters, der Münchner Neuesten Nachrichten (heute Süddeutscher Verlag) in der Sendlinger Straße, der Neorenaissance des Münchner Hofbräuhauses oder des Orlando-Hauses am Platzl reichten. Als ein weiteres frühes Hauptwerk seiner historisierenden Epoche soll hier die neubarocke Wohnhausgruppe an der Thierschstraße hinter der Lukaskirche genannt werden, die wenige Jahre später ein prachtvolles Wohnhaus in Wien, Linke Wienzeile, deutlich beeinflusste. Littmanns Kaufhäuser Tietz (am Bahnhofplatz), Oberpollinger (Neuhauser Straße) und Roman Mayr (am Marienplatz) verbinden dekorative Formen des Historismus und des Heimatstiles, während das Anatomiegebäude in seiner Funktionalität zur damaligen Zeit unübertroffen war.[294]

Für das Atelier Heilmann & Littmann arbeitete eine Reihe von ausgezeichneten Architekten, von denen der Wiener **Karl Tittrich** (1852–1907) besonders hervorgehoben werden soll. Er hatte bei Camillo Sitte gelernt und in Teplitz/Teplice (Nordböhmen), Wien und Paris gearbeitet, bevor er 1889 nach München kam und zehn Jahre bei Heilmann & Littmann blieb. Nach Gründung eines eigenen Ateliers baute er das Münchner Volkstheater in der Herzogspitalstraße.[295]

Der mit seiner Fassade zum Bernheimer-Haus bekannt gewordene **Martin Dülfer** (1859–1942) war für die gegen Ende des Jahrhunderts immer rascher wechselnden Stilrichtungen von besonders innovativem Einfluss, er gehörte zu den wichtigsten Wegbereitern der deutschen Jugendstilarchitektur.[296]

Wie bereits gesagt war sein Bernheimer-Fassadenentwurf das erste, vielbeachtete repräsentative Beispiel für den Neubarock in München. Auf seine Vorbildhaftigkeit für das Budapester New-York-Palais an der dortigen Großen Ringstraße wird später ausführlicher eingegangen.[297]

Dülfers Miethäuser an der Münchner Liebig- und Reitmorstraße (1893–1894) und an der heutigen Wiener Straße 48 (1894–1895) sowie in der Schellingstraße 21 und 23 (1895 bzw. 1896) waren die ersten Beispiele des Neo-

44

Louis-Seize, der damals auch Zopf-Stil genannt wurde (eine Stilbezeichnung, die heute noch in der ungarischen Kunstgeschichtsschreibung Verwendung findet).

Am Münchner Hauptwerk dieser Stilrichtung, an Dülfers Kaimsaal, der späteren Tonhalle an der Türkenstraße 5 (später erster Sitz der Münchner Philharmoniker, im Krieg zerstört) sind 1895 bereits Elemente des Jugendstils zu ahnen, so der aus Lyren gebildete Fries, das aus dem italienischen Manierismus übernommene Bocca-(Maul-) Motiv am Lüftungsturm, das für die Giebelgestaltung in München geradezu ein Markenzeichen werden sollte.

Mitte der neunziger Jahre entstanden seine originellen Häuser Nymphenburger Straße 149–151 mit den Elchgeweihen in den Giebelfeldern. An den Schnitzereien der Haustore sind dort bereits unverkennbare Jugendstildekore zu finden. Etwa gleichzeitig entstand der für damalige Münchner Verhältnisse riesig anmutende Wohnblock an der Leopoldstraße, dieser in nur reduziertem Umfang, beschränkt auf die Hausnummern 4 und 6 ausgeführt, Dülfer hatte ihn ungefähr doppelt so groß geplant. Zum ersten Mal sind hier zwei Bauten durch einstöckige Verbindungstrakte (Toreinfahrten mit darüber liegenden Wintergärten) verbunden; ein Element, das von vielen anderen Architekten übernommen worden ist. Typisch für Dülfer war die Verwendung von verschiedenartigen Putzsorten nebeneinander bei Bevorzugung des später von ihm eingeführten, damals neuartigen Riefen- oder Riffelputzes.

Auch die für den Münchner Jugendstil typische lebhafte Farbigkeit ist an Dülfers Fassaden sehr früh, bereits ab 1893 belegbar: erstmals an seinem Augsburger Hotel Kaiserhof, dessen Gesamtgestaltung deutlich von der Wiener Architektur jener Zeit (1893 war der Michaelertrakt der Wiener Hofburg nach den originalen Plänen Fischer von Erlachs unter Hinzufügung der großen Kuppel fertiggestellt worden) inspiriert war.[298]

Für die Donaumonarchie könnte ein weiterer Münchner Architekt von einiger Bedeutung gewesen sein, **Adolf Ziebland** (1863–1934). Über sein Werk ist wenig bekannt, nur soviel, dass er als junger Ingenieur bei Bahnbauten in Ungarn und Mähren beschäftigt war. Nach seiner Rückkehr gründete er 1889 seine eigene Baufirma in München, vermutlich zusammen mit **Müller & Kollmus**, die unter anderem „Teilbauten des Nationalmuseums" und die Schwere-Reiter-Kaserne ausführte. Von 1918 bis 1932 wirkte er als Obermeister der Bauinnung von München.[299]

Abschließend zu den Architektenpersönlichkeiten des Historismus sollen zwei aus Ungarn stammende, in ihren Werken sehr „münchnerisch" wirkende Architekten genannt werden, die sicher mit der an der Münchner Kunstakademie beheimateten ungarischen Malerkolonie in regem Kontakt standen.[300]

Der Ältere von ihnen, **Béla Benczur** (1854 geboren) war der jüngere Bruder des Malers Gyula, der unter anderem für König Ludwig II. arbeitete und der sich für sein Landhaus am Starnberger See ein Siebenbürger Bauernhof-Tor errichten ließ.[301] Béla hatte in München und Zürich studiert und baute für den Bildhauer Franz Xaver Rietzler um 1863 in der Schillerstraße ein Ateliergebäude in Formen der Deutschen Renaissance – stilistisch bemerkenswert früh.[302] Nach seiner Berufung an die Budapester Kunstgewerbeschule wirkte er dort ab 1885 als Professor.[303]

Für einen auswärtigen Architekten „bedeutete der Anschluss an die fortschrittlichsten Bewegungen vielfach die einzige Möglichkeit, um im Konkurrenzkampf mit den Einheimischen bestehen zu können. Eine andere Variante ist die Ehe mit einer Einheimischen gewesen".[304]

Imre Könyves (1865 geboren) aus Hódmezővásárhely heiratete also eine vermögende Einheimische und konnte 1894 sein Architekturbüro und drei Jahre später auch die „Erste Münchner Portland-Zementwaren-Fabrik" gründen. Mit Dülfer stand er wohl in engerem Kontakt, jedenfalls verkaufte er ihm 1900 das Haus Pfeuferstraße 19.

So verwundert es nicht, dass seine 1894 entstandenen Mietshäuser Maistraße 22 und Ringseisstraße 14 Ähnlichkeiten mit Dülfers kurz zuvor erbauten Augsburger Kaiserhof-Block, besonders mit den Fassaden zur dortigen Hermanstraße 4–8 aufweisen. Insgesamt sind 14 Bauten in München von seiner Hand nachweisbar, außerdem um 1907 ein Schloss-Umbau in Burgrain bei Isen. Auch er ging in seine Heimat Ungarn zurück, das war 1915: weitere Tätigkeiten sind bisher nicht bekannt.[305]

Noch drei weitere „Münchner" Architekten ungarischer Herkunft sind zu erwähnen: Ferenc Nyilas, Franz Popp und Max Neumann. Ihrer Formensprache nach gehören sie aber eindeutig zu den Moderneren und werden deshalb im nächsten Kapitel beim Jugendstil behandelt.

Architekten des Jugendstils und der Heimatschutz-Bewegung

Die neue Architektengeneration, die sich um 1900 gegen die ständig wiederaufgewärmte Verwendung der althergebrachten Stilrichtungen auflehnte, war um 1860 geboren. Ihre progressivsten Vertreter hatten schon während des späten Historismus die historischen Motive sehr eigenwillig und in den Proportionen verändert angewandt. Die meisten von ihnen sollten später auch im modern-heimattümlichen

Abb. 25 München, Maria-Theresia-Str. 27, Villa Bechtolsheim, »Original« (links).
Dortmund, Kronprinzenstraße, »Nachbildung« (rechts)

Stil bauen. Neu war die Kombination mit englischen Landhauselementen oder mit floralen Formen des in Belgien seit etwa 1893 bekannten „Art Nouveau".

In München wurden die neuartigen Dekorelemente erstmals 1898 konsequent von mindestens vier Architekten verwendet: von **August Endell** an seinem berühmten Fotoatelier Elvira in der Von-der-Tann-Straße; von **Franz Rank** am Kaufhaus Schneider, Maximiliansplatz 18; von **Helbig & Haiger** am Wohnhaus Ainmillerstraße 22 und schließlich am richtungsweisendsten und vermutlich auch am frühesten von **Martin Dülfer** für seine Villa Bechtolsheim, Maria-Theresia-Straße 27.[306]

Ihrer Zeit voraus waren auch die beiden ersten „englischen" Villen im süddeutschen Raum, Dülfers Villa Burri, Georgenstraße 30 und seine Villa Hugo Schmidt, Ludwigshöher Straße 12. Beide waren ab 1897 in Planung. Besonders die Villenbauten brachten auch an den Fassaden ihre funktionellen Grundrissformen zum Ausdruck, erkennbar an den verschiedenen Fensterformen, die je nach Notwendigkeit groß oder klein gestaltet waren und auf symmetrische Achsenstellungen keinerlei Wert mehr legten. Beliebt waren auch verschieden geformte Giebel, lebhafte Dachlandschaften mit malerischen Kaminen, Fassaden mit asymmetrisch angebrachten Erkern, Balkons und Loggien. Die Innenräume konnten mittels breiter Flügeltüren untereinander verbunden werden.[307]

Bei den großstädtischen Miethäusern setzten sich die modernen Tendenzen erst etwas später durch. Als wichtigster Neuerer ist wiederum Martin Dülfer zu nennen. Seine Art, mehrere Bauten mittels Torbögen oder durch einstöckige Verbindungsbauten zusammenzufassen, wurde von vielen anderen Münchner Architekten aufgegriffen. Der von ihm eingeführte Riefenputz wurde geradezu ein Markenzeichen der Münchner Jugendstilarchitektur, dazu verwendete er den neuartigen Jugendstildekor in so durchdachter Weise, dass Baukörper und Ornament miteinander verwachsen

Abb. 26 Wien, Weimarer Straße

Abb. 27 (links) München, Bayerstr. 57 um 1900

Abb. 28 (oben) München, Bayerstr. 57 um 2000

schienen. Als Musterbeispiel dafür ist sein Bürohaus für die „Allgemeine Zeitung", Bayerstraße 57–59 zu nennen. Einst als „wohl bedeutendstes Werk des Jugendstils überhaupt, ein Dokument jener kurzen, aber mit schöpferischer Intensität geladenen Stilwelle" gepriesen,[308] wurde die Fassade 1929 in dilettantischer Weise von einem Berliner Architekturbüro „modernisiert".

Dülfers Bauweise diente oft als Vorbild, wenn ein Auftraggeber ein „modernes" Haus wollte, wurde er manchmal regelrecht kopiert. Das Bocca-Motiv seiner Allgemeinen Zeitung findet man in München an der Gallmayerstraße 4, an der Lucile-Grahn-Straße 47 oder an der Elsässer Straße 22, es diente aber auch einem Architekten im ungarischen Szeged (der einige Zeit in München gelebt hatte) und einem anderen im westböhmischen Marienbad als Vorbild.[309]

Auch seine originelle Erker- und Balkongestaltungen, zum Beispiel die von der 1902–1903 erbauten Franz-Joseph-Straße 7, wurden in anderen Städten aufgegriffen, so 1906 in Wien für das Eckhaus Skoda-/Florianigasse. Als Architekten nennen verschiedene Quellen Arthur Baron, andere Josef Urban.[310]

Ohne Nachfolger blieben die bizarren, gewagt asymmetrischen Giebel, von denen nur zwei erhalten sind: einer an der Ohmstraße 15 (dieser wenigstens noch in den Umrissen erkennbar) und einer an der Leopoldstraße 77 (nach alten Vorlagen rekonstruiert). Ursprünglich war die ganze Nordseite der Ohmstraße zwischen Kaulbach und Königinstraße mit einer Vielzahl solcher reich stuckierter Giebel versehen. Andere Details dieser Ohmstraßen-Häuser finden sich in Meran, dort am Hotel Emma oder in Budapest, Rákoczistraße 5.[311]

Natürlich war Dülfers Einfluss auf seine Mitarbeiter zumindest während der Zeit ihrer Bürozugehörigkeit spürbar. Überliefert ist aber, dass er die persönlichen künstlerischen Eigenheiten anderer nicht unterdrückt hat. Einige Namen dieser Mitarbeiter sind bekannt: **Wilhelm Kürschner** (1869–1914), **Max Langheinrich** (1869–1923), **Franz Rank** (1870–1937), **Heinrich Tessenow** (1876–1950) und der Ungar **Imre Benes** (1875 geboren).

Von **Kürschner** sind in München keine Arbeiten bekannt, er ging als Dülfers Bauleiter für Dülfers Meraner Stadttheater 1899 nach Südtirol und wurde dort nach Fertigstellung des Theaterbaues umgehend nach Bozen als Stadtarchitekt berufen.[312]

Langheinrich war zeitweise Dülfers Bürochef. Als Selbstständiger entwarf er später in Meran das Kurmittelhaus 1906–07, vorher schuf er um die Jahrhundertwende in Schwabing ganze Straßenzüge.[313]

In seinem Büro arbeitete damals der Ungar **Franz Popp**, von dem noch die Rede sein wird. Während seiner Studienzeit an der Technischen Hochschule hatte sich Langheinrich 1896 an einer Preisaufgabe dieser Lehranstalt beteiligt und dabei eine „Belobung" erhalten. Für das legendäre Münchner Kabarett „Die elf Scharfrichter" gestaltete er den

47

Zuschauerraum im „Gasthaus zum Goldenen Hirschen" in der Türkenstraße und schuf unter dem Namen „Max Knax" die Bühnenbilder, außerdem arbeitete er als Beleuchter. Zusammen mit seiner Frau betrieb er später in Kropfmühl bei Passau ein Graphit-Bergwerk und zog sich von der Architektur zurück. [314]

Franz Rank arbeitete fast fünf Jahre bei Dülfer, bevor er sich zusammen mit seinen Brüdern Josef und Ludwig selbstständig machte und einer der interessantesten Jugendstilarchitekten der Stadt wurde. Berühmt war die Firma Rank vor allem für ihre malerischen Industriebauten. [315]

Tessenow kam nach seinem Studium bei Friedrich Thiersch zu Dülfer, dem er ab 1909 als Assistent an die Königlich Sächsische Technische Hochschule nach Dresden folgen sollte. Von dort aus wurde er an die Wiener Kunstgewerbeschule, die Hochschule für angewandte Kunst berufen. Er baute dort im ungarischen Czomháza 1919 ein „Herrenhaus" und in Rannersdorf bei Schwechat 1921 eine Beamtensiedlung. [316]

Der aus Budapest stammende **Imre Benes** war in Ungarn ausgebildet worden, bevor er ab 1899 bei Dülfer arbeitete. Nach einem längeren Aufenthalt in Paris kehrte er nach Ungarn zurück, außer einer Villa an der Dózsa-György-Straße 100 waren bisher keine weiteren Arbeiten nachweisbar. [317]

Dülfers Studienkollege **Theodor Fischer** (1862–1939) und dessen Nachfolger als Bauobmann, **Wilhelm Bertsch** (1865–1916) waren als Historisten nur wenig hervorgetreten.

Fischer arbeitete während der neunziger Jahre im Büro der Gebrüder Seidl[318], nahm bis zum Bau seiner Volksschule an der Münchner Haimhauser Straße (1895–98) an mehreren Wettbewerben teil, führte dann aber vor allem städtebauliche Planungen aus. Dem Jugendstil zurechenbar sind von seinen Werken eigentlich nur die Isarbrücken (Max-Joseph-, Prinzregenten- und Wittelsbacher Brücke), alle zwischen 1901 und 1905 entstanden. Eine dieser Brücken soll nach Plänen von Fischers aus Budapest stammenden Schüler **Rezsö Hikisch** (1876–1934) entstanden sein; „ungarisch" wirken auch manche Details an der 1897–1901 entstandenen Aula in der Luisenschule. [319]

Auf Fischers Mitwirkung bei der Ausstellung von 1897 wurde bereits verwiesen, ebenso auf seine Baulinienplanung für Meran. Seine Schulhausbauten, die für den gesamten österreichisch-ungarischen Raum von Vorarlberg bis nach Ungarn vorbildlich waren, werden im entsprechenden Unterkapitel behandelt.

Seine Erlöserkirche an der Münchner Freiheit (1899) und das Polizeigebäude an der Ettstraße (1909–1915) orientierten sich mehr an der Regional-Romantik, einer Stilrichtung, der er bis kurz vor dem Ersten Weltkrieg treu bleiben sollte. Die applikationsartig angebrachten Jugendstilelemente verschwanden bald wieder aus seinem Schaffen und wichen regionalromantischen oder auch barockisierenden Formen. Zusammen mit dem deutschböhmischen Architekten Josef Zasche (1871–1957) baute er 1913 ein großes Bürohaus für Prag mit solchen barocken Tendenzen. [320]

Nach Fischers Plänen entstanden in Tirol das Sparkassengebäude in Hall, dort in der Krippgasse 7–9 (1911), die Schule in Lana (1909–1911) sowie verschiedenen Bauten für die Etschwerke im Schnalstal (Vinschgau). [321] Sein Stuttgarter Haus Zeller (1902–1904) diente in Details als Vorbild für das Jesuitenkolleg in der Innsbrucker Tschurtschenthalerstraße 7 (1907 erbaut), ebenso Hocheders Stieler-Schule (1897–1899).

Von der Tiroler Architektur stark beeinflusst war auch **Bertsch**. In seinem Nachlass ist eine große Anzahl von Aquarellen und Zeichnungen von Tiroler Bauten vorhanden. [132] „Nicht umsonst gehörte er zu unserer kleinen Tiroler Gemeinde, die wir vor zwanzig … Jahren dies schöne Land künstlerisch entdeckt haben", schrieb Fischer im Nachruf auf Bertsch. [323]

Der Heimatarchitektur stark verbunden war auch der Städtische Baurat **Hans Grässel** (1860–1939). Er hatte bei Neureuther und bei den beiden Thiersch studiert, bevor er in Hauberrissers Atelier arbeitete. [324] Er knüpfte gerne an die bayerische Klosterarchitektur an, die er im Sinne eines Gesamtkunstwerkes mit bäuerlich wirkenden Einrichtungen und Möbeln versah. [325]

Für seine überregional beachteten Friedhofsanlagen bediente er sich byzantinischer Vorbilder. Bis nach Kronstadt/Brassó im damals noch ungarischen Siebenbürgen (heute Brasov) war er bekannt, im Münchner Stadtarchiv finden sich Hinweise auf Vorverhandlungen zu einer Friedhofsanlage in dieser Stadt (1915), außerdem zu einer Friedhofsanlage in Bregenz (1916; 1924–1925) und zu einer Grabstätte für Familie Günzel (1918–1919) in Haida/Bor, Tschechische Republik. [326]

Stilistisch eng verwandt mit Grässel war sein Kollege **Robert Rehlen** (1859 geboren); er baute mehrere Schulhäuser, Elektrizitätswerke und andere städtische Bauten in München. [327]

Zur Verwunderung mancher Architekturkritiker baute auch Friedrich von Thiersch zeitweise in Jugendstilformen, so beispielsweise beim Umbau des „Münchner Kindl-Kellers" an der Rosenheimer Straße oder bei seinem Haus für Handel und Gewerbe am Maximiliansplatz (beide 1899). Dazu kamen nach 1900 noch die Cornelius- und die Reichenbachbrücke. [328]

Diese Phase dauerte bei ihm nicht lange, schon 1904 verdammte er den „missverstandenen Jugendstil mit sei-

Abb. 29 München, Maximiliansplatz 16

nem entsetzlichen Liniengeschlängel"[329] Er verwendete in der Folgezeit Formen eines Reduktionsstils, so bei den Erweiterungsbauten der Technischen Hochschule an der Gabelsbergerstraße (1908–1918).[330]

Vom Neubarock zum Jugendstil und später wieder zurück zu einem behäbigen Neubarock wechselten die **Gebrüder Rank, Josef** (1868–1965), **Franz** (1870–1949) und **Ludwig** (1873–1932).

Josef Rank hatte das Deutsche Theater an der Schwanthalerstraße im üppigsten Neubarock (1894–1896) entworfen und sich dafür vom Berliner Metropoltheater (der heutigen Komischen Oper) inspirieren lassen. Später übernahm sein Bruder Franz stärker den künstlerischen Part innerhalb des Dreigespanns. Franz beteiligte sich auch am Wettbewerb um das Meraner Theater, das dann aber von Dülfer gebaut wurde.[331] Auf Franz Ranks Mitarbeit in Dülfers Büro wurde bereits verwiesen.

Ludwig und Franz Rank arbeiteten zusammen für einige Zeit in Budapest an der Architekturmalerei für das „Kolossalrundgemälde" der Millenniumsfeier von 1896, das der auch in München tätige Ferenc Eisenhut malte.[332]

Alle Jugendstilbauten der Ranks, wie das Kaufhaus Schneider am Maximiliansplatz 18 (es bildet auch nach einer groben Modernisierung noch heute eine städtebauliche Dominante) oder der Lindwurmhof sind ebenso von höchster künstlerischer Qualität wie auch die malerischen, vom Heimatstil beeinflussten Industriebauten.

Franz Rank war noch mehrere Male im österreichisch-ungarischen Raum tätig: 1897 baute er für den Privatier Kölbl ein Schloss im Südtiroler Sais, in der Zwischenkriegszeit einige Silos, so in Braunau, in Gänserndorf, in Linz und im Mährischen Znaim/Znojmo.[333] Die Firma war so erfolgreich, dass sie sogar eine Dependenz in Spanien errichten konnte. Dort entstanden unter anderem das Gaswerk von Sevilla, der Flughafen von Sevilla und das Schloss Bermechillo nach Ranks Plänen.[334]

Sehr interessant, wenn auch nicht zahlreich waren die Bauten von **Helbig & Haiger**. Ihre auffallenden Fassaden an der Ainmiller- und an der Römerstraße erregten wegen ihrer ungewöhnlichen Farbigkeit seinerzeit fast einen Skandal. **Henry Helbig** (1873 geboren) stammte aus den Vereinigten

Abb. 30 Sevilla, Flughafen Tablada

49

Abb. 31 München, Ainmillerstraße 22, Detail

Staaten, er brachte amerikanische Einflüsse sozusagen aus erster Hand mit. Dazu gehört die Zusammenfassung mehrerer Stockwerke durch eine Riesengliederung ebenso wie die indianisch anmutenden Maskenbekrönungen im obersten Stockwerk der Ainmillerstraße.[335] Sie tauchen wenig später in Budapest als Bestandteil der Fensterrahmungen an den Erdgeschossfenstern der dortigen Konzertakademie am Liszt-Ferenc-Platz auf.[336]

Weitere münchnerische Details sind dort an den Türbekrönungen der Auditorium-Eingänge zu finden, ableitbar von **German Bestelmeyers** Baudetails für die Münchner Universität (1905–1908).[337] Er hatte in München bei Friedrich von Thiersch und bei Friedrich von Schmidt studiert. Ab 1905 schuf er den Erweiterungsbau der Münchner Universität mit dem imposanten Lichthof, ab 1912 das German Museum der Harvard Universität in Cambridge-Massachusetts/USA.[338]

Für Karlsbad/Karlový Vary schuf er zusammen mit **Professor Payer** aus Prag (vermutlich handelt es sich um **Arthur Payer** aus Innsbruck, siehe Umbau Stadttheater Franzensbad) ein Museum.[339]

Auch das Flachrelief über dem Eingang der Ainmillerstraße 22, Adam und Eva darstellend, ist in einer anderen Stadt zu finden. Der in München ausgebildete Innsbrucker Architekt **Josef Retter** (1872–1954) verwendete dieses Detail für seinen Bau an der Speckbacherstraße 25 in sehr ähnlicher Weise.[340]

Das Architektenteam **Kurz & Herbert** ließ sich von der Tiroler ebenso wie von der ungarischen Architektur inspirieren. **Otho Orlando Kurz** (1881 geboren) und **Eduard Herbert** (Lebensdaten unbekannt) entfalteten in München eine reiche Bautätigkeit. Gut erhaltene Zeugen ihrer eigenwilligen Handschrift sind die um 1910 erbauten Wohnhäuser Tengstraße 22–26 (früher auch die Nummern 31–43), die mit ihrer imposanten Giebelreihung städtebaulich besonders wirksam scheinen.

Die abgeschrägten Ecken der Erdgeschossfenster lassen auf Vorbilder der Holzarchitektur schließen, wie sie besonders in Budapest historisierend und aus der Székler Holzarchitektur abgeleitet verwendet worden sind. Umgekehrt finden sich in Budapest am ehemaligen Kaufhaus Fischer an der Bécsi utca Kapitellformen, die übereinandergetürmt als Erkerkonsolen verwendet sind; ähnlich „unhistorisch" gingen auch Kurz & Herbert gerade mit solchen ionischen Voluten um. Der Architekt des Budapester Baues, **Géza Kármán** (1871–1939), war übrigens in München ausgebildet worden.[341]

Kurz & Herbert bauten auch in Oberösterreich und in Böhmen: in Haslach die Baumwollwarenfabrik Willer und

Abb. 32 Innsbruck, Speckbacherstr. 25, Detail

ein E-Werk (1901) und nach dem Ersten Weltkrieg die Villa Brock im Prager Stadtteil Bubenec.[342]

Noch weitere Münchner Architektenteams waren in ihrer Heimatstadt ebenso wie im Ausland sehr angesehen: **Stengel & Hofer**. Mit ihren heimattümlich-schlichten, manchmal biedermeierlich wirkenden Wohnhäusern trafen **Heinrich Stengel** (1874–1937) und **Paul Hofer** (1878 geboren) den Zeitgeschmack der Jahre vor dem Ersten Weltkrieg ganz genau. Sie errichteten vor allem im Herzogpark und in Schwabing viele herrschaftliche Wohnhäuser und entwarfen einen großen Wohnblock für Meran.[343]

Hessemer & Schmidt bauten in München keine spektakulären Häuser, in Kaufbeuren aber eine Reihe schöner Villen. Der Werdegang von **Fritz Hessemer** (1868 geboren) und von **Johannes Schmidt** (Lebensdaten unbekannt) war bisher nicht rekonstruierbar. Sie schufen in Oberösterreich die wahrzeichenhafte Gastwirtschaft am Linzer Pöstlingberg (1897), in Stadl-Paura die Direktorenvilla der Lambacher Flachsspinnerei an der Maximilian-Pagl-Straße 44 (1909–1910) und im Karlsbader Westend die altdeutsche Villa Ritter (1897, diese in Zusammenarbeit mit **August Exter**; heute Villa Brno).[344]

Abb. 33 Karlsbad/Karlovy Vary, links Villa Ritter (heute Villa Brno)

Als ein „typischer Vertreter der Münchner Schule" galt der Grässel-Schüler **Richard Berndl** (1875–1955), der anfänglich in klassizistisch-strengen barockisierenden Formen baute. Später überwog in seinem Werk eher die heimattümliche Note. Als Hauptwerk ist sein Mozarteum in Salzburg (1910–1911) zu nennen, als „schönes Beispiel für den Münchner Späthistorismus" bezeichnet.[345]

Außerdem baute er in Salzburg die Versicherungsanstalt der Arbeiter in der Auerspergstraße 27–29 (1924–1925), in Badgastein den Alpengasthof Bellevue an der Kaiser-Franz-Joseph-Straße (1926–1929), dort führte er auch den Umbau des Kurhauses Elisabethpark in der Hauptstraße durch.

Vorbilder dafür dürften in der Schweizer Hotelarchitektur der Jahrhundertwende zu suchen sein, so z.B. das Hotel Suvretta in St. Moritz (1911–1912).[346]

Bekannt wurde Berndl durch ein monumentales Frühwerk, durch das Mausoleum für Franziska Andrassy (1903–1904) im damaligen Oberungarn, der heutigen Slowakei, in Krasna Horka.[347]

Für die Volkskunst-Bewegung war **Franz Zell** (1866–1961) von größter Bedeutung. Auch wenn er in München nur wenig baute, so war sein Einfluss im gesamten süddeutschen und im westösterreichischen Raum beachtlich. Er war Gründungsmitglied des Bayerischen Vereins für Volkskunst und Volkskunde, außerdem Schriftleiter der vielgelesenen Süddeutschen Bauzeitung und er unterrichtete an der Staatlichen Baugewerkschule in München.

Seine Forschungen auf dem Gebiet der Volkskunde waren bahnbrechend, er suchte eine Erneuerung im Anschluss an heimatliche und an volkstümliche Vorbilder. In Salzburg baute er den „Stieglkeller" und den „Müllner-Bräu" (den er nach Kriegszerstörungen nach 1945 ausbesserte) und den leider in den letzten Jahren vernichteten „Höll-Bräu" sowie in Linz den „Klosterhof" an der Landstraße.[348]

An ungarischen Heimatelementen orientierte er sich für die Jagdschlösser Familie Pappenheim in Bujak und in Czoor für den Botschafter Graf Szögeny (um 1910).[349]

Nach ihrer historisierenden Periode errichteten **Heilmann & Littmann** rund um den Prinzregentenplatz eine Reihe von Jugendstilbauten, vor allem aber das Prinzregententheater (1900–01), das auch deutlich klassizistische und renaissancehafte Züge trägt. Es steht am Beginn einer langen Reihe von Theaterbauten, die von Bozen über Stuttgart bis nach Weimar, Berlin und Posen/Poznan (heute Polen) reicht.

Von den reformerischen Ideen, die am Münchner Prinzregenten- und am Künstlertheater verwirklicht wurden, war bei ihrem Bozener Stadttheater (1913–1918, im Krieg zerstört) nur noch wenig zu spüren. Es war als Logen- bzw. Rangtheater ausgebildet mit relativ vielen Plätzen, die nur schlechte Sicht boten.[350] Die Fassadengestaltung war durch eine Mischung von Barock- und Überetsch-Elementen geprägt. Eine Stilrichtung, die Littmann schon Jahre vorher (1905–1906) für das Verlagsgebäude der „Münchner Neuesten Nachrichten" an der Sendlinger Straße (heute Süddeutscher Verlag) verwendet hatte.[351]

Dieser Bau wurde offenbar für ein Innsbrucker Wohnhaus an der dortigen Erzherzog-Eugen-Straße 23 (1910–1911) von **Franz Mader** (1878 geboren) als Vorbild genommen. Auch dieser Architekt war in München ausgebildet worden.[352]

Abb. 34 Brünn/Brno, Villa in Schreibwald

Abb. 35 München, Mauerkircherstraße 12

Ein bedeutender Mitarbeiter in Littmanns Büro war seit 1893 der aus Teplitz/Teplice in Nordbböhmen stammende, völlig vergessene **Karl Tittrich** (1850–1907), der in einem Nachruf als „einer der tüchtigsten Architekten Münchens" bezeichnet worden ist. Er hatte zuvor in Wien und in Paris gearbeitet, später schuf er als selbstständiger Architekt das Münchner Volkstheater (1903) an der Herzogspitalstraße, außerdem die Generaldirektion einer Lokalbahn-AG und die Freitreppe für die Paulanerbrauerei am Nockherberg. [353]

Zwei andere Mitarbeiter von Heilmann & Littmann assoziierten miteinander: **Oskar Delisle** (1873–1944) und **Bernhard Ingwersen** (Lebensdaten unbekannt). Ihre nicht näher beschriebenen „Bauten für die österreichische Tabakregie" konnten bis heute nicht lokalisiert werden. Delisle war zeitweilig als Leiter eines Immobilienbüros tätig. [354]

Die aus Brünn stammenden **Gebrüder Ludwig** waren beide an der dortigen Staatsgewerbeschule ausgebildet worden. **Alois** (1872–1969) hatte in Otto Wagners Wiener Büro gearbeitet; laut Familientradition entwarf er den ornamentalen Dekor für das berühmte Majolika-Haus an der Linken Wienzeile 40. Er zog 1905 nach München, sein Bruder **Gustav** (1876–1953) folgte 1907 nach einer Ausbildung in

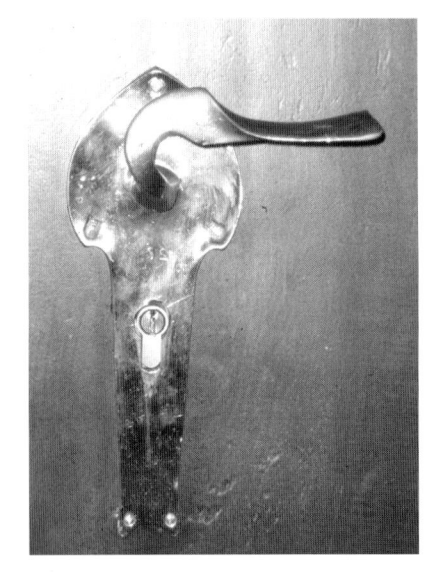

Abb. 36 München, Kammerspiele

Abb. 37 Innsbruck, Kaiser Franz-Josef-Str. 5

Abb. 38 Iszkaszentgyörgy, Schloss (Ungarn)

Deutschland, New York und London. Sie bevorzugten einen barockisierenden Landhausstil, der wohl Anleihen bei den Nymphenburger Kavaliershäusern genommen hatte.

Außerhalb Münchens bauten sie in Bad Wiessee das Sanatorium Wolf und in Kreuth das Sanatorium Dr. May. In Mauer bei Wien entstand das bisher nicht lokalisierbare Haus Petzold, auch am Wettbewerb um das Sanatorium Palmschoß bei Brixen nahmen sie teil. [355]

Nicht nur aus Böhmen, auch aus Ungarn stammten erfolgreiche Münchner Architekten, zum Beispiel **Franz Popp** (1870 geboren). Er war bei Ödön Lechner, dem berühmtesten ungarischen Jugendstilarchitekten ausgebildet worden, bevor er 1900 nach München kam und hier im Büro von Max Langheinrich arbeitete. Nach der Heirat mit einer Münchner Bauunternehmerstochter konnte er sich selbstständig machen und mehr als 30 repräsentative Mietshäuser in dem von Dülfer geprägten Jugendstilformen schaffen, die er aber noch durch indo-islamische Giebelformen Lechnerscher Prägung bereicherte. [356]

Nach seiner Studienzeit in Wien und Budapest kam **Max Neumann** (1872 in Monor/Siebenbürgen geboren) nach München. Seine Bauten werden in der Denkmalliste als „klassizistischer Jugendstil" oder als „neuklassizistisch" charakterisiert. Als Neumanns Lieblingsmotiv taucht immer wieder die gleichmäßige Reihung von über mehrere Stockwerke reichenden Polygonalerkern auf, so an der Mauerkircherstraße oder an der Adelheidstraße. Wie Popp, so war auch er mit einer Münchnerin verheiratet, sein Sohn wurde in München geboren. [357]

Noch ein weiterer Münchner Jugendstilarchitekt aus Ungarn ist zu nennen, **Ferenc Nyilas** (1864 in Hajduböszörmény geboren). Von ihm ist ein einziges, allerdings höchst originelles Wohnhaus an der Münchner Franz-Joseph-Straße 19 bekannt. Der Fassadendekor von 1903 verbindet münchnerische und wienerische Jugendstildekorationen, wie sie ähnlich auch in Budapest am Haus Szabadság tér 10–12 zu finden sind. Er kam als Maurer nach München, arbeitete seit 1897 als Architekt und konnte 1901 ein eigenes Baugeschäft eröffnen, über das aber keine weiteren Informationen bekannt sind. [358]

Interessant ist, dass zwei Otto-Wagner-Schüler in München lebten, hier aber vermutlich keine Werke hinterließen: **Felix Kleinoscheg** (1884 geboren) und **Emil Pirchan** (1884–1957). [359]

Abb. 39 München, Müllerstraße 56

Als letzter Vertreter des Münchner Jugendstils soll hier **Richard Riemerschmid** (1868–1957) genannt werden. Ursprünglich Kunstmaler, beschäftigte er sich bald mit kunstgewerblichen Gegenständen und Wohnungseinrichtungen, er versuchte „komplette Ausstellungsprogramme für verschiedene Einkommensschichten" zu schaffen. Zur Architektur fand er erst später; mit seinen massigen, heimatverbunden wirkenden Landhäusern wurde er auch im österreichischen Raum bekannt, auch wenn dort keine Arbeiten von seiner Hand bekannt sind.[360]

Jedenfalls sind die von ihm für die Münchner Kammerspiele eigens entworfenen Türklinken auch in Innsbruck, dort am Haus Kaiser-Franz-Joseph-Straße 5 zu finden. Das Haus selber hatte **Ludwig C. Lutz** entworfen, ein aus München stammender Architekt. Einzelne Fassadendetails orientieren sich an Theodor Fischers Schule Hirschbergstraße 33.[361]

Ein typischer Vertreter des nach dem Jugendstil folgenden, wieder leicht historisierenden „Reduktionsstils" war **Carl Sattler** (1877–1966).[362] Er baute 1912 ein Gebäude für die Truchtlinger (Treuchtlinger?) Marmorwerke bei Laas in Südtirol, später das Landhaus Rosenthal in Neukirchen im Pinzgau.[363]

Sein Schwiegervater, der Bildhauer **Adolf von Hildebrand** (1847–1921) war mit zwei Bauobjekten für den österreichisch-ungarischen Raum beschäftigt. Zusammen mit **August Zeh** (1874 geboren) plante er ein kleines Theater in Szentgyörgy (richtig wohl: Iszkaszentgyörgy), in dem „alte Opern" aufgeführt werden sollten und eine Heiltherme mit Hallenbauten für den Grafen Pappenheim,[364] das im Zusammenhang mit dem schon erwähnten Jagdschloss von Franz Zell in Bujak stehen dürfte.

Zeh gilt neben Zell als ein Hauptverfechter des „modernen Heimatstils", der das Münchner Stadtbild mit auffallend originellen, farbenfrohen Fassaden bereicherte: so am Bavariaring 4 und 6, an der Landwehrstraße 67, der Müllerstraße 56 und an der Schwanthalerstraße 78 (alle zwischen 1899 und 1907 erbaut).[365]

Im „Münchner Fassadenbuch" wurde die Schwanthalerstraße 78 noch 1974 als „eine der reichsten Jugendstilfassaden Münchens" bezeichnet. In ähnlichen Formen ist die Fassade Müllerstraße 56 gestaltet worden. Die Differenzierung zwischen Jugendstil und dem Heimatstil erfolgte erst in den darauffolgenden Jahren.[366]

Anmerkungen Teil I

Bautätigkeit in München seit dem Klassizismus

[1] Dirrigl, Michael: Ludwig I. von Bayern (München 1980).
[2] Brienner Straße ab 1820, Ludwigstraße ab 1822, Maximilianstraße ab 1856 angelegt (s. Münchner Straßennamen, Hrg. Baureferat der Landeshauptstadt München (1965); Groner: Wien-Lexikon, S. 720.
[3] Thieme-Becker Künstlerlexikon S. 449 (Leipzig 1932).
[4] Niemann, George und Feldegg, Ferdinand von: Theophilos Hansen, S. 13f. (Wien 1893).
[5] Grillparzer, Franz, zitiert in: Arens, Hans: unsterbliches München, Streifzüge durch 200 Jahre literarisches Leben der Stadt (München 1968).
[6] Lebensdaten aus Thieme-Becker Künstlerlexikon.
[7] Bericht über die Königliche Technische Hochschule zu München, verschiedene Jahrgänge; Nerdinger, Winfried: Die Bauschule an der Akademie – Höhere Baukunst für Bayern, in: Tradition und Widerspruch – 175 Jahre Kunstakademie München (München 1985); Ackermann, Walter: Die Staatsbauschule, in: 10 Jahre Fachhochschule München (München 1981); Selzer, H.: 100 Jahre Staatliche Bauschule München (München 1922).
[8] An wichtigen Bauten von Münchner Architekten außerhalb ihrer Heimat sind zu nennen: in Italien von Gabriel von Seidl eine Villa im Val di Sogno; von Carl Sattler zusammen mit Adolf von Hildebrand die Zoologische Station in Ischia; verschiedene Bauten von Caspar Jeuch in der Schweiz und in Vorarlberg; in Luxemburg von Max Ostenrieder das Schloss Kolmar-Berg; in Rumänien von Hans Jehly die Inneneinrichtung des Schlosses Sinaia; in Bulgarien von Karl Hocheder die Kuranstalt in Bankia; in Sofia von Martin Dülfer der Wiederaufbau des Bulgarischen Nationaltheaters; in Griechenland von Leo von Klenze die Athener Dionysosbasilika und das Archäologische Museum, dort auch von Ludwig Lange; in den von Russland besetzten polnischen Gebieten von Georg Völck das Lesser-Haus in Warschau; in Russland von Anton von Braunmühl für Tiflis das Thronfolger-Palais und die Sionska-Kathedrale; von Ludwig Lange eine „Russische Kirche" in Moskau; in Spanien Werke der Münchner Firma Gebrüder Rank, technische Bauten und Schloss Bermejillo bei Madrid; in den USA von Eduard von Riedel die Kathedrale in Minnesota; in Südamerika von Georg Hauberrisser das Schloss für einen Plantagenbesitzer in Santa Fé, Mexiko; die Universität von Sao Paolo von Richard Berndl; von Johannes Kronfuß das Einwanderer-Hotel und viele Wohnhäuser in Buenos Aires und in anderen argentinischen Städten; in Siam baute Otto Lasne den Kaiserpalast.
[9] Fekete, Julius: Beiträge ungarischer Architekten zur Münchner Baukunst um 1880, S. 16.
[10] Mitgliederverzeichnisse der Künstlergesellschaft „Allotria" um 1905; Katalog der Ausstellung „Ernst ist das Leben, heiter die Kunst – Künstlerfeste", S. 18 (Berlin 1971).
[11] Thiersch, Heinz: German Bestelmeyer, S. 17.
[12] Riezler, Walther: Münchner Baukunst der Gegenwart, S. 175.
[13] Pfister, Rudolf: Theodor Fischer – Leben und Werk eines deutschen Baumeisters.
[14] Tautz, Karl: Ein gewerbefördernder Regierungserlass, in: Alpenländische Gewerbezeitung vom 29.4.1909.
[15] Hellmessen, Anton: Über Hausbau, seine äußere und innere Ausstattung; in: Deutsche Arbeit (Monatschrift für das geistige Leben der deutschen Wissenschaft, Kunst und Literatur in Böhmen 1902/1903, S. 152ff., 234ff., 240.
[16] S. Fekete, Anm. 9.
[17] Steinbach, Heinrich: Die Baufach-Ausstellung zu Leipzig, in: Hochbau (Amtsblatt der Bayerischen Baugewerks-Berufsgenossenschaft, Nr. 19, S. 145, 169f. (1913).
[18] S. Steinbach, Anm. 17, S. 145, 169.
[19] Akademischer Architektenverein München, Festgabe zur Feier des 25jährigen Bestehens (Sammlung Rank); Münchner Gemeindezeitung 1888, Nr. 36, S. 352ff.; Vortrag von Arnold Zenetti; Kunstverein München e. V., Geschäftsbericht über das Jahr 1913, S. XXIX.
[20] Loos, Adolf: Heimatkunst, in: Sämtliche Schriften, S.332, 339 (Hrg. Franz Glück, Wien /München 1962).
[21] Zitiert bei Pfister: Theodor Fischer, S. 31
[22] Lux, Joseph August: München als Städtebaubild, in: Der Städtebau, 1909, Nr. 6, S. 80ff.

Stadtplanung und Bauvorschriften in München

[23] Bertsch, Wilhelm: Stadterweiterung und Staffelbauordnung, in: München und seine Bauten, S. 710; Lehmbruch, Hans: Ein neues München, S. XVII; Polizeimeldebogen Arnold Zenetti im Stadtarchiv München; Allgemeine Deutsche Biographie Band 45, S. 53f.
[24] Bertsch, s. Anm. 23, S. 711.
[25] Selig, Heinz: Münchner Stadterweiterungen, S. 36; die Straßen im Franzosenviertel sind nach Kriegschauplätzen des Krieges von 1870/71 benannt.
[26] Ein interessantes Projekt für den Isartorplatz ist veröffentlicht in: Die andere Tradition, S. 30 (Katalog der Ausstellung, München 1981).
[27] Sitte, Camillo: Der Städtebau nach seinen künstlerischen Grundsätzen, S. 63.
[28] Selig, s. Anm. 25, S. 37.
[29] Bertsch, s. Anm. 23, S. 711.
[30] Bertsch, s. Anm. 23, S. 711.
[31] Selig, s. Anm. 25, S. 15.
[32] Rehlen, Robert: Kleinwohnungsbauten, in: München und seine Bauten, S. 427, dort zit. Mitteilungen des statistischen Amtes.
[33] Bertsch, s. Anm. 23, S. 711; Selig, s. Anm. 25, S. 75, 77.
[34] Selig, s. Anm. 25, S. 98.
[35] Lux, s. Anm. 22, S. 80; Zils: Geistiges und Künstlerisches München in Selbstbiographien, S. 239f.
[36] Freundliche Mitteilung Dr. Heinz Selig, München.
[37] Bertsch, s. Anm. 23, S. 706; Henrici schuf auch die Pläne für die Stadterweiterung von Brünn.
[38] Selig, s. Anm. 25, S. 29.
[39] Fischer, Theodor: Nachruf auf Wilhelm Bertsch, in Süddeutsche Zeitung 1916, Nr. 7, S. 37ff.
[40] Lux, s. Anm. 22, S. 80.
[41] Bertsch, s. Anm. 23, S. 707; Selig, s. Anm. 25, S. 39.
[42] Bemerkenswert scheint, dass damals bereits größere Bäume bis zu einem Stammumfang bis zu fast zwei Metern verpflanzt werden konnten (Bertsch, s. Anm. 23, S. 707, 710, 716).
[43] Bertsch, s. Anm. 23, S. 712; die Stadt Halle an der Saale hatte eine solche Bauordnung schon einige Jahre früher beschlossen.
[44] Bertsch, s. Anm. 23, S. 712 und Staffelbauplan München 1904–1912; Selig, s. Anm. 25, S. 120, dort Anm. 13.
[45] Habel, Heinrich: Zur Sozialgeschichte und Typologie des Münchner Privathauses, in: Münchner Fassaden, S. 18; Selig, s. Anm. 25, S. 10, 14.
[46] Selig, s. Anm. 25, S. 25.
[47] Thoma, Ludwig: Münchnerinnen, in: Gesammelte Werke, Band IV, S. 433

[48] (München 1968).
[48] Selig, s. Anm. 25, S. 111f. An der Planung war Baurat Voit beteiligt; Gemeindeausschussbeschlüsse der Stadt Meran 1899, S. 10 im Stadtarchiv Meran.
[49] Bertsch, s. Anm. 23, S. 710.
[50] Lasnes Baulinienplanung ist erwähnt bei Achleitner: Österreichische Architektur im 20. Jahrhundert, Band I, S. 317: Kufstein; S. 351: Zirl. Seine Wiener Planungen in: Der Städtebau 1910, S. 74; seine Innsbrucker Planungen sind im Stadtarchiv Innsbruck aufbewahrt.
[51] Bertsch, s. Anm. 23, S. 710.
[52] Denkmäler in Bayern, Band I, München, S. 277, 146.
[53] Bertsch, s. Anm. 23, S. 710; die auf die Westfassade der Bennokirche zulaufende Loristraße wurde in ihrem Verlauf leicht geknickt, so dass der Bau vor dem Betrachter unvermittelt erst nach der Kurve auftaucht.
[54] Habel, Heinrich: Späte Phasen und nachwirken des Historismus, in: Bauen in München 1890–1950, S. 33; Selig, s. Anm. 25, S. 110.
[55] Rehlen, s. Anm. 32, S. 427; Mitteilungen des statistischen Amtes der Stadt München, Band XX, Heft I; Band XXII, Heft I.
[56] Rehlen, s. Anm. 32, S. 440ff.; Gebhardt: Wohnungsbau zwischen Heimatschutz und Neuer Sachlichkeit, in Bauen in München, S. 84ff.
[57] Gebhard, s. Anm. 56, S. 74.
[58] Lux, s. Anm. 22, S. 81.
[59] Die Bauleitpläne für Innsbruck-Amras und für Kufstein schuf Otto Lasne; für Bozen wurden sie von Sebastian Altmann und später von Wilhelm Kürschner erarbeitet; in Meran wurde Theodor Fischer mit dieser Aufgabe betraut

Baustile in München vom Klassizismus bis zur Moderne

[60] Fischer, Theodor: Für die neue deutsche Baukunst und die Erziehung des Architekten, zitiert bei Nerdinger, Winfried: Neue Strömungen und Reformen zwischen Jugendstil und neuer Sachlichkeit, in: Bauen in München, S. 53, dort Anm. 76.
[61] Arens, Hans: Unsterbliches München, Streifzüge durch 200 Jahre literarischen Lebens der Stadt, S. 35 (München 1968); Nerdinger, Winfried: Neorenaissance, in: Gottfried von Neureuther (Katalog der Ausstellung), S. 152.
[62] Hahn, August: Der Maximilianstil, S. 15, 19ff.
[63] Hahn, s. Anm. 62, S. 23.
[64] Hahn, s. Anm. 62, S. 24.
[65] Hahn, s. Anm. 62, S. 19.
[66] Nerdinger: Der Maximilianstil, in: Gottfried von Neureuther, (Katalog der Ausstellung), S. 55.
[67] Hahn, s. Anm. 62, S. 21.
[68] Semper, Gottfried: Kleine Schriften – Über Baustile, S. 399ff. (Stuttgart-Berlin, 1884).
[69] Hahn, s. Anm. 62, S. 15ff.
[70] Hahn, s. Anm. 62, S. 85ff.
[71] Durch den Bahnhofsbau wurde Max II. auf Bürklein aufmerksam; Hahn, s. Anm. 62, S. 97.
[72] Hahn, s. Anm. 62, S. 98.
[73] Dedreux, Oskar: Fassadenmalerei in der modernen Architektur, in: Deutsche Bauhütte 1914, S. 279.
[74] Hahn, s. Anm. 62, S. 98, 99, dort Anm. 30.
[75] Lübke, Wilhelm: Geschichte der deutschen Architektur, Band III, S. 524 (Leipzig 1886).
[76] Hahn, s. Anm. 62, S. 83ff.
[77] Hahn, s. Anm. 62, S. 85ff.
[78] Heilmeyer, Alexander (Hrg.): München und Umgebung – Bayerische Reisebücher I, S. 67 (München 1925).
[79] Nerdinger: Friedrich von Thiersch, Katalog der Ausstellung, S. 28.
[80] Nerdinger: Renaissance und Renaissancismus, in: Gottfried von Neureuther, Katalog der Ausstellung, S. 154ff.
[81] Toth-Epstein, Elisabeth: Historische Enzyklopädie von Budapest, S. 291 (Budapest 1974).
[82] Habel, Heinrich: Späte Phasen und Nachwirkungen des Historismus, in: Bauen in München, S. 38.
[83] Habel, s. Anm. 82, S. 26, 33.
[84] Habel, Heinrich: Zur Sozialgeschichte und Typologie des Münchner Privathauses, S. 17.
[85] Nerdinger, s. Anm. 80, S. 156.
[86] Nerdinger: Neue Strömungen und Reformen zwischen Jugendstil und Neuer Sachlichkeit, in: Bauen in München, S. 41ff.
[87] Merten, Klaus: Das Wohnhaus in Münchens städtebaulicher Entwicklung von der Mitte des 19. Jahrhunderts bis zum I. Weltkrieg, S. 37f., S. 14, in: Münchner Fassaden.
[88] Nerdinger, s. Anm. 80, S. 150ff.
[89] Reber, Franz: Bautechnischer Führer durch München, S. 52.
[90] Schmädel, Johann von: Festschrift zum 50-jährigen Jubiläum des Kunstgewerbevereins, S. 39f. (München, o. Jahr); Nerdinger: Riemerschmids Weg vom Jugendstil zum Werkbund, in: Richard Riemerschmid, Katalog der Ausstellung, S. 14.
[91] Schmädel, s. Anm. 90, S. 39, 40.
[92] Nerdinger: Friedrich von Gärtner, Katalog der Ausstellung, S. 18, 28.
[93] Denkmäler in Bayern, Band I, als Beispiel S. 291-Tal 77 genannt.
[94] Nerdinger, s. Anm. 92, S. 18.
[95] Nerdinger, s. Anm. 92, S. 18.
[96] Habel, s. Anm. 82, S. 33; Streiter, Richard: Aus München, in: Pan 1896, Heft 3, S. 30ff. (zitiert bei Fekete: Beiträge ungarischer Architekten … S. 16).
[97] Wiener Bauindustrie-Zeitung 1902, S. 315.
[98] Bößl, Hans: Gabriel von Seidl, S. 102.
[99] Merten, s. Anm. 87, S. 37.
[100] Habel, s. Anm. 82, S. 38.
[101] Wiener Fassaden des 19. Jahrhunderts, S. 103 (Wien 1976); Körössy war Schüler von Friedrich Thiersch.
[102] München und seine Bauten, S. 323; Kunstverein München, Geschäftsbericht für 1913, S. XXIX.
[103] Vgl. Münchner Bürgerliche Baukunst der Gegenwart; die Architekten Siedek & Tilčner sind in Wien bisher nicht nachweisbar gewesen.
[104] Klein, Dieter: Martin Dülfer, S. 25f., 101ff.
[105] Deutsche Bauhütte 1902, S. 93.
[106] Klein, s. Anm.104, S. 50.
[107] Merten, s. Anm. 87, S. 37.
[108] Klein, s. Anm. 104, S.27.
[109] Klein, s. Anm. 104, S. 27.
[110] Klein, s. Anm. 104, S. 29ff.
[111] Wurm-Arnkreuz, Alois: Sieben Bücher über Stil und Mode in der Architektur, Vorwort (Wien-Leipzig 1919).
[112] Hartmann, Barbara: Das Müllersche Volksbad in München, S. 49.
[113] Benfey, G.: Farbe und Terrakotta, in: Deutsche Bauhütte 1906, S. 301; zit. bei Klein, s. Anm.104, S. 47.
[114] Lichtwark: Die Erziehung des Farbensinnes, S. 50 (Berlin 1905); Geyger: Farbige Architektur, in: Deutsche Bauhütte 1901, S. 302; Geyger: Die moderne Formensprache, in: Deutsche Bauhütte 1902, S. 96; Klein, s. Anm. 104, S. 50, 51 und Anmerkung S. 640.
[115] Pevsner, Nikolaus: Architektur und Design, S. 489.
[116] Herz, Rudolf: Hof-Atelier Elvira; Klein, s. Anm. 104, S. 33, 109ff.
[117] Rolfs, Wilhelm: Alte Gleise – Neue Pfade, in: Kunst und Handwerk 1897, S. 11; Klein, s. Anm. 104, S. 10; Bernhard Pankok, Katalog der Ausstellung, S. 256 (Stuttgart 1973); Nerdinger, s. Anm. 86, S. 41.

[118] Deutsche Bauzeitung 1898, S. 202.
[119] Nerdinger: Richard Riemerschmid, Katalog der Ausstellung, S. 15, dort zit. aus: Sozialistische Monatshefte 1897, S. 46; Deutsche Kunst und Dekoration 1897, S. 1.
[120] Muthesius, Hermann: Baillie Scott, in: Dekorative Kunst 1900, S. 5.
[121] Klein, s. Anm. 104, S. 32.
[122] Sedlmayr, Hans: Verlust der Mitte, S. 9.
[123] NN: Die Kommission für staatliche Neubauten in München, in: Süddeutsche Bauzeitung 1901, Nr. 50, S. 429f.
[124] Klein, s. Anm. 104, S. 40, 64.
[125] Muthesius: Stilarchitektur und Baukunst, S. 50 (Mühlheim 1903).
[126] Nerdinger, s. Anm. 119, Vorwort u. S. 7.
[127] Nerdinger, s. Anm. 86, S. 46.
[128] München und seine Bauten, S. 390, 394, 369, 371.
[129] Bericht der Königlichen Technischen Hochschule München 1897/98, S. 19.
[130] München 1908 – eine Denkschrift (München 1908).
[131] Karlinger, Hans: München und die Architektur des 19. Jahrhunderts, S. 215.
[132] Süddeutsche Bauzeitung 1910, S. 145; Neubeuern s. Reclams Kunstführer Deutschland, Band I, Bayern, S. 632 (Stuttgart 1970).
[133] München und seine Bauten, S. 428ff.
[134] Achleitner, Friedrich: Österreichs Architektur im 20. Jahrhundert, Band I, S. 351.
[135] Lieb, Norbert: Heimat – Ursprünge, Wandlungen und Zukunftsmöglichkeiten (Vortrag vom 28. 4.1972, abgedruckt in: Schönere Heimat 1972, Heft 3, S. 231f.; Roth, Hans: Aus den Anfängen des Bayerischen Landesvereins für Heimatpflege, in: Schönere Heimat 1972, Heft 3, S. 236ff.
[136] Roth, s. Anm. 135, S.238.
[137] Roth, s. Anm. 135, S.236ff.
[138] Meier-Graefe: Ein modernes Milieu, in: Dekorative Kunst 1901, S. 250ff.; Klein: Martin Dülfer, S. 15, 42.
[139] Troost, s. Vollmer-Künstlerlexikon Band 33, S. 427; Deutsche Bauhütte 1934, S. 32 (Nachruf).

Architekten und Baumeister-Ausbildungsstätten in München

[140] Nerdinger: Die Bauschule an der Akademie – Höhere Bauschule für Bayern, in: Tradition und Widerspruch – 175 Jahre Kunstakademie München, S. 273.
[141] Nerdinger, s. Anm. 140, S. 276; Hederer, Oswald: Karl von Fischer, S. 24.
[142] Marggraf, Rudolf: Nachruf auf Ohlmüller (o. Ort, o. Jahr).
[143] Herder-Konversationslexikon (Freiburg 1904), S. 706; Hahn, August: Der Maximilianstil, S. 91, dort Anm. 4.
[144] Hederer, Oswald: Friedrich von Gärtner, S. 39.
[145] Förster s. Eggert, Klaus: Die Hauptwerke Friedrich von Gärtners, S. 148, 166; Thieme-Becker-Künstlerlexikon, Band 12, S. 137; Nerdinger, s. Anm. 140, S. 279; Ziebland s. Romantik und Restauration, Katalog der Ausstellung, S. 118.
[146] Nerdinger, s. Anm. 140, S. 279.
[147] Nerdinger, s. Anm. 140, S. 279.
[148] Nerdinger, s. Anm. 140, S. 279, 281.
[149] Mathias Berger s. Hederer: F.v.Gärtner, S. 238.
[150] Bürklein s. Hahn, August: Der Maximilianstil, S. 95, Anm. 23; Hederer: Friedrich von Gärtner, S. 240.
[151] Komárik, Dénes: Architektenausbildung und Meisteraufgaben im 19. Jahrhundert, S. 398; Neues Pester Journal vom 29.10.1905.
[152] Zu Feszl s. Anm. 151, S. 398.
[153] Hartmann, K.O.: Die Baukunst, Band III, S. 326 (zu Conrad Wilhelm Hase).
[154] Jeuch s. Hederer: Friedrich von Gärtner, S. 242.
[155] Kreuter s. Anm. 154, S. 243.
[156] Leins s. Nerdinger: Friedrich von Thiersch, Katalog der Ausstellung, S. 12.
[157] Neureuther s. Katalog der Ausstellung (München 1978).
[158] Hahn, August: Der Maximilianstil, S. 91, dort Anm. 3.
[159] Riedel s. Hederer: Friedrich von Gärtner, S. 245, 246.
[160] Semper s. Hederer, Anm. 159, S. 246f.
[161] Voit s. Hederer, Anm. 159, S. 249; Nerdinger, s. Anm.140, S. 280.
[162] Zenetti s. Thieme-Becker-Künstlerlexikon, Band 36, S. 457f.; Wiener Bauindustriezeitung 1886/1887, S. 548; Hahn, s. Anm. 158, S. 97f.
[163] Ziebland s. Hahn: Der Maximilianstil, in: 100 Jahre Maximilianeum, S. 83, Anm. 10.
[164] Dollmann s. Thieme-Becker-Künstlerlexikon Band 9, S. 395; Hofmann s. Deutsche Bauzeitung 1896, S. 412;
[165] Nerdinger s. Anm. 140, S. 280.
[166] Nerdinger, s. Anm. 140, S. 280; beim Leipziger Museum arbeitete 1858 der Reichenberger Gustav Sachers als Bauleiter (undatierter Zeitungsartikel).
[167] Künstlerhaus-Foto mit Einzeichnungen.
[168] Nerdinger, s. Anm. 140, S. 281.
[169] Nerdinger, s. Anm. 140, S. 282.
[170] Holčik, Stefan und Rusina: Bratislava alt und neu, S. 27, 396f.; Haider, Edgard: Verlorenes Wien, S. 122ff.
[171] Geul s. Personalstand der Königlichen Technischen Hochschule München (im Folgenden KTHM genannt) 1897/98; Bericht über die KTHM 1897/98, dort Nachruf auf Geul von August Thiersch; Nerdinger: Neureuther als Lehrer und seine Schüler, in: G. von Neureuther, Katalog der Ausstellung, S. 148.
[172] Albert Schmidt s. Ecksteins Künstleralbum (ohne Ort, ohne Jahr, unpaginiert); Vollmer-Künstlerlexikon.
[173] Marggraff s. Allg. Deutsche Biographie, Band 17, S. 647.
[174] Nerdinger: Die Polytechnische Schule in München, in: G. v. Neureuther, Katalog der Ausstellung, S. 66ff., 84.
[175] Nerdinger, s. Anm. 140, S. 282.
[176] Bericht über die KTHM 1900/1901.
[177] Freundl. Mitteilung Dr. Konjikusić; Zitat aus: Bericht der KTH München 1894/95, S. 9.
[178] Personalstand der KTHM 1897/98; Bericht über die KTHM 1897/98, dort Nachruf von August Thiersch auf Albert Geul; Nerdinger: Neureuther als Lehrer und seine Schüler, in: G. v. Neureuther, Katalog der Ausstellung, S. 148.
[179] Nachruf auf Neureuther in: Bericht über die KTHM 1886/87; Briefwechsel Neureuther-Semper, teilweise zitiert bei Habel, Heinrich: Das Bayreuther Festspielhaus (München 1986); Neureuther nahm u.a. die Terrainvermessung für das geplante Festspielhaus vor.
[180] Curjel s. Deutsche Kunst und Dekoration 1901, S. 241; Innendekoration 1903, S. 93; Achleitner: Österr. Architektur im 20. Jahrhundert, Band I, S. 397.
[181] Exter s. Pasinger Archiv 1983, S. 57.
[182] Pfister, Rudolf: Theodor Fischer; Nerdinger: Neureuther als Lehrer und seine Schüler, in: G. v. Neureuther, Katalog der Ausstellung, S. 149.
[183] Grässel s. Nerdinger: Neureuther als Lehrer …, s. Anm. 178, S. 149.
[184] Lehmbruch, Hans: Georg Ritter von Hauberrisser (unveröffentlichte Dissertation, München 1969).
[185] Freundliche Mitteilung Dr. Grygiel, Warschau.
[186] Hocheder s. Thieme-Becker-Künstlerlexikon Band 17; Hartmann, Barbara: Das Müllersche Volksbad in München.
[187] Rehlen s. Nerdinger, Anm. 178, S. 149.
[188] Emanuel v. Seidl s. Nerdinger, Anm. 178, S. 149.
[189] Gabriel v. Seidl s. Blößl, Hans: G. v. Seidl.
[190] Streiter s. Nerdinger, Anm. 178, S. 149; Personalstand der KTHM ab 1882.
[191] Thiersch, August; Nachruf auf Rudolph

57

[192] Gottgetreu, in: Bericht über die KTHM 1890/91.
[192] Hoffmann, Hans Christian: Die Theaterbauten von Fellner & Helmer, S. 14, Anm. 23; demnach dürfte Helmer in Gottgetreus Büro gearbeitet haben.
[193] Albert Schmidt s. Ecksteins Künstleralbum; ohne Ort, ohne Jahr, unpaginiert; dort ist eine Reise „als Maler" nach Prag überliefert.
[194] August-Thiersch-Nachruf in: Süddeutsche Bauzeitung 1917, S. 21; Achleitner: Österreichs Architektur im 20. Jahrhundert, Band I, S. 351.
[195] Friedrich von Thiersch, Katalog der Ausstellung.
[196] Marschall, Horst-Karl: Friedrich von Thiersch – Biographie, in: Katalog der Ausstellung, S. 35.
[197] Thiersch, Heinz: German Bestelmeyer, S. 15.
[198] Thiersch, Heinz, s. Anm. 197, S. 57.
[199] Klein: Martin Dülfer, S. 8ff.
[200] Vadas, Ferenc: Hikisch Rezsö, in: Magyar Építömüvészet 1984, Nr. 6, S. 54ff.; Magyar Müvészet 1890–1919, S. 150 (Budapest 1981).
[201] Kurz s. Thieme-Becker-Künstlerlexikon, Band 22, S. 137.
[202] Schumacher, Fritz: Stufen des Lebens.
[203] Wangerin, Gerda und Weiß, Gerd: Heinrich Tessenow (Essen 1976).
[204] Heinrich von Schmidt s. Deutschers Zeitgenossen-Lexikon; Bericht der KTHM 1907/08, S. 50.
[205] Jummerspach s. Thieme-Becker-Künstlerlexikon, Band 19, S. 313; Deutsche Bauzeitung 1914, S. 63, dort Nachruf; freundliche Mitteilung Dr. Habel, München.
[206] Mecenseffy s. Bericht über die KTHM 1900/01; Exter: Bürgerliche Einfamilienhäuser, Abt. VI.
[207] Fiechter s. Bericht über die KTHM 1900/1901, S. 7.
[208] Welzenbacher s. August E. Sarnitz: Lois Welzenbacher Architekt 1889–1955, Monographie und Werkverzeichnis (Salzburg 1989).
[209] Friedrich Freiherr von Schmidt s. Personalstand der KTHM 1897/98 und Bericht der KTHM 1910/11, S. 52f.; Thiersch, Heinz: German Bestelmeyer, S. 15.
[210] Riccesi, Donato: Gustavo Pulizer – finali il disegno della nave (Venezia 1982).
[211] Jahresbericht der KTHM 1908/09, dort sind die Studentenzahlen genannt.
[212] Die entsprechenden Bände gehen aus den angegebenen Jahreszahlen hervor (Signatur der TUM-Bibliothek J 57/13a).
[213] Thiersch, Hermann: Friedrich von Thiersch, S. 69 (Göttingen 1924); Klein: Martin Dülfer, S. 7.
[214] Prag: Franz-Joseph-Bahnhof ist der heutige Hauptbahnhof.
[215] Ackermann, Walter: Die Staatsbauschule, in: 10 Jahre Fachhochschule München (1981), S. 7; Auszug aus: Dr. Vorherrs Monatsblatt für Bauwesen und Landesverschönerung, 1824, Nr. 12.
[216] Freundl. Mitteilung Dr. Walter Ackermann.
[217] Kleindorfer-Marx, Bärbel: Volkskunst als Stil – Entwürfe von Franz Zell (Furth i. W. 1996); Selzer, H.: 100 Jahre staatliche Bauschule München, (1922), S. 40; Jahresbericht und Programm der Baugewerkschule 1902/03, S. 4.
[218] Jahresbericht der Baugewerkschule bzw. der Königlich Bayerischen Bauschule und Gewerbelehreinstitut zu München, 1902/03, S. 4 und 1910/11, S. 10ff. Zu Zell s. Habel, Heinrich.: St. Michael-Vöhringen (Schnell & Steiner Kunstführer Nr. 1284, Zürich 1981).
[219] Herdegen s. Selzer, Anm. 217, S. 41.
[220] Jahresbericht und Programm der Baugewerkschule 1906/07.
[221] S. Anm. 220, S. 23.
[222] Bemerkungen in den Notenlisten.
[223] Jahresberichte und Programm der Baugewerkschule 1889–1903.
[224] Jahresberichte und Programm der Baugewerkschule 1895–1899.
[225] Jahresberichte und Programm der Baugewerkschule 1898–1901.
[226] Jahresberichte und Programm der Baugewerkschule 1898–1899.
[227] Jahresberichte und Programm der Baugewerkschule 1893–1896.
[228] Notenlisten der Baugewerkschule 1906–1907

Architektenpersönlichkeiten des Historismus bis zur Wende des 20. Jahrhunderts

[229] Dollmann s. allgemeine deutsche Biographie, Band 48 (Leipzig 1904) S. 19; Polizeimeldebogen im Stadtarchiv München.
[230] Hofmann s. Fabiani, Rosella: Schloss Miramare (Triest 1989), S. 47ff., 57; Allg. Deutsche Biographie Band 50, S. 771f.
[231] Hahn, August: Der Maximilianstil, S. 25f.
[232] Karlinger, Hans: München und die Kunst des 19. Jahrhunderts, S. 154: Bürkleins 1847–1849 entstandener Münchner Hauptbahnhof wird dort stilistisch als „Lombardische Gotik" beschrieben.
[233] Hederer: Friedrich von Gärtner, S. 241; Hahn: Maximilianstil, S. 95f.
[234] Bericht über die KTHM 1890–91; Ecksteins Künstleralbum (o. Ort, o. Jahr, unpaginiert).
[235] Nerdinger: Neureuther als Lehrer und seine Schüler, in: Gottfried Neureuther, Katalog der Ausstellung, S. 148.
[236] Mumelter: Carl Ritter von Müller, in: Der Schlern, 1965, Heft 43.
[237] Gedon s. Nerdinger: Friedrich von Thiersch, Katalog der Ausstellung, S. 29; Nerdinger: Frühe Bauten und Entwürfe, in: Gottfried Neureuther, Katalog der Ausstellung, S. 28; Karlinger, s. Anm. 232, S. 156f.
[238] Freundlicher Hinweis Dr. Vladimir Konjikusić, München; Frau Gertrud Adam, Riemerling bei Ottobrunn.
[239] Lehmbruch: Georg von Hauberrisser (unveröffentlichte Dissertation), S. 6; Hauberrisser studierte in München, Wien und Berlin.
[240] Lehmbruch, s. Anm. 239, S. 11; Reiser, Rudolf: Alte Häuser – Große Namen; Ley, Andreas: Die Villa als Burg (Dissertation), S. 8ff., dort zit. Gulbransson, Grete; Doering, Oscar: Zwei Münchner Baukünstler – Seidl und Hauberrisser, S. 6, 14ff.
[241] Lehmbruch, s. Anm. 239, S. 156; Hauberrissers verschollener „Zukunftsplan" von 1874 sah einen großflächigen Abbruch der Grazer Altstadt vor.
[242] Lehmbruch, s. Anm. 239, S. 7f.
[243] Lehmbruch, s. Anm. 239, S. 143f., 180f. zum Projekt Grazer Technische Hochschule und Universität; S. 179 zu Kirche in Gnas und Schloss Busau (Mähren), S. 179; Kirchenprojekt Auer/Tirol, S. 180; Kirchenumbau Troppau, S. 182.
[244] Zu Brixlegg: freundlicher Hinweis H. Denzl, Stadtbauamt Schwaz und Dr. Patrick Erkner, Wien/Innsbruck.
[245] Reiser, Rudolf: Alte Häuser – Große Namen.
[246] Schmitz, Josef: Laudatio zum 60. Geburtstag, in: Süddeutsche Bauzeitung 1920, S. 184; Imhoff, Christof von: Berühmte Nürnberger aus neun Jahrhunderten, S. 335f. (Nürnberg 1984)
[247] Thiersch, Heinz: Hans Grässel 100 Jahre (München 1960); Süddeutsche Bauzeitung 1907, S. 23ff.
[248] Deutsche Bauzeitung 1907, Nr. 41.
[249] Busau/Bousov bei Olmütz s. Lehmbruch, Anm. 239, S. 137.
[250] Lehmbruch, s. Anm. 239, S. 184.
[251] Doering, s. Anm. 240, S. 16; Zeitschrift für Baukunde 1882, Abb. 353; zu Santa Fé s. Lehmbruch, Anm. 239, S. 130, 174; für den gleichen Bauherrn schuf Hauberrisser in Aeschach am Bodensee das Schloss Holdereggen.

[252] Hofmann s. Deutsche Bauzeitung 1896, S. 412, dort Nachruf; Fabiani Rosella: La decorazione interna del castello di Miramare, in: Il neogotico in Europa (Pavia 1985).

[253] Schautafeln in der Burg Liechtenstein bei Wien.

[254] Ley, Andreas: Die Villa als Burg, S. 66.

[255] Albert Schmidt s. Ecksteins Künstleralbum (ohne Ort, ohne Jahr, unpaginiert); Kunstverein München, Geschäftsbericht für 1913, S. XXIX; München und seine Bauten, S. 228, 225, 323; zu Wien s. Czeike, Felix: Groner-Wien-Lexikon, S. 642, 420.

[256] Heinrich von Schmidt s. Deutsches Zeitgenossenlexikon; Thieme-Becker-Künstlerlexikon Band 30, S. 145; in Wien hatte Schmidt bei Ferstel studiert; Polizeimeldebogen im Stadtarchiv München; Bericht über die KTHM, 1904–1905, S. 56. Dort Entwurf zur Notre-Dame-Kirche in Saeken erwähnt.

[257] Friedrich von Schmidt könnte Heinrichs Bruder gewesen sein, s. Bericht der KTHM 1910–1911, S. 52f.; Thiersch, Heinz: German Bestelmeyer, S. 15.

[258] München und seine Bauten, S. 270f.; Süddeutsche Bauzeitung 1894, S. 81.

[259] Achleitner: Österreichische Architektur im 20. Jahrhundert, Band I, S. 319f.; Süddeutsche Bauzeitung 1907, S. 361.

[260] München und seine Bauten, S. 368.

[261] Der Städtebau 1910, S. 74; 1905, S. 138f.

[262] Achleitner, s. Anm. 259, Band I, S. 317; Pläne und Schriftwechsel im Stadtarchiv Brixen und im Stadtarchiv Innsbruck.

[263] Ostenrieder s. Münchner Fassaden, S. 309, 316.

[264] Süddeutsche Bauzeitung 1900, S. 329; Münchner Fassaden, S. 244; Süddeutsche Bauzeitung 1912, S. 283, 105: dort Schloss Colmar-Berg für den Großherzog von Luxemburg erwähnt.

[265] Kunst und Handwerk 1905, S. 272; München und seine Bauten, S. 282, 366.

[266] Friedrich von Thiersch – der Architekt, in: Nerdinger: Katalog der Ausstellung, dort: Marschall, Horst, S. 11, 33ff.

[267] Klein: Martin Dülfer, S. 8, 24.

[268] Nerdinger: Friedrich von Thiersch, Katalog der Ausstellung, S. 16f.

[269] Nerdinger, s. Anm. 268, S. 19.

[270] Nerdinger, s. Anm. 268, S. 19, dort Werkverzeichnis.

[271] Nerdinger, s. Anm. 268, S. 36, 31.

[272] Freundliche Mitteilung zu Lothary und Schloss Puchberg bei Wels von Frau Gertrud Adam, Riemerling bei Ottobrunn.

[273] Achleitner, s. Anm. 259, S. 351; Stenger, Brigitte: August Thiersch – geplante und ausgeführte Kirchenbauten (Dissertation München TU 1981).

[274] Personalstand der KTHM 1868 bis 1873.

[275] Bößl: Gabriel von Seidl, S. 20; Klein: Martin Dülfer, S. 22.

[276] Gabriel v. Seidl s. Schumacher, Fritz: Stufen des Lebens, S. 136, 146ff.

[277] Bößl: Gabriel von Seidl, S. 30ff.; Neubeuern s. Reclam-Kunstführer Band I, Bayern, S. 632.

[278] Bößl, s. Anm. 275, S. 80.

[279] Bößl, s. Anm. 275, S. 105; Wiener Bauindustrie-Zeitung 1907, S. 118; Fremdenzeitung Wien/Salzburg/München 1900, S. 10, 27, 3.

[280] Festabend zu Gabriel von Seidls 60. Geburtstag am 12.12.1908, S. 28 (München 1908).

[281] Schlagintweit, Felix: Ein verliebtes Leben, S. 187ff. (München o. J.).

[282] Der Baumeister 1904, S. 52f.; Achleitner, s. Anm. 259, S. 236; freundlicher Hinweis Dipl. Ing Dieter Stemshorn, München; Innendekoration 1911, S. 41ff.; Der Baumeister 1904, S. 23.

[283] Achleitner, s. Anm. 259, S. 236.

[284] Süddeutsche Bauzeitung 1910, S. 145; 1907, S. 193.

[285] Beblo, Fritz: Die Baukunst nach 1870, in: Deutsche Städte, 1928–1929: München, S. 38–47; Pfister: Theodor Fischer, S. 32.

[286] Süddeutsche Bauzeitung 1911, S. 153; Thieme-Becker-Künstlerlexikon, Band 17.

[287] Süddeutsche Bauzeitung 1907, S. 329; 1912, S. 213; Wiener Bauindustrie-Zeitung 1904, S. 9; Deutsche Bauzeitung 1907, S. 690.

[288] Ley, Andreas: Die Villa als Burg, S. 98, 103, 106 (dort Zitat aus der Süddeutschen. Bauzeitung 1905, Nr. 10 und 11), 327.

[289] Six, Barbara: Leonhard Romeis und seine Münchner Villen, in: Oberbayerisches Archiv 2007, 131. Band, S. 97ff.

[290] Freundlicher Hinweis Frau Kelch, München-Pasing (Enkelin von August Exter); Exter hatte bei Gottgetreu, den beiden Thiersch und bei Neureuther studiert.

[291] Zeman, Lubomir: Karlovarský Westend, S. 223ff.

[292] Allgemeine Bauzeitung 1905, Band 70, S. 40ff.

[293] Exter: Bürgerliche Einfamilienhäuser (ohne Ort, ohne Jahr).

[294] Heilmann & Littmann: Mathäser- Bierhallen (vor 1902), in: Wiener Bauindustrie-Zeitung 1902, S. 231; Weißes Bräuhaus im Tal (1903), in: Münchner Fassaden, S. 318; Paulaner Bräu in der Kaufinger Straße, in: Süddeutsche Bauzeitung 1910, S. 353 und Wiener Bauindustrie-Zeitung 1910, S. 235; am Paulanerbräu, an den Münchner Neuesten Nachrichten und an der Theatinerstraße 38 arbeitete Architekt Göbel mit (Lebensdaten unbekannt); Deutsche Bauhütte 1906, S. 133; Wiener Bauindustrie-Zeitung 1904, S. 301. Festschrift 100 Jahre Heilitbau (München 1971).

[295] Tittrich s. Polizeimeldebogen im Stadtarchiv München; Münchner Rundschau 1907, April S. 20, dort Nachruf; Bayerische Baugewerkzeitung 1907, Heft 14, S. 6.

[296] Klein: Martin Dülfer; soweit nicht anders angegeben stammen die folgenden Daten aus dieser Publikation.

[297] Klein: Martin Dülfer, S. 24; Korb und Dülfer haben vmtl. zur gleichen Zeit in Berlin bei Kayser & Großheim gearbeitet.

[298] Klein: Martin Dülfer, S. 25, 50.

[299] Ziebland s. Hahn: Der Maximilianstil, S. 91, Anm. 4.

[300] Lyka, Karoly: Magyar Müvészélet Münchenben (Ungarisches Künstlerleben in München), Budapest 1951.

[301] Fekete, Julius: Bayern und Ungarn – 1000 Jahre, S. 127.

[302] Fekete, Julius: Beiträge ungarischer Architekten zur Münchner Baukunst um 1900, S. 6, 7.

[303] Müvészeti Lexikon (Kunstlexikon), S. 206 (Budapest 1965).

[304] Fekete, s. Anm. 302, S. 14.

[305] Fekete, s. Anm. 302, S. 13, 44, 22, 10; Klein: Martin Dülfer, S. 8; Polizeimeldebögen im Stadtarchiv München.

Architekten des Jugendstils und der Heimatschutzbewegung

[306] Herz, Rudolf und Bruns, Brigitte: Hof-Atelier Elvira, Katalog der Ausstellung, München 1986; Festschrift 125 Jahre Gebrüder Rank, S. 90; Ainmillerstraße 22 s. Münchner Fassaden, Abb. VIII, IX, 21ff.; Maria-Theresia-Straße 27 s. Klein: Martin Dülfer S. 109ff.

[307] Klein: Martin Dülfer, S. 112, 113.

[308] Klein, s. Anm. 307, S. 36ff.; Baukunst 1930, S. 127.

[309] Moravánszky, Ákos: Die Beziehungen der Wiener Architektur zur ungarischen Reichshälfte im 19. Jahrhundert, S. 54.

[310] Wiener Bauindustrie-Zeitung 1908, Tafel 41, 42.

[311] Bauakten Stadtarchiv Meran, es ist nur die ausführende Baufirma Musch & Lun verzeichnet, die allerdings mit Dülfer in Kontakt stand.

[312] Malfér, Viktor: Die Bautätigkeit in Bozen-Gries 1850–1914, in: Der Schlern, um 1980, Nr. 3.

[313] Süddeutsche Bauzeitung 1907, S. 393ff.; zu Franz Popp S. 214.

[314] Freundliche Mitteilung Markus Langheinrich, München (Urenkel von M. L.); Wedekind, Band II, S. 75, 83; Bericht der KTHM 1896–1897. S. 21.

[315] Klein, Dieter: Franz Rank – das künstlerische Werk, in: Festschrift 125 Jahre Gebrüder Rank, S. 87ff.

[316] Heinrich Tessenow, Katalog der Ausstellung in Wien, Hochschule für angewandte Kunst (1976), S. 26f.

[317] Benes, Imre s. Magyar Képzömüvészek Lexikona I (Lexikon der ungarischen bildenden Künstler, Budapest 1915), S. 172; Magyar Pályázatok (Ungarische Wettbewerbe, 1904–1905), Nr. 6.

[318] Schumacher, Fritz: Stufen des Lebens, S. 148.

[319] Freundliche Mitteilung Frau M. Hikisch, Budapest (Nichte von R. Hikisch).

[320] Klein, Dieter: Architekt Josef Zasche, in: Jizerská Kóta, 1996, Mai, S. 22ff.

[321] Achleitner: Österreichische Architektur im 20. Jahrhundert, Band I, S. 308; Pfister: Theodor Fischer; Festschrift zur Einweihung der Mittelschule Lana (1981).

[322] Freundliche Mitteilung Frau Bertsch, München-Solln.

[323] Fischer, Theodor: Nachruf auf Wilhelm Bertsch, in: Süddeutsche Bauzeitung 1916, Nr.7, S. 37–44.

[324] Steinebach, Heinrich: Zur Erinnerung an den 1. Juli 1913, S. 4.

[325] Steinebach, s. Anm. 324, S. 7.

[326] Nachlass Grässel im Stadtarchiv München, Nr. 131f, 156.

[327] Polizeimeldebogen Robert Rehlen im Stadtarchiv München.

[328] München und seine Bauten, S. 281ff., 765.

[329] Nerdinger: Friedrich von Thiersch, Katalog der Ausstellung, S. 23.

[330] Nerdinger, s. Anm. 329, S, 164ff.

[331] Klein: Martin Dülfer, S. 9, 61.

[332] Festschrift 125 Jahre Gebrüder Rank, S. 38.

[333] S. Anm. 332, S.137ff. Bautenverzeichnis; außerhalb Deutschlands entstanden nach Plänen von Franz Rank in Sevilla das Gaswerk und der Flughafen, bei Madrid das Schloss Bermejillo; die Gebrüder Rank hatten eine eigene Filiale in Spanien gegründet: Rank Hermanos.

[334] Deutsche Bauhütte 1901, S. 261; Architektur der Gegenwart 1900, Tafel 53; Festschrift 100 Jahre Rank, S. 39ff.

[335] Waldner, H. August: Neue Münchner Baukunst, in: Deutsche Bauhütte 1901, S. 330; die Fassade Ainmillerstraße 22 wurde 1982 mit originalgetreuer Farbigkeit wiederhergestellt.

[336] Budapest, Konzertakademie s. Pintér Tamás: Budapest Architectura 1900, S. 26.

[337] Pintér, s. Anm. 336.

[338] Universität von Bestelmeyer s. München und seine Bauten, S. 508.

[339] Thiersch, Heinz: German Bestelmeyer, S. 62.

[340] Achleitner, s. Anm. 321, S. 353; Denkmäler in Bayern – München, dort Ainmillerstr. 22.

[341] Kurz & Herbert s. Thieme-Becker-Künstlerlexikon, Band 19, S. 563; Kármán studierte ab dem Winter-Semester 1889 bis 1895 in München, s. Personalstand der KTHM.

[342] Steinlein, Gustav: Otho Orlando Kurz und Eduard Herbert, in: Die Bauzeitung 1926, S. 194f. Achleitner, s. Anm. 321, S. 55.

[343] Stengel & Hofer s. Polizeimeldebögen im Stadtarchiv München; Moderne Bauformen 1918, Heft 4, S. 127ff.

[344] Hessemer & Schmidt s. Vollmer-Künstlerlexikon; Zeman, Lubomir: Karlovarský Westend, S. 223ff.

[345] Dekorative Kunst 1915, S. 105; Achleitner, s. Anm. 321, S. 264.

[346] Schmitt: Palast-Hotels, S. 73.

[347] Kunst und Handwerk 1905, Band V; ein Zweig der Familie Andrassy wohnte in Planegg bei München.

[348] Achleitner, s. Anm. 321, S. 277, 193; Kleindorfer-Marx, Bärbel: Volkskunst als Stil – Entwürfe von Franz Zell für die Chamer Möbelfabrik Schoyerer; Habel: St. Michael in Vöhringen, Schnell & Steiner Kunstführer Nr. 1284, S. 3f.

[349] Moderne Bauformen 1913, S. 222; Jahresbericht der Königlichen Bauschule 1910/11.

[350] Schneider, Elmar: Das Bozener Stadttheater im Bahnhofpark, in: Stadt im Umbruch, Jahrbuch des Südtiroler Kulturinstituts Band VIII (Bozen 1973).

[351] München und seine Bauten, S. 328; Wiener Bauindustrie-Zeitung 1906, S. 381.

[352] Franz Mader s. Polizeimeldebogen im Stadtarchiv München.

[353] Tittrich s. Bayerische Baugewerkszeitung 1907, Heft 14, S. 6.

[354] Ley, Andreas: Die Villa als Burg, S. 214, 262, 127, dort Anm. 309.

[355] Achleitner, s. Anm. 321, S. 370. Gebrüder Ludwig s. München und seine Bauten, S. 400, 407, 423 und Denkmäler in Bayern – München, Franz-Joseph-Straße 1.

[356] Fekete, Julius: Beiträge ungarischer Architekten zur Münchner Baukunst um 1880, in: Ungarn-Jahrbuch 1982/1983, Band 12, S. 19ff; Denkmäler in Bayern, s. dort das Namensregister; von Popp sind trotz Kriegszerstörungen noch immer an die 30 Bauten erwähnt; Fekete: Bayern und Ungarn 1000 Jahre, Katalog der Ausstellung, S. 127ff.

[357] Steinlein, Gustav: Max Neumann und seine Werke (München 1928).

[358] Fekete, s. Anmerkung 356, Ungarn-Jahrbuch S. 16, Bayern und Ungarn 1000 Jahre, S. 127f.

[359] Kleinoschegg s. Pozzetto, Marco: die Schule Otto Wagners, S. 233; Emil Pirchan, ebenda S. 242; Polizeimeldebogen, Pirchan stammte aus Brünn.

[360] Richard Riemerschmid, Katalog der Ausstellung (München 1983), S. 7 Vorwort.

[361] Österreichische Kunsttopographie, Band XLV, S. 257ff.(Kaiser-Franz-Joseph-Str. 5); München und seine Bauten, S. 621 (Hirschbergschule).

[362] Klein: Martin Dülfer, S. 42f.

[363] N.N.: Carl Sattler, in: Süddeutsche Bautradition im 20. Jahrhundert, Katalog der Ausstellung, Hrg. Nerdinger (München 1985), S. 77ff. Erwähnung eines Umbauprojektes für die biologische Station in Lunz (Niederösterreich) und eines Bürogebäudes der Reichsautobahn-Verwaltung bei Linz (beides um 1940); S. 80, dort Werkverzeichnis; „Truchtlinger" Marmorwerke vermutlich „Treuchtlingen" gemeint.

[364] Sattler, Carl: Erinnerung (Typoskript in der Sammlung Sattler), S. 118; Gabriel von Seidl baute für den Grafen von Pappenheim das Schloss Iszkaszentgyörgy, an dessen bildhauerischer Ausgestaltung Adolf von Hildebrand beteiligt war.

[365] Münchner Fassaden, dort im Register die Bauten von August Zeh; Süddeutsche Bauzeitung 1906, S. 17, 25, 33; 1909, S. 161; Polizeimeldebogen A. Zeh.

[366] Münchner Fassaden, S. 315, dort Schwanthalerstraße 79 von Zeh.

Abb. I München, Ludwigskirche, 1829–1844 von Ludwig von Gärtner; Vorbild für viele europäische Kirchenbauten.

Abb. II Krakau/Kraków, Schulhaus an der Mickiewicz-Allee, 1907–1912 von Sławomir Odrzywolski; Interpretation eines Münchner Schulhauses mit polnischen Folkloreformen; Odrzywolski hatte in München studiert.

Abb. III Wien, Arsenal-Kommandantengebäude, 1849–1856 von Sicardsburg und van der Nüll, enge stilistische Verwandtschaft mit der Münchner Max II-Kaserne an der Leonrodstraße.

Abb. IV Krakau/Kraków, Tempel-Synagoge, 1862 erbaut; deutliche Einflüsse des Rundbogenstils, Details der Münchner Ludwigskirche verwendet.

Abb. V München, Boschetsrieder Straße 12, 1899 von Heilmann & Littmann; ähnlicher Typus wie der ältere Villenbau in Bludenz.

Abb. VI Bludenz (Vorarlberg), Villa Jehly, 1885 von Georg Baumeister; malerischer Bau des in München ausgebildeten Architekten.

Abb. VII München, Georgenstraße 30, 1897–1898 von Martin Dülfer; ähnlicher Typus wie die beiden Villen in Bludenz und an der Münchner Boschetsrieder Straße, hier aber bereits mit Jugendstil-Elementen.

Abb. VIII München, Plinganserstraße 24 und 26, 1899 von Friedrich Kroher; Neurenaissance, die zeitgleich mit dem Jugendstil in München zu finden war; einige Ähnlichkeiten mit dem Haus „Alt-Innsprugg" von 1905 fallen auf (Abb. 44).

Abb. IX München, Daiserstraße 17–25, um 1901 von den Gebrüdern Rank für den „Verein für die Verbesserung der Wohnsituation in München" errichtet. Vergleichbare Fassadenwirkung nur durch lebhafte Gliederung, ähnlich verwendet beim Innsbrucker Breinößl-Haus (Abb. 43).

Abb. X München, Marschallstraße 1, 1901–1902 von Georg Lindner, in der Fassadengliederung wohl Inspiration für Wilhelm Kürschners Sparkassengebäude in Bozen (Abb. 50).

Abb. XI (links) München, Schulstraße 19, um 1900 erbaut; ähnliche Wirkung des Eckturmes wie in Lemberg/Lviv, dort am Haus Rohatyn (Abb. XII).

Abb. XII (rechts) Lemberg/Lviv, 1913 von Roman Feliński; galt seinerzeit als „Musterbeispiel des ersehnten polnischen Stiles", der Architekt hatte in München studiert und vermutlich das Haus Schulstraße 19 gekannt (Abb. XI).

Abb. XIII (links) Laibach/Ljubljana, Kapelle in der Bischofsresidenz, um 1900; starke Ähnlichkeit mit dem Sängersaal auf Schloss Neuschwanstein.

Abb. XV München, Elisabethplatz 4, Volks- und Gewerbeschule, 1901–1902 von Theodor Fischer, Prototyp eines Münchner Schulhauses mit bewegter Dachlandschaft und volkstümlichem Dekor.

Abb. XVI München, Boschetsriederstraße 35, Volksschule, 1903–1904 von Robert Rehlen; ähnlicher Typus wie die Elisabethschule mit funktioneller Grundsrissdisposition.

Abb. XIV (oben) München, Bayerstraße, Allgemeine Zeitung, 1900–1901 von Martin Dülfer; galt einst als „Hauptwerk des Münchner Jugendstils", wurde aber bereits 1929 durch Modernisierung zerstört.

Abb. XVII (rechts) Krakau/Kraków, Altes Theater, 1841–1843 von Karol Kremer; ursprünglich im schlichten Münchner Rundbogenstil, wurde der Bau nach 1900 im Jugendstil umgebaut.

Abb. XVIII München, Lindwurmstraße 199, 1904–1905 von Carl & August Zeh; Erker und Loggien vom „Goldenen Dachl" und von vielen anderen Tiroler Bauten inspiriert.

Abb. XIX München, Maria-Josepha-Straße 3, ehem. Villa Lauterbacher, 1905–1906 von Emanuel von Seidl im heimattümlichen Jugendstil erbaut; Seidl galt als einer des erfolgreichsten Villenbauer seiner Zeit.

Abb. XX München, Am Harras 13, um 1905 erbaut; der phantasievolle Drachen-Dekor ist eventuell mit Endells Fassade zum legendären Foto-Atelier Elvira vergleichbar.

Abb. XXI Graz, Waldmüllergasse 20, um 1905 erbaut; Eckloggien mit Säulen ähnlich gestaltet wie bei Bauten von Hocheder oder von Dülfer.

Abb. XXII (links) Lübeck, Stadttheater, 1906–1908 von Martin Dülfer; die Natursteinfassade erregte in der ansonsten vom Backstein geprägten Hansestadt nicht nur Bewunderung.

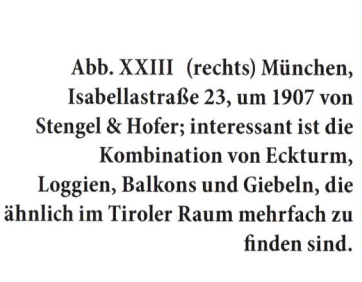

Abb. XXIII (rechts) München, Isabellastraße 23, um 1907 von Stengel & Hofer; interessant ist die Kombination von Eckturm, Loggien, Balkons und Giebeln, die ähnlich im Tiroler Raum mehrfach zu finden sind.

TEIL II

MÜNCHNER BAUKULTUR IN EUROPA

Die Wechselbeziehungen zwischen der Münchner und der westösterreichischen Bauweise war immer traditionell eng, teils bedingt durch die geographische Nähe, teils durch persönliche Kontakte der Architekten untereinander. Vor allem die Tiroler und die Salzburger Architekturmotive sind schon seit dem Mittelalter an bayerischen Bauten zu finden, der alpenländische Kulturkreis war einigermaßen homogen. Das förderte um die vorige Jahrhundertwende die Bereitwilligkeit der Nachbarn, auf dem Umweg über die „Münchner Moderne" die eigenen Bauformen sozusagen verjüngt und verstädtert wieder zurück zu importieren.

Dazu kam, dass die österreichische Hauptstadt in vielerlei Beziehung „weiter weg" als München war. In der Tat standen täglich fünf zwischen München und dem Südtiroler Raum verkehrende Schnellzugverbindungen mit einer durchschnittlichen Fahrtdauer von acht Stunden zur Verfügung, dagegen nur eine einzige Schnellzugverbindung nach Wien, die achtzehn Stunden benötigte.[1]

Außerdem war die bayerische Mentalität der westösterreichischen enger verwandt als der wienerischen ... was allerdings die Tiroler nicht daran hinderte, sich 1809 gegen den zwangsweisen Anschluss an Bayern heftigst zu wehren.

Die Vorarlberger waren stark nach der Schweiz und nach Württemberg orientiert, Salzburg und Oberösterreich schwankten zwischen Münchner und Wiener Einflüssen. Münchner Vorbilder sind, wenn auch selten, erstaunlicherweise auch in Kärnten, der Steiermark, in Niederösterreich und sogar in Wien zu finden. „Fragt man nach den künstlerischen Quellen der Wiener Architektur des romantischen Historismus, so ergibt sich ... eine Beeinflussung von Seiten der deutschen Architektur. Insbesondere München ... bot starke Anregungen", schrieb 1970 die Wiener Kunsthistorikerin Renate Wagner-Rieger.[2]

Die Deutschböhmen tendierten aus politischen Gründen eher nach Wien. Trotzdem sind im Raum der heutigen Tschechischen Republik eine Reihe Münchner Architekten tätig gewesen, auch einige der einheimischen Architekten wurden in München ausgebildet.

In der Osthälfte des Habsburger Reiches führte eine gewisse Abneigung gegen die politische und kulturelle Hegemonie Österreichs dazu, dass man lieber in München als in Wien studierte; es war Prestigesache, kulturell nicht von Wien beeinflusst zu sein. Wie stark diese Abneigung war, lässt sich an der zeitweisen Vereinnahmung des Klassizismus durch die Kunstgeschichtsschreibung als „ungarischer Nationalstil" ahnen – nur weil diese Stilrichtung aus Italien und nicht aus Österreich importiert worden war.[3] Auch hier spielten die persönlichen Kontakte eine wichtige Rolle, hatten doch in den siebziger Jahren doppelt so viele Ungarn wie Österreicher an der Hochbauabteilung der Münchner Technischen Hochschule studiert.[4]

Auf dem technisch-gewerblichen Sektor der Fortbildung war Österreich hinter dem deutschen Nachbarn weit zurück. Während es in Deutschland um 1875 bereits neunzig einer Gewerbeschule entsprechende Institute gab, existierten in Österreich erst ganze sechs. Schließlich bewilligte der Österreichische Reichsrat 1876 ein eigenes Budget für die Errichtung neuer Staatsgewerbeschulen, worauf es zu einer Reihe von Neugründungen kam, unter anderem auch in Salzburg und Graz.[5] Schon vorher hatte es von privater Seite einzelne Schulgründungen gegeben, zum Beispiel 1848 in Dornbirn (sie wurde nach eineinhalb Jahren vom Staat übernommen) und in Innsbruck. Beide gingen auf den schon genannten Münchner Bauingenieur **Karl von Müller** (1821–1909) zurück, den Stifter des Münchner Volksbades.

Der Lehrplan in Innsbruck umfasste unter anderem Zeichenunterricht und Perspektive, Festigkeitslehre, Entwerfen und Berechnen von Wasserleitungen, Technologie und Maschinenkunde. Für eine fachspezifisch, architektonisch ausgerichtete Ausbildung war dieses Angebot allzu weit gefächert. Das Institut wurde nur als Privatschule anerkannt und bekam keinerlei staatliche Unterstützung, sodass Müller diese erste „Technisch-Gewerbliche Lehranstalt" Tirols schon nach wenigen Monaten im März 1849 wieder schließen musste.[6] Wieweit Müllers Verdienste anerkannt wurden, war nicht mehr zu eruieren; jedenfalls erfolgte 1850 seine Ernennung zum Städtischen Bauinspektor von Innsbruck, zeitlich begrenzt auf drei Jahre.[7]

Erst 1884, Jahrzehnte später, entstand die Höhere Technische Lehranstalt Innsbruck. Auch dort waren viele in München ausgebildete Lehrer tätig, so **Georg Baumeister** (1918–20), **Hermann Kirchmayr** (1909–25), **Anton Krapf** (1910–15), **Karl Paulmichl** (1918–33), **Arthur Payr** (1909–14) und **Wilhelm Sachs** (1908–11).[8]

Dagegen war die Staatsgewerbeschule von Anfang an eine staatliche Institution. Ihr erster Lehrer war **Camillo Sitte** (1843–1903),[9] später unterrichtete der in München ausgebildete Salzburger **Josef Wessiken** (1837–1918) dort.[10] Werktags standen „für Lehrlinge, Hilfsarbeiter und selbstständige Personen" Fächer wie Freihand- und Zirkelzeichnen, Modellieren, Geometrie und anderes am Stundenplan. Außerdem sollte der Sonntagsunterricht Lehrlingen allgemeinbildende Fächer wie Deutsch oder Rechnen beibringen, wochentags wurde ein „Elementar-Zeichenunterricht für Knaben" angeboten.[11]

Eine andere Möglichkeit, Karriere zu machen, scheint eine Laufbahn bei Eisenbahnbau-Gesellschaften gewesen zu sein. **Karl von Müller** war an Vorarbeiten für die Bahnlinie Bucovar-Fiume (im heutigen Kroatien) beschäftigt[12], **Franz Jacob Kreuter** betrieb von Wien aus den Ausbau des serbischen Eisenbahnnetzes.[13] Auch von **Adolf Ziebland** sind verschiedene Bahnbauten in Ungarn und Mähren überliefert.[14]

Tirol, Südtirol und Trentino

„Die baulichen Beziehungen zwischen Tirol und Bayern entsprachen der stammlichen Verwandtschaft, bis die amtlichen Einflüsse von Wien her die Überlieferung über den Haufen geworfen haben", stellte Theodor Fischer 1908 fest.[15]

Fast siebzig Jahre später bestätigt Achleitner in seinem Architekturführer diese Theorie: „Die neuere Baugeschichte Tirols zeigt vor dem ersten Weltkrieg eine starke Beziehung zu Bayern, wenn nicht eine Art von Abhängigkeit. Die Münchner Schule mit ihrer Regionalromantik war ein Fundament ... die Heimatschutzbewegung ein anderes".[16]

Fischer war zu jener Zeit mit den Stadterweiterungsplänen für Meran betraut worden, außerdem baute er die Knabenschule in Lana bei Bozen (1909–11) sowie das Post- und Sparkassengebäude von Hall in Tirol.[17]

Bis zum Ersten Weltkrieg nahmen an fast allen wichtigen Wettbewerben in Tirol neben einheimischen vor allem Münchner und (wohl von maßgeblichen Stellen aus der Hauptstadt vorgeschrieben) auch Wiener Architekten teil.[18]

Die Münchner gewannen auffallend oft; in der „Alpenländischen Gewerbezeitung", die in Meran erschien, war 1909 hierzu fast entschuldigend zu lesen, dass „die in Südtirol mit größeren Aufgaben betrauten Ausländer diese zur größten Zufriedenheit der Auftraggeber erfüllten."[19] Genannt werden unter anderem Fischers Stadterweiterungspläne, Oskar von Millers Kraftwerk in Töll, Dülfers Meraner Stadttheater und Langheinrichs dortiges Kurmittelhaus („Kur und Badeanstalt"). Weiter heißt es: „Wir haben die in Deutschland ausgebildeten Ingenieure als Männer von vorzüglicher Schulung, solider Geschäftsführung und guten Umgangsformen kennen und schätzen gelernt und müssen

Abb. 40 Hall in Tirol, Krippgasse

ihnen somit das beste Zeugnis ausstellen. Ginge es nach unserer innerlichen Neigung, so würden wir vor allem Meraner, sodann Tiroler, endlich deutsche Techniker aus dem übrigen Österreich heranziehen und erst in vierter Reihe käme das verbündete Nachbarreich in Frage. Wir gedenken sonach, auch fürderhin die Rücksicht auf vorzügliche Leistungsfähigkeit allem anderen voranzustellen und somit bei der Auswahl von Technikern Ausländer (Deutschland) so lange zu wählen, bis wir Bewerber von gleicher Güte im Inland finden."[20] Zwar hatten fast alle Nordtiroler Architekten in München studiert, einige wenige sogar aus dem italienisch-sprachigen Gebieten. Diese Ingenieure und Architekten aus dem benachbarten Trentino, das damals ebenfalls noch zu Österreich gehörte, fand man nicht einmal pro forma einer Erwähnung wert.[21]

Gerade in Tirol tauchten immer wieder „Münchner" Architekten auf, die in der bayerischen Hauptstadt selber unbekannt blieben, während sie in Tirol über Auftragsmangel nicht zu klagen hatten.[22] In einigen Fällen unterhielten Tiroler und Vorarlberger Architekten und Baumeister sogar einen ständigen Wohnsitz in München. Der Innsbrucker Stadtbaumeister **Josef Nigler** (1848–1908) zum Beispiel betrieb in München-Bogenhausen eine Mosaikfabrik, seine Familie lebte hier und alle seine Kinder wurden in München geboren; sein Sohn **Ernst** (1879 geboren) studierte Architektur an der Münchner Technischen Hochschule.[23]

Auch viele Tiroler Maurer und Steinmetzen hatten sich in München niedergelassen. Bei zunehmendem Wohlstand griffen die Söhne dieser Familien gerne zu artverwandten Berufen wie Architekt oder Baumeister. **Lois Welzenbacher** (1889–1955), einer der bedeutendsten Architekten der Zwischenkriegszeit, wurde als österreichischer Staatsbürger in München geboren. Sein gleichnamiger Vater Alois, ein Steinmetz, war aus dem Vinschgau zugezogen.[24]

Dieser Zuzug nach Bayern war vorerst durch die Arbeitsmarktlage bedingt. Aber auch in Tirol entstanden seit etwa 1855 Fremdenverkehrseinrichtungen wie Hotels, Kuranlagen und Restaurants; die Bautätigkeit erreichte bisher nicht bekannte Ausmaße. Besonders in Südtirol entwickelte sich ein „selektiver" Tourismus, der durch gelegentlichen Aufenthalt von Kaiserhaus und Hochadel gesellschaftlich aufgewertet wurde. Entsprechend waren die neuen Hotelnamen: Majestic, Kaiserhof, Palasthotel usw.[25]

Gerade für solche Bauten holte man sich gerne bekannte Architekten – und die waren eben oft in München ausgebildet worden. Außerdem ließen sich die reichen Urlaubsgäste eigene Villen bauen, die als Alterssitze genutzt oder zumindest vorgesehen waren. Nicht zuletzt auch aus diesem Grund bestanden zwischen München und den meisten Tiroler Städten wie Innsbruck, Kufstein, Bozen oder Meran besonders intensive Beziehungen. All diese Städte waren durch schöne Umgebung und durch verhältnismäßig wenig Industrie begünstigt. Dadurch ließen sich die Vorteile einer stadtnahen Lage mit denen des „Naturgenusses" ideal verbinden, Zweitwohnsitze in Tirol waren schon damals beliebt.

Für das Kufsteiner Stadtbild wurde der Münchner **Otto Lasne** (1854–1935) bedeutsam. Er schuf 1899–1902 ausgezeichnete Stadtregulierungspläne und baute das Hotel Drei Könige (später Gasthaus Wienerwald und Kaufhaus Eder), die Reischkapelle, die Häuser Pfahler und Hohenstaffing am Thierberg (das Letztgenannte war seine eigene Villa, Thierbergweg 28). Der an seinem Münchner Frühwerk verwendete Neubarock-Pomp (Café Luitpold) hatte bei seinen Tiroler Arbeiten einer relativ schlichten Regionalromantik Platz gemacht.[26]

Zwei weitere, dem „romantisch-heimatschützlerischen Flügel der süddeutschen Moderne" angehörende Architekten wurden für Kufstein wichtig: **Willi Graf** aus Stuttgart und **Wilhelm Bürger** aus Chemnitz (Lebensdaten von beiden unbekannt).[27] Bürger gewann 1906 den Wettbewerb um das Kufsteiner Sparkassengebäude, an dem sich außer-

Abb. 41 Kufstein, Hotel Dreikönige

dem **Anton Bachmann**, **Hessemer & Schmidt** und **Fritz Jummerspach** aus München sowie **Anton Weber** (damals Wien) und viele andere beteiligt hatten.[28]

Überregionale Beachtung fanden auch die Wettbewerbe um die Kufsteiner Schulhäuser. An die 50 Teilnehmer sandten 1909 ihre Pläne für die Realschule ein (heute Gymnasium), darunter **Willy Graf**, die **Gebrüder Ring** aus München, **Kühn & Fanta** aus Reichenberg, **A. Payr** und **A. Fritz** aus Innsbruck.

Hermann Aichinger und **Christoph Ernst** aus Wien schufen ein Projekt, das einige Ähnlichkeit mit Dülfers projektierter Fassade zum Dresdner Schauspielhaus aufwies. In der Jury saßen neben anderen Eduard Klingler und Philipp von Mitzka aus Innsbruck.[29]

Willy Graf gewann die Konkurrenz und schuf den sehr „münchnerisch" wirkenden Bau an der Schillerstraße. In ähnlichen Formen entwarf er die Volkschule an der Joseph-Egger-Straße (1911–1912), das Hotel Egger am Oberen Stadtplatz 5 (1909–10) und das von Achleitner als besonders „münchnerisch" hervorgehobene Wohnhaus Joseph-Egger-Straße 3–5 (1909–1911).[30]

Das vermutlich einzige Werk Gabriel von Seidls in Österreich steht am Thierbergweg 5, der sogenannte Lehenhof, bei dem Renaissance-Elemente wie Loggien und Rundtürme sehr aufwändig miteinander kombiniert worden sind.[31]

Der oben genannte **Alois Ring** (1883 geboren, wirkte als Assistent an der Münchner Technischen Hochschule) schuf im Kufsteiner Raum mehrere Bauten. Außer seinem Realschul-Projekt, das einen zweiten Preis errang, entstanden 1908–1909 das Haus Ring, Haus Eichinger und das Waghäuschen nach seinen Plänen, außerdem baute er das Hotel Gisela um.[32] Etwas später entstanden mehrere nicht näher lokalisierte Arbeiterhäuser, die Blechwarenfabrik Pirklo & Co und als wohl prominentestes Objekt, der Umbau des Auracher Felsenkellers. In Wörgl baute er eine Villa Dr. Z. und ein weiteres Wohnhaus, bei Kitzbühel ein Gasthaus sowie das Schulhaus in Ebbs.[33]

An der Münchner Technischen Hochschule ausgebildet war **Karl Paulmichel** (Lebensdaten unbekannt) aus Landeck. In Zams baute er das Gasthaus „Gemse"; in Innsbruck unterrichtete er an der Staatsgewerbeschule und setzte sich für „die Pflege der heimischen Bauweise" und für die Belange der Denkmalpflege nachhaltig ein.[34]

Leonhard Romeis (1854–1904) baute für den Maler Eduard Grützner in Rotholz bei Jenbach eine Sommervilla, die sich deutlich an der Südtiroler Ansitzarchitektur orientierte. Für Schloss Matzen bei Brixlegg schuf er 1890–1892 die Innenausstattung.[35]

Andere Münchner Architekten, die nicht in Tirol bauten, waren trotzdem oft eng mit diesem Land verbunden. Der Nachlass des Münchner Stadtbaurates Wilhelm Bertsch beweist, wie stark er und sein Freundeskreis sich mit dieser Regionalarchitektur beschäftigt haben. Als Gastgeschenk oder als Mitbringsel sind viele selbstgefertigte Aquarelle und Zeichnungen mit Tiroler Motiven erhalten.[36]

Ein weiteres wichtiges Beispiel für solches Interesse waren die Aktivitäten der Münchner Architekten in einem Nordtiroler Dorf: „Symptomatisch für diese intensive Beziehung war ... der Wiederaufbau von Zirl nach dem Brand von 1908, wo sich der ‚Bayerische Verein für Volkskunst und Volkskunde' mit Münchner Architekten und Kunstmalern in Zusammenarbeit mit heimischen Künstlern am Wiederaufbau des Ortes beteiligte, um dabei „die heimische Bauart möglichst zu sichern."[37]

Innsbruck

Städtebauliche Einflüsse von München sind bis ins Jahr 1810 nachweisbar; damals wurde unter Kronprinz Ludwig von Bayern während der bayerischen Besatzungszeit die Pradler Straße verbreitert. Ihre spätere Bebauung aus der Zeit um 1900 sieht Achleitner als „ernst zu nehmenden Versuch, die Charakteristik des mittelalterlichen Innsbruck auf das Bebauungssystem der Gründerzeit zu übertragen".[38]

Stilistisch gibt es Einflüsse des Münchner Rundbogenstils schon vor der Jahrhundertmitte, so am Museum Ferdinandeum (1842–45) von **Alois Mutscheller** (Lebensdaten unbekannt), das „in Formen der italienischen Frührenaissance" errichtet worden ist. Gärtner-Einfluss ist im schlichten Treppenhaus anzunehmen, das ähnlich an der Münchner Universität zu finden ist. Sein heutiges Aussehen verdankt das Gebäude dem Umbau durch einen Neureuther-Assistenten, **Natale Tommasi** (1853–1923), der den Altbau aufstockte und neu fassadierte.[39]

Einen Münchner Architekten, den Professor **Ludwig Lange**, betraute man 1862 mit dem Bau des Schützenhauses (abgerissen nach 1950).[40] Um die vorige Jahrhundertwende schuf dann **Otto Lasne** die Bauleitlinien für den Stadtteil Amras.[41]

So darf es nicht verwundern, dass in der Tiroler Hauptstadt ganze Straßenzeilen der neueren Viertel wie Vororte von München aussehen. Bei gleichzeitiger Bebauung mehrerer Parzellen fassadierte man die Baugruppe gerne einheitlich, oft mit betontem Mittelteil.[42] Üblich war eine viergeschossige Zeilenverbauung mit je zwei bis drei Wohnungen pro Geschoss.[43]

Die Grundrisse sind denen in München vergleichbar: lange Mittelflure, hier aber öfters über Eck angeordnete Zimmertüren und – dies von Wien übernommen – Klosetts mit Lüftungsoberlichte und Luftkanal oberhalb von sehr niedrigen, abgedeckten Speisekammern. Bei dieser Lösung waren die Vorratsräume von der Küche aus, die Klosetts vom Vorraum aus zu betreten.

„Um die Jahrhundertwende erreichte der Münchner Einfluss seinen Höhepunkt; es ist üblich, in München zu studieren. Münchner Architekten entwerfen in Innsbruck, vor allem aber ist München Zentrum einer Stilrichtung, die sich auf kleinere Dimensionen transportieren lässt. Es handelt sich um jene charakteristische ‚Regionalromantik', die später als ‚Heimatstil' bezeichnet wird."[44]

So beschreibt die „Österreichische Kunsttopographie" die Situation der Innsbrucker Architektur jener Zeit. Der Architekturhistoriker Achleitner präzisiert diesen Zustand am Beispiel der Häuserzeile Maria-Theresia-Straße 10–16: „Diese drei Häuser sind geradezu ein Lehrbeispiel für die architektonische Situation nach der Jahrhundertwende ... Während das Haus Nr. 16 schon inhaltlich eine Beziehung zum bürgerlichen Mittelalter herstellt, ist das Haus Nr. 12–14 (Breinößl) eine erstaunlich moderne, modifizierte Interpretation lokaler Architektur ... Erker, Balkon, Loggia, Turm und Attika werden zu einer neuen plastisch-rhytmischen Kombination ... Fast konservativ wirkt daneben das später erbaute Haus Nr. 10 mit einem etwas trockenen Jugendstil

Abb. 42 Innsbruck, Museum Ferdinandeum

... An den drei Häusern kann man deutlich den Unterschied zwischen Münchner und Wiener Einfluss in Innsbruck ablesen. Während der Münchner Einfluss eine breite Palette aufweist (eben von Alt-Innsprugg bis Breinößl), bleibt der Wiener eher akademisch und isoliert."[45]

Bemerkenswert ist, dass in Innsbruck stärker als in anderen Städten alteingesessene Familienbetriebe das Baugeschehen beherrschen: dazu gehören (teilweise bis heute) die Familienunternehmen Fritz, Huter, Mayr, Norer, Tommasi und andere.

Mit wenigen Ausnahmen hatten die federführenden Architekten und Baumeister in München studiert und von dort die relativ aufgelockerte Bebauungsweise mitgebracht. Außerdem hielten sich die Auswüchse der Bauspekulation in Grenzen, weil diese Familien sehr kinderreich waren und weil viele Neubauten für Kinder und Enkel entworfen wurden und deshalb besser ausgestattet waren.[46]

„Es gibt in Innsbruck weder den Prunkhistorismus ... noch elende Wohnviertel; weder Beletage noch Bassenawohnung haben hier Fuß fassen können."[47]

Abb. 43 Innsbruck Maria-Theresia-Straße 12–14, Breinößl

Am Rande vermerkt seien in diesem Zusammenhang die Arbeitszeiten auf den Innsbrucker Baustellen jener Zeit: Werktags im Sommer von 6–18 Uhr mit einer Stunde Mittag und zwei Mal je einer Viertelstunde Brotzeit. Im Winter von 7–17 Uhr, samstags immer bis 17 Uhr.[48]

Stilistisch hatten sich seit dem Mittelalter gerade in Innsbruck Gotik mit italienischer und deutscher Renaissance, italienischer und österreichischer Barock vermischt. Dazu kamen im 19. Jahrhundert noch Jugendstil und regionalromantische Elemente.[49]

Seit Anfang der siebziger Jahre tauchen Details der Ansitz-Architektur wieder auf. Dazu verwendeten die einheimischen Architekten nach Münchner Vorbild verschiedene Putzsorten, gliederten die Fassaden durch Fenstergruppierungen und wenig vortretende Risalite.[50]

Sie ließen sich auch bezüglich des Dekors von München inspirieren, den sie aber manchmal sogar reicher und bunter als die Vorbilder gestalteten, oft auch mit Glasmosaiken, die in München eher die Ausnahme sind. Nicht selten holte man auch Bildhauer für die Fassadengestaltungen aus München. Vor allem **Josef Köpf** und **Julius Seidler** arbeiteten viel in Innsbruck.

„Münchnerisch" sind viele der Innsbrucker Schulhäuser und Bildungsanstalten, die „mit Mitteln der Tiroler Gotik ein pittoreskes Bild und eine bewegte Skyline anstrebten."[51]

In der Art Hocheders entstanden zwei Schulen, die Mädchenhauptschule Wilten (1907–1908) in der Michael-Gaismayr-Straße 6 nach Entwürfen von **Eduard Klingler** (Lebensdaten unbekannt) und die Knaben-Hauptschule (1910–1911) in der Müllerstraße 38 nach gemeinsamen Plänen von **Friedrich Konzert** (Lebensdaten unbekannt) und des gebürtigen Münchners **Arthur Ringler** (geboren 1876). Die Details der Innenausstattung erinnern deutlich an Theodor Fischers Bauweise.[52]

Besonders markant ist die von Eduard Klingler mit Arthur Ringler (1903–05) errichtete Handelsakademie, deren Fassade sich an spätgotischen Innsbrucker Bauten orientierte. Die Ausstattung war angeblich auf die Unterrichtsfächer bezogen, sie ist aber ebenso verändert worden wie der Außenbau, dessen reiche Dachlandschaft (um 1975) einer massiven Aufstockung weichen musste. Achleitner zählt diesen Bau in seinem Originalzustand „zu den schönsten Beispielen des unmittelbaren Münchner Einflusses in Tirol."[53]

Von Theodor Fischers Formensprache inspiriert war auch das von **Theodor und Paul Huter** (1911–12) errichtete Canisianum, Tschurtschenthalerstraße 7, dessen schöne Aula in den sechziger Jahren einer Modernisierung zum Opfer gefallen ist. Als Vorbild für das prachtvolle Giebelmosaik könnte Fischers Stuttgarter Haus Zeller (1903 er-

Abb. 44 Innsbruck, Maria-Theresia-Straße 16, Alt-Innsprugg

baut) oder das Giebelfeld von Hocheders Stieler-Schule am Münchner Bavariaring (1897–99) gedient haben.[54]

Architekten und Baumeisterpersönlichkeiten in Innsbruck um die Jahrhundertwende

Da nicht von allen in Innsbruck tätigen Baukünstlern die Lebensdaten gefunden werden konnten und sich auch die einzelnen Stilrichtungen stark überschneiden, sollen die wichtigsten hier alphabetisch aufgeführt werden. Auch sind die Bezeichnungen der Lehrinstitute in den Quellen nicht immer verlässlich angegeben.

Anton Bachmann (1871 geboren) war Professor an der Gewerbeschule in München, später am Polytechnikum. Er arbeitete bei Leonhard Romeis, eigene Bauten in München sind bisher nicht bekannt.[46] Der Umbau eines alten Bauernhauses (1904) an der Innsbrucker Josef-Schraffel-Straße 4 wird in der Kunsttopographie als „richtungsweisend für die Architektur der dreißiger Jahre" bezeichnet. Interessant ist, dass im südwestlichen Eckraum eine „Bayerische Stube" eingerichtet worden ist.[55]

Wichtig für das Innsbrucker Stadtbild war Bachmanns Gestaltung der beiden Winkler-Häuser nahe der Triumph-Pforte, Leopoldstraße 2 (Umbau eines bestehenden Altbaues) und Maximilianstraße 1 (benachbarter Neubau). Für den Altbau vom Anfang des 19. Jahrhunderts mit seiner konventionellen Fenstergliederung wählte er 1902 eine Ju-

Abb. 45 Innsbruck, Leopoldstraße 2

gendstil-Version der barocken Palastfassaden von Gumpp an der Maria-Theresia-Straße.

Einzelne Details, wie zum Beispiel die Masken an den Pilastern, erinnern an ähnlichen Dekor von Helbig & Haiger in München.[56] Bemerkenswert ist die Beibehaltung der außen anschlagenden Fenster, die sonst an einem Bau der Jugendstil-Zeit kaum zu finden sind.[57]

Beim anschließenden Neubau an der Maximilianstraße konnte Bachmann auch den Baukörper „münchnerisch" gestalten: im Erdgeschoss Korbbogenfenster, bewegte Fassadengliederung durch Erker und Loggien, Fenstergruppierungen und malerische Giebel. Ein ähnlicher, vom „Goldenen Dachl" geprägter Balkon findet sich an Ostenrieders Fassade Sendlinger Straße 5 (erbaut 1899) in München.[58]

Der plastische Dekor beider Häuser stammte von den Münchner Bildhauern Julius Seidler und Josef Köpf. Besonders gut gelungen sind die Moriskentänzer zwischen den Schaufenster-Öffnungen, die ihre Vorbilder im Alten Münchner Rathaussaal nicht verleugnen. Gesimse und Fensterrahmungen wurden im Betonwerk München-Priel gegossen, dessen Leiter Josef Köpf war.[59]

Anton Dietrich (Lebensdaten unbekannt) baute 1907 die Breinößl-Häuser Maria-Theresia-Straße 12–14. Sie wirken durch ihre Schmucklosigkeit und ihre plastische Gliederung mit flachrunden Erkern und verdachten Loggien „sachlich nüchtern und revolutionierend."[60]

Seinerzeit wurde diese Baugruppe heftig angegriffen; in der Faschingszeitung „Beißzangl" findet sich 1907 folgendes Spottgedicht „Aus Dietrichs Bauzeit":

In Innsbruck wird gebaut sehr viel /
Im Renaissance und andern Styl,
　Doch, was bei Breinößl man gebaut, /
　Das hat man hier noch nie geschaut.
Uns dünkt, es kommt die Ritterszeit, /
an Burgen mahnt uns das Gebäud'
　Mit Erker und mit Türmelein /
　Und vielen Fenstern groß und klein
O Dieterich, o Dieterich, /
Du bist ein rechter Wüterich.
　Das Bauamt hat's wohl nicht geahnt /
　Und aus dem Plane nicht erkannt,
Welch' Art des Styles wird daraus, /
Bis so entstand das Bienenhaus.
　Nun schrie man Zeter, Mordio, /
　Jedoch, es ist nun einmal so,
Verschandelt ist die Straß' und's Haus /
Und Jedermann ruft grimmig aus:
　O Dieterich, o Dieterich, /
　Was Du da schufst ist fürchterlich!

Über weitere Bauten Dietrichs ist bisher nichts bekannt.

Anton Fritz senior (1849–1912) war in Reutte an der dortigen Zeichnerschule ausgebildet worden. Seine Söhne **Adalbert**, **Alois** und **Anton** wurden 1879, 1884 und 1886 geboren.

Abb. 46 Innsbruck, Tempelstraße 2

Alois Fritz studierte vom Winter-Semester 1905/06 an für mindestens neun Semester in München.[61] Die Geschäfte gingen so gut, dass 1909 eine Filiale in Meran gegründet werden konnte. Nach dem Tod von Anton Fritz übernahm Adalbert, der in Graz studiert hatte, 1912 die Firma.[62]

Seit der Firmengründung 1889 waren bis 1912 über 100 Wohnhäuser und Villen gebaut worden.[63] Die frühen Bauten der Firma Fritz hatten Ähnlichkeiten mit den Vorstadthäusern in der Münchner Maxvorstadt oder im Westend: Gliederung durch Risalite und Erker, sparsame Verwendung von Stuckteilen, gelegentlicher Wechsel von Dreieck- und Segmentbogen-Aedikulen.[64] Auch die Jugendstilhäuser dieser Firma können als Musterbeispiele des Münchner Architekturimportes nach Innsbruck gelten. Die Wohnhäuser Templstraße 2 und 4 sind ohne die Vorbilder von Dülfer, Langheinrich oder Popp nicht denkbar.[65]

Hans Fritz (1883–1952) gilt als einziger Otto-Wagner-Schüler aus Tirol. Er kam als Vierzehnjähriger an die Königliche Kunstgewerbeschule in München, studierte später dort an der Städtischen Baugewerbeschule, bevor er zu Otto Wagner, Martin Dülfer und auch zu Adolf Loos kam. Für Dülfer wirkte er als Bauleiter an dessen Lübecker Stadttheater und auch an dessen Ausstellungsbau für die Brüsseler Weltausstellung von 1910. In München projektierte er ein Operettenhaus mit 3000 Sitzplätzen; für die Innsbrucker Kammerspiele entwickelte er in den zwanziger Jahren die sogenannte „Würfelbühne".[66] Über ein eventuelles verwandtschaftliches Verhältnis zu der Baumeisterdynastie Fritz war nichts zu erfahren.

Karl Grissemann (1878 geboren) hatte in jungen Jahren bei der Firma Fritz als Zimmerer-Lehrling gearbeitet, bevor er 1904/05 an der Münchner Technischen Hochschule studierte. Er bevorzugte zunächst eine fast als neugotisch zu bezeichnende Richtung; seine Villa Greiderer an der Sternwartestraße 20 zeigte 1906 einen ähnlichen Treppengiebel wie die 1884 von Romeis erbaute Münchner Grützner-Villa.[67] Später baute er auch im moderneren „Reduktionsstil", wie sein 1922 erbautes Eckhaus Haydnplatz 9 beweist. Dort erinnert die Fassadengestaltung an die Münchner Bauten von Max Neumann.[68]

Peter Huter der Ältere (1812–1876) übernahm von seinem Vater den bereits 1829 gegründeten Baubetrieb, den er zusammen mit seinem Bruder **Johann-Martin Huter** (1814–1872) leitete. Beide waren am Polytechnischen Institut in München ausgebildet worden; Johann schloss 1839 sein Studium dort ab und ging dann zurück nach Innsbruck. Aus seiner Ehe gingen neun Kinder hervor, von denen nur vier Söhne am Leben blieben. Alle vier wurden Baumeister.[69]

Mit **Peter Huter dem Jüngeren** (1842–1905) und **Josef Huter** (1843–1906) gründete Johann der Ältere 1860 die nunmehr Johann Huter & Söhne genannte Firma neu. Peter junior hatte in München studiert, Josef in Wien.[70]

Huter der Ältere zeigt in seinem Frühwerk deutliche Einflüsse des Maximilianstils, so am (1863–1864 erbauten) „Schulpalast", Innstraße 36.[71] Viel beachtet wurde sein 1885–1886 erbautes Haus der „Liedertafel" an der Bürgerstraße 14 und Anichstraße 24, das aber einem Eckhaus an der Berliner Friedrich- und der Französischen Straße von Griesebach nachempfunden war.[72]

Peter Huter schuf für das Redemptoristenkloster an der Innsbrucker Maximilianstraße ein nicht ausgeführtes Projekt mit einer mächtigen, neuromanischen Kirche.[73]

Ansonsten war Josef Huter in dieser Sparte erfolgreicher, er wirkte ab 1903 als Diözesanarchitekt in Brixen. Trotz seiner Wiener Ausbildung orientierte er sich auch an Münchner Vorbildern, wie seine Kirche „Zur ewigen Anbetung" ahnen lässt, die (1870 erbaut) wie eine verkleinerte Version von Klenzes Allerheiligen-Hofkirche (1826–1837) wirkt. Eventuell könnte auch sein Vater, der in München ausgebildete Johann Huter am Bau beteiligt gewesen sein. Die familiären Verbindungen der Huters lassen manchmal die Zuschreibung schwierig erscheinen.[74]

Als Peter Huter 1905 starb, übernahmen seine Söhne **Paul** (1878–1951) und **Theodor** (1879–1955) die florierende Firma. Beide hatten in München studiert, die Immatrikulationslisten belegen für Paul einen Zeitraum vom Winter-Semester 1896 bis zum Sommer 1901.[75] Paul wurde Diözesanarchitekt in Innsbruck und baute mehrere Kirchen in ganz Tirol.[76]

Sein Bruder Theodor gilt als Bahnbrecher des Jugendstils und auch des Heimatstils der modernen Prägung in Innsbruck. Aber auch sein historisierendes Frühwerk war bemerkenswert originell, so zum Beispiel das elegante neubarocke Wohnhaus Claudiastraße 11 (1901–1902), das allerdings mit dem etwa fünf Jahre älteren Gebäude am Münchner Max-Reger-Platz 2 sehr verwandt scheint.[77]

Das „Josefsheim" in der Innsbrucker Maximilianstraße 41 von 1903 war der erste Innsbrucker Bau einer nicht auf historische Formen zurückgreifenden Fassadengestaltung, die sich deutlich an München orientierte.[78]

Als eine interessante Mischung von Jugendstil mit heimattümlichen Elementen präsentierte sich Theodor Huters Wohn- und Geschäftshaus Meraner Straße 3 (von 1904). Auf München verweisen dort der Riefenputz und der Dachaufsatz, der samt der Giebelgestaltung bereits sechs Jahre früher an Helbig & Haigers Wohnhaus Ainmillerstraße 22 verwendet wurde.[79]

Ohne die Münchner Architekturschule wäre der ehemalige Hauptsitz der Firma Huter, das (1906–1907 erbaute) Haus an der Kaiser-Josef-Straße kaum denkbar.[80] Umgekehrt könnte das Sanatorium der Barmherzigen Schwestern an der Sennstraße 1 (1909 erbaut) als Anregung für Xaver Bommel ab 1922 erbautes Karmeliterkloster in München, Dom-Pedro-Straße 39–41 gedient haben.[81]

Eduard Klingler (1861–1916) war gebürtiger Wiener und auch dort ausgebildet worden. Er wirkte ab 1883 im Tiroler Staatsbaudienst. Nach der Jahrhundertwende schloss er sich „ganz den Münchner Strömungen der Regionalromantik an", vermutlich beeinflusst von **Friedrich Konzert**.[82] Auf seine Zusammenarbeit mit dem Münchner **Arthur Ringler** (Lebensdaten unbekannt) bei der Handelsakademie (1904–05) wurde bereits verwiesen.[83]

Auch das (1910–12 erbaute) Städtische Konservatorium, Museumstraße 17a, das in Zusammenarbeit mit **P. Czotscher** entstand, zeigt neubarocke Formen, wie sie der Münchner **Richard Berndl** für sein Salzburger Mozarteum ungefähr zur gleichen Zeit verwendete.[84]

Aus einer alteingesessenen Innsbrucker Tischlerfamilie stammte **Friedrich Konzert** (1877 geboren). Er hatte in Wien und Graz studiert, baute aber im Stil der Münchner Schule, bevor er zu Expressionismus und Sachlichkeit überwechselte. Der ihm zugeschriebene (1904 erbaute)

Abb. 47 Innsbruck, Meinhardstraße, Handelskammer

Kindergarten in der Jahnstraße 7 erinnert mit seinen keilsteinbekrönten Fensterumrahmungen an Hocheders Bauten.[85]

Über sein ehemaliges Volksbad an der Herzog-Otto-Straße 6, das 1904 erbaute heutige Stadtarchiv heißt es bei Achleitner: „Die Qualität des Baues liegt in der Art seiner Einbindung in die rechte Innuferverbauung, die entsprechend der Münchner Schule mit alten Architekturelementen und materieller Angleichung bewerkstelligt wurde."[86]

Ludwig Christian Lutz (1863 geboren) studierte an der Münchner Technischen Hochschule ab dem Winter-Semester 1885 bis Sommer 1887, zeitweise zusammen mit Martin Dülfer, der im Hause von Lutz sen. an der Münchner Schönfeldstraße sein erstes Büro eingerichtet hatte. Später sollten beide im gleichen Mietshaus Leopoldstraße 77 wohnen. In München sind die Häuser Hohenzollernstraße 31–33, Max-Weber-Platz 8 und Dienerstraße 19 erhalten (das Letztgenannte gehörte ihm selbst).[87]

Erfolgreicher war er in Innsbruck; dort baute er das elegante Mietshaus Kaiser-Franz-Josef-Straße 1 (Ecke Claudiaplatz, von 1898–1902), dessen Fassadengliederung von

Abb. 48 Innsbruck, Grillparzerstraße 3

Details der Gumpp'schen Hofburg zu Innsbruck ebenso inspiriert ist wie von Münchner Vorbildern in der Thierschstraße 27 oder von Gabriel Seidls zerstörtem „Bauerngiergl" an der Residenzstraße (1889 bzw. 1893 erbaut). [88]

Die Tiroler Handels- und Gewerbekammer gestaltete er mit gotisierenden Elementen, natürlich taucht das „Goldene Dachl" dort mehrfach als Fensterbekrönung in verkleinerter Form auf. „Zeittypisch die Tatsache, dass man mit dem Bau einen Münchner Architekten betraute", meint Achleitner in seinem Architekturführer. [89]

Wenig später (1902–1903) entstand sein Mietshaus Kaiser-Franz-Josef-Straße 5, bei Achleitner als „Prototyp der Münchner bürgerlichen Architektur der Jahrhundertwende" beschrieben. Der Giebel erinnert an Theodor Fischers Dekor oder an Dülfers Hotel Terminus an der Bayerstraße (1902–03 erbaut, 1945 zerstört), von dem die stuckierten Bäumchen neben dem Portal übernommen worden sind. Die Türbeschläge sind die gleichen wie an Riemerschmids Münchner Kammerspielen. [90]

Franz Mader (1878 geboren) lebte seit 1909 in München und war mit einer Münchnerin verheiratet. Von ihm ist in Innsbruck nur sein eigenes Wohnhaus Erzherzog-Eugen-Straße 23 bekannt, ein „selbstbewusstes Baumeisterhaus". Ähnliche Turmerker verwendeten Heilmann & Littmann für ihr Bürogebäude der „Münchner Neuesten Nachrichten" (1905–1906). [91]

Jakob Norer (Lebensdaten unbekannt) hatte in München studiert. Münchner Elemente weist sein (1880 errichtetes) Wohn- und Geschäftshaus am Innsbrucker Adolf-Pichler-Platz 10 auf, das sich an Albert Schmidts zwei Jahre älterem Kustermann-Haus am Viktualienmarkt 12 orientiert. Beide Bauten scheinen stilistisch aber von einem gemeinsamen Vorbild, von den Wiener Bauten eines Theophil Hansen inspiriert zu sein. [92]

Die meisten der nach 1890 von der Firma Norer errichteten Bauten dürften von Jakobs Sohn **Anton Norer** (Lebensdaten unbekannt) entworfen worden sein. Er hatte um 1880 an der Münchner Technischen Hochschule studiert. [93]

Die historisierenden Norer-Häuser erinnern in ihren Neubarock-Formen an die Schwabinger Bauten der 1880er Jahre, manchmal auch an Hocheders Werke, so die Wohnhäuser Dreiheiligenstraße 27 (1899–1900 erbaut), Grillparzerstraße 4 (1900 erbaut), als Vorbild dürfte das etwa 10 Jahre ältere Münchner Haus Arcisstraße 59 gedient haben. Die Grillparzerstraße 12 von 1905 zeigt deutliche Hocheder-Barockformen. [94]

Zu den interessantesten Innsbrucker Jugendstil-Häusern zählen Norers 1905–1906 erbaute Häuser Grillparzerstraße 3, 5 und 7 in einer gelungenen Mischung von Münchner Jugendstil und Wiener Secession. Haus Nummer 3 scheint von Dülfers Wohnhaus in der Schwabinger Franz-Joseph-Straße 7 stark beeinflusst, wenn auch „heimattümlicher". Im Entwurf war oberhalb des Giebelfensters eine Fratze wie an Dülfers „Allgemeiner Zeitung" vorgesehen, die aber nicht ausgeführt worden ist. [95]

Die Festschrift der Firma Huter erwähnt, dass **Carl Purtscheller** damals für Norer gearbeitet hat; die Idee zu diesem Detail könnte vielleicht von ihm ausgegangen sein. [96]

Arthur Payer (1880–1937) hatte ab dem Winter-Semester 1898 bis Sommer 1903 an der Münchner Technischen Hochschule studiert. Danach ging er nach Weimar, bevor er wieder nach Innsbruck zurückkehrte. Er arbeitete zunächst bei der Baufirma Fritz und entwarf dort einige Gebäude in der Art Emanuel Seidls, so (1910–11) die Villa Bienerstraße 6 oder das Mietshaus Müllerstraße 4 (1911–1912).

„Seine lehrberufliche und künstlerische Tätigkeit war für Tirol bedeutungsvoll" hieß es in einem Nachruf. Er hatte an der Innsbrucker Staatsgewerbeschule unterrichtet und war Mitbegründer des Tiroler Heimatschutzvereins. Während des Ersten Weltkrieges wurde er an die Staatsgewerbeschule Graz berufen, danach an die Deutsche Technische Hochschule in Prag, wo er 1923–24 als Dekan, 1925–26 als Rektor wirkte. Nachweisbar ist bisher nur sein Umbau des Franzensbader Stadttheaters.[97]

Starke Münchnerische Einflüsse zeigen viele Mietshäuser von **Josef Retter** (1872–1954); er verwendete den Riefenputz und verschiedene Putzsorten nebeneinander. Seine markante Art, Erkertürme mit schmiedeeisernen Spitzen und Kreisformen zu bekrönen, könnte um 1911 Vorbild für das Hotel „Arany Bika" in Debrecen gewesen sein. Stärker als alle anderen Innsbrucker Baukünstler nahm er aber Anregungen aus Otto Wagners und aus Hermann Muthesius' Werk auf.[98]

Geradezu programmatisch brachte der gebürtige Münchner **Arthur Ringler** (Lebensdaten unbekannt) eine Reliefdarstellung des Münchner Kindls am Eckerker der (1911 erbauten) Innsbrucker Villa Richard Wagner-Straße 5 an.[98] Sehr „münchnerisch" gestaltete er auch die Fassade der Mädchen-Hauptschule an der Michael-Gaismayr-Straße 6 (1907–08 erbaut)[99].

Auch die Baumeister-Dynastie der Tommasi war mit München verbunden. Der Firmengründer **Natale Tommasi** (1853–1923) hatte am Münchner Polytechnikum mit dem sogenannten „Landesstipendium" studiert, war dann zwei Jahre lang Assistent bei Gottfried Neureuther. 1881 ging er, nachdem er eine Münchnerin geheiratet hatte, nach Innsbruck zurück und wurde Leiter des Hochbauamtes. Später sollte er in Görz und Triest arbeiten.[100] Von seinen Innsbrucker Hauptwerken sind seine in der Formensprache Neureuthers durchgeführte Aufstockung des Museums Ferdinandeum und die eher wienerisch wirkende Hauptpost an der Maximilianstraße 2 (1905–08) zu nennen.[101]

Jakob und Simon Tommasi (vermutlich die Söhne, von beiden keine Lebensdaten bekannt) schufen äußerst originelle Mietshäuser an der Defregger- und der Amraser Straße.[102]

Bozen/Bolzano

Ähnlich stark wie in Innsbruck wirkte der Münchner Einfluss auch in Bozen, wo bis weit ins 19. Jahrhundert der mittelalterliche Stadtumfang bewahrt geblieben war. Die vorwiegend gotische Bausubstanz mit Fassaden aus der Spätrenaissance oder aus dem Barock hatte die Zeiten relativ wenig verändert überdauert.

Als im frühen 19. Jahrhundert die erste nennenswerte Erweiterung des eng begrenzten Stadtgebietes angelegt wurde, geschah dies während der bayerischen Besetzung auf Wei-

Abb. 49 Bozen, Kolpinghaus

sung des Königs Max I. Joseph; der heutige Walterplatz (ehemals Johannisplatz) entstand an Stelle von Weingärten.[103]

Das dürften die frühesten städteplanerischen Beziehungen sein, die auf direkten Münchner Einfluss hinweisen. Sie verstärkten sich, als 1857 der aus Bad Reichenhall gebürtige und in München bei Gottgetreu ausgebildete **Sebastian Altmann** (1827–94) zum Stadtarchitekten berufen wurde. Er kam um 1854 mit dem ansonsten unbekannt gebliebenen Münchner Architekten **G. Laimbach** (Lebensdaten unbekannt) nach Bozen.[104]

Man erhoffte von Altmann eine „Erneuerung des städtischen Bauwesens im Geiste des damals in der bayerischen Residenz modebeherrschenden „Rundbogenstils".[105] Er schuf ab 1857 die Stadterweiterungspläne für das Bozner Bahnhofsviertel, legte um 1870 südlich der Altstadt die „Neustadt" an, ein gutbürgerliches Wohnviertel mit rechtwinkelig kreuzenden Straßen, mit Vorgärten und Alleen. Außerdem plante er schon damals eine zweite Brücke über die Talfer, die allerdings erst um die vorige Jahrhundertmitte als „Drususbrücke" verwirklicht wurde.[106]

Von seinen ausgeführten Bauten, die „alle in dem aus München importierten Neorenaissancestil erbaut wurden",[107] sind die Villa für den Maler Franz von Defregger in der Wangergasse 1 (1879) und das (1882–85 erbaute) Palais Widmann an der Laurinstraße, der Kernbau des heutigen

75

Abb. 50 Bozen, Sparkassengebäude

Landhauses zu nennen, wobei der letztgenannte Bau aber eher der Ringstraßen-Architektur zuzuordnen ist.[108]

Die etwas spröde, von Altmann geprägte, in Bozen „Münchner Historismus" genannte Mischung von Spätklassizismus und Rundbogenstil hielt sich dort ziemlich lange.[109]

Der nächste Bozner Stadtarchitekt hieß **Johann Bittner** (Lebensdaten unbekannt), Altmanns Schwiegersohn. Er baute in Altmanns Formensprache weiter, verwendete aber zusätzlich neugotische, später auch Münchner Jugendstil-Elemente. Sein bekanntestes Werk dürfte das Bozner „Neue Kolpinghaus" mit seiner prachtvollen, altdeutschen Trinkstube sein.[110]

In ähnlicher Formensprache arbeitete der aus Innsbruck stammende **Josef Irschara** (1848–1925), als prominentester Bau sei das Eckhaus zum Obstmarkt/Museumstraße 1 und vermutlich auch das gegenüberliegende Torggelhaus genannt.[111]

Den Erweiterungsbau des Hotel Greif an der Weingasse schuf er hingegen (1881–83) in Renaissanceformen, ebenso den aufwändigen Bau des ehemaligen Kaffeehauses „Walter von der Vogelweide" am Walterplatz (1886–89), dessen üppig ausgestatteten Geträume sich angeblich am Münchner Café Luitpold orientiert hatten, als dessen „Miniaturausgabe" es galt.[112] Leider wurde es von der Banca Nazionale di Lavoro durch Entkernung vernichtet.

Wie in allen mitteleuropäischen Städten so wurden auch im gründerzeitlichen Bozen viele neue Bauunternehmen gegründet, die hier aber meist unter der Leitung von Architekten standen.[113] Zu dieser Zeit dürfte die Bezeichnung „Überetscher Stil" geprägt worden sein, abgeleitet vom geographischen Begriff für die wellige Hochfläche am Fuße des Mendel-Gebirges, dem „Überetsch". Dort entstanden seit dem 17. Jahrhundert viele Edelsitze in einer bemerkenswerten Mischung von Spätrenaissance- und Barockformen. An diese lokale Bautradition versuchte man im Südtiroler Raum, entsprechend den vergleichbaren Bemühungen der bayerischen Heimatschutzbewegung, anzuknüpfen.

Im Allgemeinen schufen die einheimischen Baumeister jener Zeit solide, aber eher bieder wirkende Häuser. In zunehmendem Maße brachten deshalb die auswärtigen Bauherrn eigene Architekten aus ihren Heimatstädten mit. Die von Kurgästen neu erbauten Villen konzentrierten sich auf die Ortsteile Gries und Zwölfmalgreien, die dicht verbaute Bozner Innenstadt blieb vorerst noch unangetastet.

Nach Plänen des Münchners Gottfried von Neureuther wurde um 1875 in Grieß die Villa Wendlandt erbaut. Als Bauleiter wirkte angeblich **Jan (Johann) Hinz** aus Warschau (Lebensdaten unbekannt), der nach seiner Rückkehr aus

Abb. 51 Bozen, Rathaussaal

Gries als Neureuthers Assistent an der Technischen Hochschule München arbeitete.[114]

Der schon mehrfach erwähnte, aus Weilheim stammende Münchner Mäzen **Karl Ritter von Müller** ließ in Bozen die „Villa Girasole" als seinen Alterssitz nach eigenen Plänen an der Turmgasse 2–6 von **Ignaz Vaja** (Lebensdaten unbekannt) um 1898 erbauen. Seiner Initiative und seiner finanziellen Unterstützung war der Bau der Oswald-Promenade zu verdanken, die deshalb mit seinem Denkmal geschmückt worden ist.[115]

Dülfers Bauleiter für das Meraner Stadttheater, **Wilhelm Kürschner** (1869–1914), ein gebürtiger Sachse, hatte als Gasthörer an der Münchner Technischen Hochschule bei Friedrich von Thiersch studiert und dann im Büro der Gebrüder Rank gearbeitet.[116] Er wurde noch während der Bauzeit als Stadtarchitekt für Bozen verpflichtet – schließlich plante man dort in absehbarer Zeit ebenfalls ein Theater zu errichten. Auch in Meran war seine engagierte Tätigkeit geschätzt worden, für seine Verdienste um den Theaterbau wurde ihm vom Meraner Stadtrat sogar einstimmig ein Ehrenhonorar von 1000 Gulden bewilligt, zur damaligen Zeit eine äußerst stattliche Summe.[117]

Seiner Tätigkeit verdankt Bozen die Anlage der Defreggerstraße, der heutigen Leonardo-da-Vinci-Straße. Die meisten Bauten entstanden dort nach seinen Entwürfen. Darüber hinaus schuf er eine Reihe von „münchnerisch" wirkenden Schulen, die ehemals prachtvolle Spar- und Vorschusskassa an der Talfer-Brücke (1904–1907), leider in den dreißiger Jahren ebenso „modernisiert" wie sein Stadtmuseum (1901–1905, dieses inzwischen wieder in den alten Zustand zurückversetzt).

Die markante Ecklösung des Sparkassengebäudes könnte von der Fassadengestaltung des nur wenig älteren Hauses an der Münchner Freiheit, Marschallstraße 1, inspiriert worden sein. Der Turm des Stadtmuseums orientierte sich gleichermaßen am Sterzinger Stadtturm, aber auch am Neuen Justizpalast von Friedrich Thiersch in München.[118]

Typisch für Kürschner war ein barockisierender Jugendstil mit flachen Rosengirlanden, die an den Buchschmuck Heinrich Vogelers erinnern, dazu Giebelfelder mit floralem Rankenwerk und Riefenputz, deutlich von Dülfer beeinflusst. Alle seine Bauten waren „aus einem Guss", im Sinne des Gesamtkunstwerks gestaltete er auch Lampen oder Türklinken nach eigenen Entwürfen.[119]

Sein Nachfolger als Stadtarchitekt war der aus Hannover stammende, in München ausgebildete **Gustav Nolte** (1877–1924), der ab 1902 bei Kürschner gearbeitet und ihn bereits während seiner Krankheit schon zeitweise als Hochbauamt-Leiter vertreten hatte.[120]

Nach Vorbildern der Überetscher Ansitzarchitektur gestaltete er 1910 die Schule in Oberau, sein Hauptwerk ist aber zweifelsohne die Elisabeth- (heute Dante-) Schule an der Bozner Sparkassenstraße 24. Das (1912 erbaute) Schulhaus verleugnet seine Münchner Vorbilder nicht, es übertrifft sogar viele an Gediegenheit der Ausstattung. Es wurde als „schönste und zweckmäßigste Kinderschule vielleicht der ganzen Welt" gepriesen.[121]

Gerade die Schulhäuser von Nolte und Kürschner wurden auch von der folgenden Generation positiv bewertet, obwohl ansonsten die Baukunst der vergangenen Jahrzehnte nur kritisiert wurde. Propst Weingartner, ein engagierter Kunstkritiker schrieb um 1922: „freilich ist die künstlerische Schwäche dieser Periode nicht abzuleugnen." Die Regionalromantik war eher geschätzt, weil „das Streben der neuen zeitgemäßen und zweckentsprechenden Stilform mit einem liebevollen Verständnis für die bodenständige heimische Art Hand in Hand" ging.[122]

Abb. 52 Bozen, Walterplatz, Stadthotel

So verstand es beispielsweise **Karl Hocheder** sich mit seinem großstädtisch-eleganten, neubarocken Bozner Rathaus (1904–1907) dem Stadtbild einzufügen, indem er einige wenige Heimatstil-Elemente aufgriff. Der Rathausturm zeigt Ähnlichkeiten mit verschiedenen Tiroler Kirchenbauten, vor allem aber mit seinem wenige Jahre zuvor erbauten „Müllerschen Volksbad", das der auch in Bozen aktive Mäzen Karl Ritter von Müller der Stadt München beschert hatte.

Am Rathausbau arbeitete neben Kürschner und auch der Münchner **August Fingerle** (1877–1949).[123] Er hatte als gelernter Maurer (1894–1899) an der Münchner Baugewerkschule studiert, bevor er am Volksbad mitarbeitete und dann Hocheders Assistent wurde. Er war auch an dessen Badeanlage für Hermannstadt in Siebenbürgen und an der Pasinger Himmelfahrtskirche beteiligt.[124] 1904 kam er auf Hocheders Empfehlung als Bauleiter zu Kürschners Sparkassengebäude nach Bozen.

Fingerle assoziierte mit **Marius Amonn** (1879–1944), der einer Bozner Familie entstammte und der in München an der Technischen Hochschule bei Hocheder studiert hatte. In seiner Heimatstadt wurde er vor allem mit seinem markanten „Grödner Torbau" beim Rathausplatz bekannt. Um 1919 gründeten die Beiden ihr Atelier **Amonn & Fin-**

gerle, „das ein Menschenalter lang die Baukultur Bozens beherrscht hat".[125]

Beide waren in der Heimatschutzbewegung aktiv, in deren Vorstand 1921 neben anderen Fingerle und Nolte berufen wurden. Im Nekrolog auf Amonn wurde dessen „auf dem Heimatschutzgedanken fußende, neuere Münchner Baukunst" besonders hervorgehoben, „die bestrebt war, nicht mit Bauformen, die fremd oder von irgendwo hergeholt wurden zu bauen, sondern mit Formen, die aus dem künstlerischen architektonischen Erbgut einer bestimmten Gegend im Sinne eines gesunden Fortschritts entwickelt wurden."[126] Während der zwanziger Jahre entstanden dann Arbeiten, die als „heimattümliche Sachlichkeit" bezeichnet werden könnten.

Im Zusammenhang mit der Münchner Architektur in Südtirol nehmen die **Gebrüder Aloys und Gustav Ludwig** aus Brünn (1872–1969 bzw. 1876–1952) eine Sonderstellung ein. Stilistisch waren sie sowohl aus Wien, wie auch aus München beeinflusst. Zu ihren bereits bestehenden beiden Büros in Wien und München konnten sie ein drittes in Bozen errichten, weil sie im Südtiroler Raum mit Aufträgen geradezu überschüttet wurden. Sie gestalteten in Bozen wesentliche Partien des Walterplatzes neu. Nach ihren Plänen entstanden das Stadthotel (1912–13), die ehemalige

Abb. 53 Meran, Stadttheater, Vorprojekt

Creditanstalt (1913) und der Pavillonbau Campofranco zur Poststraße (ehemals Pavillon der Österreichischen Länderbank). An der Laurinstraße errichteten sie das Hotel Laurin (1909–10), in Gries die Jubiläumsschule mit Kindergarten (1908), um nur die wichtigsten Arbeiten zu nennen. Sie bevorzugten einen behäbigen Neubarock, den sie gleichermaßen für alle ihre Bauten verwendeten. Bei größeren Anlagen orientierten sie sich am Schlossbau jener Zeit.[127]

Auch das Stadttheater im Bahnhofs-Park baute 1913–18 ein Münchner Architekt, **Max Littmann**, der sich hier der bodenständigen Tiroler Stilmerkmale bediente. Damit endete der direkte Import der Münchner Architektur für Bozen, nach dem Ersten Weltkrieg wurde der deutsche Einfluss auf das italienisch gewordene Südtirol aus politischen Gründen zurückgedrängt.[128]

Meran/Merano

Wie in Bozen, so war auch in Meran, der zweitgrößten Stadt der Region, das Baugeschehen von der Münchner Schule geprägt. Dort lassen sich um die vorige Jahrhundertwende nur wenige überragende, einheimische Architektenpersönlichkeiten feststellen. Die Ausführung, etwas seltener auch die Planung, wurde meist den ortsansässigen Firmen **Musch & Lun** oder Peter **Delugan** übertragen.[129]

Der aus Bozen stammende **Karl Lun** (1853–1925) hatte in München und Wien studiert. Vom ebenfalls in Bozen geborenen **Josef Musch** (1852–1928) waren keine Angaben über dessen Studienzeit zu finden. 1880 wurde die gemeinsame Baukanzlei gegründet.[130]

Bei Musch & Lun arbeitete **Jan Zawiejski** (1854–1922) aus Krakau. Er hatte seinen ursprünglichen Namen Feintuch polonisieren lassen. In München hatte er nur kurze Zeit studiert, bevor er sich nach Wien wandte. In Meran schuf er einen Fassadenentwurf zum Hotel „Habsburger Hof", die „Pension Schnarz", das Hotel „Tiroler Hof" sowie mehrere Villenprojekte.[131]

Josef Musch war 1898 zusammen mit dem Hoffotografen Johannes (Vorname unbekannt) beauftragt worden, wichtige Theaterbauten in der Donaumonarchie und in Deutschland zu besichtigen und so Maßstäbe für eine Wettbewerbsausschreibung zum geplanten Meraner Stadttheater festzulegen. Sie sorgten dafür, dass aus München Josef Rank (der die Entwurfszeichnungen für das dortige

Abb. 54 Meran, Hotel Emma

Deutsche Theater geschaffen hatte) und **Martin Dülfer** (der wenige Jahre zuvor, 1895, seinen Kaimsaal errichtet hatte) zum Wettbewerb eingeladen wurden.[132]

Dülfer war im Theaterbau ein Neuling, gewann aber den Wettbewerb. Sein eingereichtes Projekt mit großzügiger Frontverglasung des Foyers bis in den Dachbereich war für Meran um 1900 wohl doch allzu modern und wurde nachträglich auf ein klassizistisches Fensterraster wie bei Schinkels Berliner Schauspielhaus reduziert. Er schuf damit als erster nicht-österreichischer Architekt in Meran ein öffentliches Bauwerk, das „von der sonst üblichen schablonenhaften Architektur abwich."[133]

Dülfers Formensprache ist auch am Meraner „Grandhotel Emma" zu erkennen. Der etwas merkwürdige Name könnte auf vorwiegend ungarische Kundschaft schließen lassen; jedenfalls erschienen damals in der ungarischen Literaturzeitschrift „A Hét" („Die Woche") unter dem Titel „Emma Assony" („Frau Emma") regelmäßig Rezepte, die angeblich von ungarischen Schriftstellern stammten. Die Baupläne sind nur von Musch & Lun unterschrieben, die auch die Ausführung besorgten. Mit Sicherheit kann der Architekt nicht mehr bestimmt werden, die ähnlichen Details an Dülfers Häusern an der Münchner Ohmstraße sprechen jedoch für dessen Mitwirkung, wenn nicht sogar Autorenschaft.[134]

Außer Dülfers Bauleiter Kürschner (dem bereits erwähnten, späteren Stadtarchitekten von Bozen, der große Teile der Theatereinrichtung entwarf und der die Häuser Laubengasse 254–260 sowie die Jahnstraße 20, heute Leonardo-da-Vinci-Straße schuf,[135] arbeitete auch **Max Langheinrich** (1869–1923), zeitweise Dülfers Bürochef, in Meran. Sein dortiges Hauptwerk ist das Kurmittelhaus an der Andreas-Hofer-Straße (1907), das von der zeitgenössischen Architekturkritik sehr gelobt wurde, weil es „mit zum Besten gehört, was in Tirol an neueren Architekturen zu finden ist."[136]

Emanuel Seidl baute eine Villa in Meran-Obermais, Winkelweg 1 für den Münchner Apotheker Georg Erhard. Danach war aus politischen Gründen die Bayerisch-Tirolische Zusammenarbeit erst einmal unterbrochen. Erst 1953 wurde vom Münchner Architekten **Norkauer** das Restaurant-Gebäude an der Freiheitsstraße erbaut.[137]

Natürlich fanden sich auch in vielen der kleineren Südtiroler Städte und Dörfer „münchnerische" Bauten. In Klobenstein am Ritten renovierte Emanuel von Seidl für Ingenieur Welponer ein Biedermeier-Landhaus, bei dem er die Inneneinrichtung bis ins letzte Detail bestimmte.[138] In Levico im Valsugana (Trentino) errichtete Karl Hocheder das Landhaus Bessler mit äußerst eleganter Jugendstilausstattung.[139] Für Lana baute Theodor Fischer die Volksschule.[140]

Vorarlberg

Bis heute ist die verkehrsmäßige Anbindung Vorarlbergs an die angrenzenden Länder Bayern, Württemberg und die Schweiz aus geographischen Gründen besser als nach Tirol und damit zum übrigen Österreich. Die erste bedeutende Verbindung zum Mutterland wurde erst 1824 mit dem Bau der Arlbergstraße hergestellt, die Arlbergbahn entstand gar erst in den 1880er Jahren. Die erste Schnellzugverbindung von München nach Zürich über Bregenz wurde bereits 1873 verwirklicht.[141]

Die Industrialisierung im „Ländle" hatte relativ früh begonnen; besonders die Textilverarbeitung erreichte während des 19. Jahrhunderts ungeahnte Ausmaße. Die Fabrikanten wollten nicht nur gut funktionierende Betriebsstätten, sondern auch repräsentative Villen. Nebenbei führte der Wohlstand auch zum Bau von sozialen Einrichtungen wie Krankenhäusern, Schulen oder Verwaltungsbauten; auch eine Reihe von Kirchen und Klöstern sollte entstehen.

Im wahrsten Sinne des Wortes war die Orientierung an der Architektur der Nachbarländer „naheliegend". Aus Bayern übernahm man um die Jahrhundertmitte den Rundbogenstil Gärtnerscher Prägung; einer der ersten Bauten in dieser Stilrichtung scheint das alte Gefangenenhaus in der Bregenzer Oberstadt (1857–60) von Franz Steger gewesen zu sein.[142]

Viele Projekte wurden zu dieser Zeit ausgearbeitet, nur wenige verwirklicht. Für Feldkirch schuf der Gärtner-Schüler **Caspar Jeuch** (1811–95) ein Kasernprojekt, das etwas verkleinert um 1852 (vielleicht von anderer Hand) ausgeführt worden ist.[143] Der Bau stand allerdings nie als Kaserne in Verwendung, weil von Wien aus keine Garnison für Feldkirch bewilligt wurde. 1856 erfolgte der Verkauf an die Jesuiten, die dort ihr Kolleg „Stella Matutina" einrichteten. Nach mehreren Umbauten und Aufstockungen kaufte der Orden 1888 ein großes Grundstück jenseits der Ill und ließ dort einen gewaltigen Neubau mit Theatersaal, Naturhistorischem Museum, einer Kapelle und vielen Klassenzimmern nach Plänen des in München ausgebildeten Innsbrucker Architekten **Peter Huter** errichten.[144]

Heute ist in dem Gebäude das Musik-Konservatorium für Vorarlberg untergebracht. Der alte Kasernenbau, der 1912 eine Aufstockung mit repräsentativem Kuppeldach in barockisierenden, an Hocheder erinnernden Formen erhalten hatte, wurde vor einigen Jahren abgerissen.[145]

Immer wieder arbeiteten Münchner Architekten in Vorarlberg, zum Beispiel **Rudolf Wilhelm Gottgetreu**, der in Bregenz eine „Villenanlage am Klausenberg" und in Feldkirch die „Villa Ganath" (vermutlich die „Villa Ganahl") erbaut haben soll.[146]

Eduard von Riedel (1813–85), der das alte Bayerische Nationalmuseum in der Maximilianstraße gebaut hatte, schuf das Kloster samt Kirche von Mehrerau (1855–1859, in den 1960er Jahren durch Modernisierung zerstört) und die Pfarrkirche St. Martin für Dornbirn-Hatlerdorf (1839–1840).[147]

Abb. 55 Bregenz, ehem. Gefangenenhaus

Erstaunlich viele der Vorarlberger städtischen Miethäuser orientierten sich in der zweiten Hälfte des 19. Jahrhunderts an den schlichten spätklassizistischen Münchner Fassaden aus den dortigen Arbeitervierteln mit ihren breiten Wandpfeilern, flachen Rustizierungen, diamantquaderartigen Fensterbrüstungsfeldern und den einfachen Simsen oder Dreiecksgiebeln als Fensterbekrönung, so z.B. in Feldkirch, Bahnhofstraße 18 oder in Bregenz, Bahnhofstraße 1. [148]

Die Proportionen der Fensteröffnungen erscheinen etwas gedrückter als in der bayerischen Hauptstadt – vielleicht ein Zugeständnis an die im alemannischen Raum üblichen, fast quadratischen Fensterformate, die vorzugsweise auch an den älteren städtischen Bauten im Bodenseegebiet zu finden sind. Auch die Grundrisse zeigen die für Münchner Mietswohnungen typischen Mittelflure, von denen nach beiden Seiten die Zimmer bzw. die Nebenräume abgingen. [149]

Vereinzelt kamen sogar Münchner Architekten zur Ausbildung nach Vorarlberg, so zum Beispiel **Franz Rank** (1870–1949), der 1889 für den Bregenzer Baumeister **Franz Josef Amann** arbeitete. Er wurde nach St. Gallen geschickt, um dort die neuesten Bauten zu studieren und schließlich dann in Bregenz „an einem verkehrsreichen Platz" ein Eckhaus zu planen. [150]

Bisher war dieser Bau nicht lokalisierbar. Amann baute aber selber „münchnerisch", wie die Häusergruppe Belruptstraße 9–15 (wohl 1891) zeigt. Auch dort erinnern die Grundrisse mit ihrem Mittelflur an Münchner Vorbilder. Die Fassaden wurden mit einer Klinkerverkleidung versehen, wie sie zu dieser Zeit von Georg Hauberrisser und Max Littmann verwendet wurden. [151] Unmittelbare Vorbilder für alle in dieser Technik gestalteten Bauten dürften jedoch im norddeutschen Raum zu finden sein.

Wesentliche Impulse erhielt die Vorarlberger Architektur durch das Werk der beiden **Georg Baumeister, Vater und Sohn** (1852–1927 bzw. 1887–1920). Der Vater stammte aus Hard bei Bregenz, lebte aber seit 1878 mit seiner Familie in München, wo er Teilhaber der Baufirma **Zwister & Baumeister** war. [152] Sein vermutlich erstes Werk in Vorarlberg war die 1885 entstandene Villa Jakob Jehly an der Bludenzer Alten Landstraße 18, bei Achleitner als „frühes Beispiel der Münchner romantischen Schule, die in Vorarlberg großen Einfluss ausgeübt hatte", hervorgehoben. [153] Um 1895 übersiedelte die Familie ganz nach Bregenz, trotzdem gab Baumeister als Adresse, auch auf seinem Firmenstempel noch jahrelang „München und Bregenz" an. [154]

Von seinen vielen Werken sei das Vorarlberger Landesmuseum am Bregenzer Kornmarkt (1902–03), einer der ersten Eisenbetonbauten Vorarlberg hervorgehoben, das ursprünglich mit einem Fresko des in München lebenden Malers **Josef Huber-Feldkirch** (1858–1932) geschmückt war. Leider wurde dieses Gebäude durch Modernisierung entstellt; alles, was irgendwie phantasievoll oder dekorativ war, wurde beseitigt. Der Giebel wurde durch einfallslose Fensterreihungen ersetzt, das Treppenhaus seiner Bogenstellungen beraubt, aller Stuck abgehackt und die architektonisch durchdachte Ausstellungskonzeption vernichtet. [155]

Vernichtet wurden auch seine Fassade für das Bregenzer Rathaus (von 1897) und sein Feldkircher Postamt (1899, heute entkernt und durch wenig interessante Bausubstanz wieder hinterfüllt).

Weitgehend unverändert erhalten sind dagegen drei andere Bregenzer Werke Baumeisters: das Wohnhaus Maurachstraße 16 (1901), die sehr „münchnerische" Villa Blumenstraße 1 (1905 mit späteren Zubauten) und sein eigenes Wohnhaus, die „Villa Fünfland" samt originellem Pförtnerhaus, Wolfseggstraße 13 und 15. [156] Von Baumeister jun., der 1887 in München geboren wurde, wird noch die Rede sein.

Zurück zu Baumeisters erstem Vorarlberger Auftraggeber, zu **Jakob Jehly**. Sein Bruder, der Architekt **Hans Jehly** (1858 geboren) arbeitete drei Jahre in München im Büro von Albert Schmidt, bevor er fast für ein Viertel Jahrhundert für den berühmten Münchner Möbelfabrikanten **Pössenbacher** tätig war. Er schuf unter anderem große Teile der Einrichtung für die bayerischen Königsschlösser Ludwigs II., für die Münchner Residenz und für den Justizpalast. [157] Ab 1902 ging er nach Vorarlberg zurück und ließ sich in Dornbirn nieder, wo er hauptsächlich mit **Baumeister Schöch** (Lebensdaten unbekannt) zusammenarbeiten sollte. [158]

Bereits dem Jugendstil zugehörig sind die frühen Bauten von **Otto Mallaun** (1874–1957), der einer in Vorarlberg ansässigen Tiroler Familie entstammte. Seine Ausbildung erhielt er an der Gewerbeschule in Innsbruck, ab 1905 lebte er in Bregenz, wo er 1905–1906 das malerische Sporthaus am Gondelhafen baute. In seinen Tagebuchaufzeichnungen berichtet er von einem „Sport- und einem Gärtnerhaus am Münchner Schyrenplatz", das er zusammen mit dem in München ausgebildeten **Jakob Rusch** (Lebensdaten unbekannt) um 1901 erbaut hatte. [159]

Seine Vorarlberger Arbeiten sind zum Teil sehr „Münchnerisch", als Beispiel seien die Einrichtung der „Altdeutschen Weinstube" in der Bregenzer Bahnhofstraße (durch Modernisierung größtenteils zerstört) und der erste Bauabschnitt des Lochauer Strandhotels (1909–1910) genannt. [160]

Eines seiner bestgelungenen Werke ist die unverändert erhaltene Löwenapotheke in der Bregenzer Rathausgasse 15 (1913–1914), deren Fassade mit ihrem steil proportionierten Giebel viele Elemente der interessantesten Münchner Jugendstilbauten der heimattümlichen Prägung in sich vereinigt. Achleitner hebt sie als „besonders gutes Beispiel für

Abb. 56a München, Zweibrückenstraße 8

Abb. 56b Bregenz, Rathausgasse 35

den hohen Standard einzelner Baumeister um die Jahrhundertwende" hervor.[161]

Besonders engagiert im Sinne des Heimatschutzes arbeitete der bereits erwähnte **Georg Baumeister junior** (1887 in München geboren). Nach seiner Ausbildung an der Münchner Technischen Hochschule arbeitete er als Bauinspizient der Innsbrucker Universitätsbauleitung, bevor er sich auf Erforschung der historischen Vorarlberger Bauernhäuser spezialisierte. Sein Werk über „Das Bauernhaus des Wallgaues und der walserischen Bergtäler" ist bis heute unübertroffen.[162]

Als lokale Besonderheit fand das Rheintal-Haus Eingang in die Heimatschutz-Architektur. Typisch dafür sind steile Giebel und umlaufende Traufgesimse mit verschindelten Konstruktionen, sogenannten „Klebedächern",[163] die als Vorbild für die Erdgeschoss-Simsverdachungen an den Münchner Jugendstilhäusern gedient haben könnten.

Die eigentlich dominierende Figur der Vorarlberger Architektenszene vor dem Ersten Weltkrieg war ab 1907 der aus Württemberg stammende **Willibald Braun** (1882–1969).[164] Er hatte in verschiedenen Allgäuer Baubüros gearbeitet, bevor er sein Studium als Gasthörer bei Theodor Fischer während dessen Stuttgarter Zeit aufnahm. Zusammen mit seinem Studienkollegen Natter brach er 1906 dieses Studium ohne Abschluss ab. Die beiden eröffneten in Bregenz ein Architekturbüro, das recht erfolgversprechend gleich mit zwei größeren Aufgaben am Ort betraut wurde: dem Umbau mit Aufstockung des Hotel Post an der Seestraße und dem Bau der Volkschule Rieden, Mariahilfstraße 54; bei dem letztgenannten Bauwerk sind Fischers Münchner Schulhäuser als Vorbild deutlich zu erkennen.[165]

Ein besonders gelungenes Werk schufen die Beiden mit dem Wohn- und Geschäftshaus Veith an der Bregenzer Rathausstraße 35. „Alle Elemente der süddeutschen bürgerlichen Wohnkultur sind vertreten, so Erker, Steildach mit Treppengiebel, Freskoschmuck".[166] In München steht wohl die Anregung zu dieser markanten Doppelgiebelfassade, dort 1903 von **Hans Hartl** in der Zweibrückenstraße 8 erbaut.[167] Bei beiden Bauten ist auf ausgewogene Asymmetrie geachtet, die Heimatstilmotive überwiegen aber bereits die Jugendstilelemente. Nur am Grundriss ist in Bregenz zu erkennen, dass es sich um zwei getrennte Häuser mit jeweils eigenen Treppenanlagen handelt, die nur durch die einheitliche Fassade optisch zusammengefasst sind. Gerade die linke Haushälfte weist einen typisch münchnerischen Grundriss mit Mittelflur auf; geradezu „berlinisch" wirkt aber die extreme Ausnutzung des Baugrundes. [168]

Einen zweiten Schulhausbau im „Münchner Stil" erhielt Bregenz 1914 nach Brauns Entwürfen: die Bürgerschule in der Belruptstraße, als „typischer, hochwertiger Schulbau seiner Zeit, der die Herkunft aus der national-romantischen süddeutschen Bauschule nicht verleugnen kann und will". [169]

Salzburg

Die Landeshauptstadt Salzburg war „für bayerische Einflüsse immer eine offene Stadt", [170] wenngleich die einheimischen Architekten und Baumeister nicht in so überwiegender Zahl zur Ausbildung nach München gingen wie die der bereits beschriebenen, an Bayern angrenzenden österreichischen Territorien. Im ganzen Land Salzburg arbeiteten auch Tiroler und Wiener Architekten. Führend waren aber um 1900 vor allem die beiden aus dem italienischen Sprachraum zugewanderten Baumeisterdynastien **Ceconi** und **Comini**, [171] die auch nach eigenen Entwürfen in den verschiedensten Stilrichtungen vom Gärtnerschen Rundbogen- bis zum Heimatstil bauten.

Beispiele des Rundbogenstils der Münchner Prägung sind in Salzburg relativ selten, der vielleicht markanteste Bau dieser Richtung, die 1863–67 von **Jacob Götz** am Salzburger Elisabethkai erbaute evangelische Christuskirche, orientiert sich bei der Turmgestaltung deutlich an Gärtners drei Jahrzehnte zuvor begonnener Ludwigskirche in München. [172]

Auch der 1878 eröffnete Kommunalfriedhof von **Josef Dauscher** (Lebensdaten unbekannt) gehört zu den Objekten des Rundbogenstils, dieser allerdings mit einiger „stilistischer Verspätung" nach dem Vorbild von Gärtners neuen Teil des Münchner Alten Südlichen Friedhofs geschaffen. [173]

Verstärkt traten die Münchner Architekturdetails während der 1870er Jahre in Salzburg auf, als die Gewerbeschule 1876 gegründet wurde, deren Lehrer zum Teil in München ausgebildet worden waren. [174] Umgekehrt bedienten sich die Münchner Architekten des späten Historismus, auch die des barockisierenden Jugendstils und des Heimatstils gerne der Salzburger Dekorweise. Auch in München sind die für Salzburger Bauten typischen breiten Fensterrahmungen, die Hohlkehlen-Abschlusssimse und andere Formen des Salzburger Barocks zu finden.

Der Münchner Architekt **Karl Hocheder** (1854–1917) kann gewissermaßen als der letzte Fischer-von-Erlach-Schüler verstanden werden. Seine Tor- und Fensterbekrönungen wirken merkwürdig überhöht, ähnlich wie sich auch Fischer von Erlachs geschwungene Simse aus extrem naher Untersicht präsentieren. Als direkte Vorbilder könnten das barocke Haus Müllner Hauptstraße 3–5 oder Schwarzstraße 12 mit ihren breiten Fensterrahmungen gedient haben. Zur Gestaltung seines Lüftungsturmes an der Münchner Hauptfeuerwache Blumenstraße 34 ließ er sich um die vorige Jahrhundertwende offenbar von der Salzburger Kollegi-

Abb. 57a Salzburg, Kollegienkirche

Abb. 57b München, Hauptfeuerwache

enkirche inspirieren, ebenso wie Martin Dülfer bereits 1895 für seinen Kaimsaal-Turm.[175]

Aus den Jahresberichten der Technischen Hochschule geht hervor, dass Salzburg ein besonders beliebtes Exkursionsziel für die Münchner Architekturstudenten gewesen ist.[176]

Ob der einer Münchner Tischler-Familie entstammende Salzburger **Josef Wessicken** (1837–1918) bei einer solchen Exkursion dabei war, ist nicht überliefert. Er hatte außer in München an der Akademie auch in Wien (dort bei Friedrich von Schmidt) studiert, bevor er der „erste ansässige" Salzburger Architekt geworden war.[177]

Für Schmidt leitete er ab 1863 den Wiederaufbau von Schloss Fischhorn bei Zell am See, in den 1860er Jahren ging er als Dombaumeister nach Mainz.[178] Ungefähr gleichzeitig regotisierte er den barocken Turm der Salzburger Franziskanerkirche und restaurierte die Pfarrkirche von Radstadt.[179] Nach seiner Rückkehr aus Mainz baute er ab 1873 die Türme von St. Johann im Pongau, den Kirchenbau selber hatte der Münchner **Georg Schneider** (Lebensdaten unbekannt) bereits 1855–61 ausgeführt. Dieser sogenannte „Pongauer Dom" ist das Hauptwerk der Neugotik im Land Salzburg. Sein erstaunlich schlichtes, trotzdem monumental wirkendes Inneres orientierte sich am Raum der Münchner Frauenkirche; von dort waren die schmucklosen Achtkant-Pfeiler übernommen, ein Motiv, das sonst in der Neugotik kaum aufgegriffen wurde.[180]

Zwischen 1876 und 1879 unterrichtete Wessicken an der Salzburger Gewerbeschule, außerdem war er damals bereits Stadtbaurat. Warum er 1885–86 für einen längeren Zeitraum nach München übersiedelte, ist nicht überliefert, hatte aber vielleicht private Gründe, wie gesagt hatte er familiäre Wurzeln in der bayerischen Hauptstadt.[181]

Sein Hauptwerk, die St.-Andrä-Kirche entstand in neugotischen Formen (1892–99) am Salzburger Mirabellplatz. Das „frühgotische" Projekt war mit 300 000 Gulden veranschlagt, „romanisch" oder „Renaissance" hätte 500 000 gekostet.[182]

Vielbeschäftigt war auch **Paul Geppert** (1875–1965), ein gebürtiger Tiroler, der in Wien und Prag studiert hatte. Sein

Abb. 57c München, Kaimsaal

Praktikum leistete er bei der Firma Ceconi, ab 1904 ist er als selbstständiger Architekt in Salzburg nachweisbar. Viele seiner Bauten gestaltete er im Sinne der Heimatschutzbewegung, als Beispiele seien das ehemalige Hotel Krebs beim Mirabellplatz oder der „Sunhof" an der Mertensstraße 10–16 erwähnt. [183]

Wichtigster Vertreter der Heimatschutz-Architektur war der Salzburger Otto-Wagner-Schüler **Karl Pirich** (1875–1956); er studierte an der Salzburger Gewerbeschule, bevor er von 1898 bis 1901 zu Otto Wagner nach Wien ging. Von diesem Lehrer übernahm er offenbar nur wenig, umso mehr von der Münchner Formensprache. Er versuchte „so etwas wie einen Salzburger Lokalstil" zu entwickeln. Später wurde er Hauptarchitekt zweier großer Brauereien: der Münchner Spaten- und der Salzburger Stiegl-Brauerei. [184] Besonders die landwirtschaftlichen Gebäude für die Stieglbrauerei an der Eichetstraße 10 und der Rochusgasse 6 zeigen Versuche, „eine Synthese zwischen bäuerlicher Architektur und Jugendstil" herzustellen. [185]

Einige bedeutende Bauten der Landeshauptstadt wurden nach 1900 von Münchner Architekten errichtet, so unter anderem von **Richard Berndl** (1875–1955) das Mozarteum (1910–1955), ein „besonders schönes Beispiel für den Münchner Späthistorismus, der kraft seiner architektonischen Mittel imstande war, zum genius loci der Stadt Beziehungen herzustellen". [186] Der Wettbewerb war auf österreichische und deutsche Architekten beschränkt. In der Jury saßen unter anderem Wessicken und Friedrich von Thiersch. [187] Auch Berndls Gebäude der Arbeiter-Unfallversicherung an der Faberstraße 20–24 mit anschließendem Wohnblock Auerspergstraße 27–29 wird in Achleitners Architekturführer als sehr „münchnerisch" hervorgehoben. [188]

Die großen Salzburger Bierkeller wirken „münchnerisch", aber das verwundert kaum. **Franz Zell** (1866–1961) schuf um 1910 den „Höllbräu" in der Judengasse – leider vor einigen Jahren durch den Einbau eines Optiker-Geschäftes zerstört. 1924–1925 baute er den „Stieglkeller" in der Festungsgasse um und erneuerte mit fast 85 Jahren den kriegszerstörten Augustinerbräu in Mülln, der um 1904 entweder von Pirich oder von Zell selber erbaut worden war. [189]

Ein weiterer Schwerpunkt der Münchner Architektur im Land Salzburg war Bad Gastein, dessen große Hotelpaläste

Abb. 58 Salzburg, Mozarteum

gleichermaßen von alteingesessenen einheimischen Bauunternehmern, von Wiener, Salzburger oder von Münchner Architekten entworfen wurden. Achleitner bezeichnete die in diesem Kurort zu findende „aus München und Wien importierte Architektur als reinste architektonische und städtebauliche Selbstdarstellung der Monarchie".

Richard Berndl schuf dort die Umbaupläne für den „Alpenhof Bellevue" (1926) und für das Kurhaus Elisabethpark; **Karl Stöhr** (1859–1931) baute für das „Hotel Kaiserhof" 1925 einen Erweiterungstrakt.[190]

Meistbeschäftigter Architekt von Bad Gastein dürfte aber der in München ausgebildete **Josef Wessicken** gewesen sein. Neben vielen Villen und Wohnhäusern baute er die Hotels „Weißmayr" und „Straubinger", das Casino und die leider vor einigen Jahrzehnten abgerissene „Wandelbahn".[191]

Abschließend sollen zwei repräsentative Villenbauten **Emanuel von Seidls** erwähnt werden: Er baute um 1910 die damalige Villa Kestranek in St. Gilgen an der Gunzenbachstraße 1–3 (heute ein Behindertenheim) und um 1904 in Thumersbach bei Zell am See die Villa Brücke.[192]

Oberösterreich

Obwohl das Innviertel bis 1779 bayerisch war, scheinen die Beziehungen der Münchner Architektenschulen zu Oberösterreich nicht ganz so stark gewesen zu sein wie zu den westlicher gelegenen Landesteilen. Natürlich sind in vielen oberösterreichischen Städten „starke Anleihen bei der deutschen Nationalromantik" festzustellen,[193] gerade die städtischen Gründerzeit-Häuser erinnern in Gliederung und Dekor oft an vergleichbare Münchner Bauten, besonders in der Landeshauptstadt: „Linz orientierte sich in der Phase des Späthistorismus und des Jugendstils nach Deutschland".[194]

Das wurde durch die gesellschaftlichen Verbindungen zwischen der Münchner und der Oberösterreichischen Künstlerschaft sehr gefördert. Vor allem der in München ausgebildete Maler **Hugo Pren** (1854–1914) wurde für berufliche und private Kontakte durch die Gründung der „Osternberger Künstlerkolonie" bedeutsam. Pren hatte in München dem Künstlerverein „Immergrün" angehört; reger Kontakt wurde auch zur Münchner „Allotria" gehalten,

Abb. 59 Linz, Weberschule

auch der Besuch einer der Brüder Seidl in Osternberg ist überliefert.[195]

In Linz zeigte der Dombaumeister **Matthias Schlager** bei der Innenraumgestaltung seiner Herz-Jesu-Kirche (1905–1911) Orientierung an der Münchner Ludwigs- und an der Bennokirche.

Vor allem die Linzer Schulhäuser verweisen auf Münchner Vorbilder. Am Linzer Römerberg baute **Eduard Stuppöck** (Lebensdaten unbekannt) um 1909 eine „münchnerische" Schule.[196]

Ebenso orientierte sich der Ohmann-Schüler **Julius Schulte** (1881–1921) mit seinem Schulhaus an der Urfahrer Webergasse (1911–13) mit dem schuppenartig dekorierten Giebel wohl an Fischers Hirschbergschule.[197] Schulte war im Rahmen eines Ghega-Stipendiums auf einer Studienreise durch Deutschland vermutlich auch nach München gekommen und hatte dort mehrere Schulhäuser besichtigt; seine Raimund-Schule orientierte sich an einem Münchnerischen Bau, der allerdings in Salzburg steht: an Berndls Mozarteum.[198]

Auch wenn Schulte gerne auf Münchner Vorbilder zurückgriff, so blieb seine Handschrift immer individuell und unverwechselbar. Er und der aus Mähren stammende **Mauriz Balzarek** (1872–1945) waren zweifelsohne die beiden originellsten Architektenpersönlichkeiten Oberösterreichs um die Jahrhundertwende. Balzarek hatte bei Otto Wagner studiert; so wie ein anderer Wagnerschüler, Josef Maria Olbrich (1867–1908) aus Troppau/Opava Mährisch-Schlesien), verwendete er gerne Architekturdetails, wie sie in Deutschland damals modern waren, so Giebel, die durch Bänderung lotrecht gegliedert waren, dazu Ornamente und Dekorverteilung in Art der deutschen Kollegen. Balzareks Mietshaus an der Linzer Lessingstraße 34 (erbaut 1910) zeigt ähnliche Details wie Dülfers Villa Curry in Riederau am Ammersee.[199]

Architekten aus München bauten nur vereinzelt in Oberösterreich; **Ludwig Lange** war mit dem Bau seiner evangelischen Kirche in Hallstatt schon Jahrzehnte vor allen organisierten Heimatschutzbestrebungen eine Einordnung seines Bauwerkes in die sensible Umgebung gelungen: „Ein wie feines Empfinden sich gelegentlich unter dem Einfluss der blühenden Landschaftsmalerei äußerte, mag die Ansicht von Hallstatt beweisen, dessen neugotische, evangelische Kirche (von 1862) mit ihrem nadelspitzen Helm sich besser zwischen den steilen Bergen behaupten kann als die spätgotisch-barocke katholische Pfarrkirche", hatte ein zeitgenössischer Architekturhistoriker treffend konstatiert.[200]

Von **Friedrich Adam** aus der berühmten Münchner Künstlerfamilie ist nur überliefert, dass er laut Familientradition in Oberösterreich gebaut haben soll. Er könnte am Bau des Schlosses Puchberg bei Wels beteiligt gewesen sein, das sein Schwager Christian Lothary 1877 für Alfred Ritter von Jurnitschek errichtet hatte.[201]

Wenige Nachrichten gibt es über das Architektenteam **Hessemer & Schmidt** (Lebensdaten unbekannt), das 1898 am Pöstlingberg bei Linz ein landschaftlich sehr gut eingegliedertes Bergbahn-Hotel errichtete und etwa ein Jahrzehnt später in Stadl-Paura die Direktorenvilla der Lambacher Flachsspinnerei an der Maximilian-Pagl-Straße 44 schuf. Bei Achleiter wird der letztgenannte Bau als „Münchner Jugendstil mit romantischen Elementen" charakterisiert. Der markante Giebel wurde ungefähr zur gleichen Zeit in ähnlicher Weise am Münchner Maxgymnasium, Siegfriedstraße 22, von einem sonst unbekannten Architekten **Karl Hoepfel** (Lebensdaten unbekannt) errichtet.[202]

Otho Orlando Kurz baute 1901 ein „besonders sehenswertes E-Werk mit Schaltanlage" für die Leinenfabrik Vonwiller in Haslach an der Mühl. Mit Kurz könnte auch **John Herbert Rosenthal** (1881 geboren) nach Oberösterreich gekommen sein. Beide hatten schon vorher mehrfach zusammengearbeitet.[16] Er schuf in Attersee-Weissenbach 51 das Haus Slewinski.[203]

Auch der Mitbegründer des Bayerischen Vereins für Volkskunst und Volkskunde **Franz Zell** hinterließ 1931 eine späte Arbeit in Linz, die Gaststätte „Klosterhof" an der Landstraße 30 in typischer „Münchner Bräustübl-Architektur".[204]

Abschließend soll ein für die moderne Architektur im heutigen Sinne richtungsweisender Bau vorgestellt werden, die Villa Rosenbauer am Pöstlingberg, errichtet 1930 vom „vorzüglichen Münchner Architekten", **Lois Welzenbacher**.[205]

Im Dritten Reich wurden nochmals Münchner Vorbilder aufgegriffen: Roderich Fick übertrug den „etwas trockenen, schweren Münchner Klassizismus" nach Linz, deutlich ablesbar an den Häusern des Linzer Brückenkopfes, die an Troosts Münchner Bauten erinnern.[206] Carl Sattler projektierte für die Verwaltung der Reichsautobahn bei Linz um 1940 ein Bürogebäude.[207]

Steiermark

Trotz der relativ ungünstigen Verkehrsverbindungen zwischen München und der Steiermark blieben die Wechselbeziehungen nicht nur auf die Person des gebürtigen Grazers **Georg von Hauberrisser** beschränkt. Für seine Heimatstadt schuf er Stadterweiterungspläne und Projekte für das Universitätsgebäude, für die Technische Hochschule und für das Rathaus.[208] Vor allem das letztgenannte Projekt hätte alle für Hauberrisser typischen Merkmale gezeigt: Klinkerverkleidung, Renaissance-Dekor und markante Ecktürme nach Art seines Kaufbeurer Rathauses (dort leider nach einem Brand zu Beginn der sechziger Jahre beseitigt).

Ausgeführt wurde aber nur seine Herz-Jesu-Kirche samt dazugehörendem Pfarrhaus an der Sparbersbachgasse (1881–1887), das bedeutendste sakrale Bauensemble des späten Historismus in der Steiermark unter Mitwirkung des Grazer Architekten **Mikuvic**.[209] Hauberrisser zeigte damit „welch beachtliches Potential an schöpferischem und erfinderischem Geist in dieser eklektischen Baukunst stecken konnte".[210] Auf Hauberrisser war der damalige Grazer Bischof Johannes Zwerger durch dessen Kirchenbau für Gnas (1872) aufmerksam geworden.[211]

Sehr aktiv war der in München ausgebildete Grazer Stadtbaurat und erster Direktor der Grazer Kunstgewerbeschule, **August Othmar Essenwein** (1831–1892). Er hatte schon am Wettbewerb zum Münchner Maximilianeum teilgenommen.[212]

Merkwürdigerweise ist die Grazer Bausubstanz von münchnerisch wirkender Architektur stark durchsetzt, dazu entsprachen die Bauparzellen-Größen in den neueren Stadtvierteln ungefähr den in München üblichen Abmessungen. Auch die Grundrisse scheinen von München, aber ebenso von Wien oder sogar von Berlin beeinflusst, es gibt sogar „Berliner Zimmer" mit Belichtung durch ein einziges, an einer Raumecke gelegenes Fenster, in München wäre ein solcher Raum nur als „Diele" zugelassen worden, in Wien waren solche Räume unbekannt. In den einzelnen Stockwerken befinden sich meist zwei bis drei Mietwohnungen, auch Substandardwohnungen ohne eigenen Wasseranschluss oder Zimmer mit Lüftung zum Gang waren erlaubt.[213]

In seinen innerstädtischen Bereichen bot Graz bis vor wenigen Jahren ein seit Jahrzehnten relativ ungestörtes Stadtbild. Im Zentrum dominierten vorgründerzeitliche und historisierende Bauten, in den Vorstädten Gründerzeit- und Jugendstil-Bebauung, die von noch älteren, ländlichen Gebäuden durchsetzt ist.[214] Während der zweiten Hälfte des 19. Jahrhunderts entstanden die Arbeiterviertel in der Murvorstadt, in Lend und Gries mit betont großstädtischer Verbauung am Murkai, „gehobenere" Wohnviertel waren zwischen Universität und dem Landeskrankenhaus in Geidorf zu finden.

Bei manchen Fassaden ist der Münchner Einfluss nicht zu übersehen. Gerade die Jugendstilhäuser mit ihrer flachen Putzornamentik und den verschiedenen, nebeneinander verwendeten Putzsorten sind der Münchner Bauweise sehr

Abb. 60 Graz, Herrengasse 13, Altdeutsche Weinstube

verwandt. Einige der „guten" Grazer Architekten hatte tatsächlich in München studiert, sie waren vom Heimatstil und von der Münchner Regionalromantik entsprechend geprägt. Auch manche Grazer Restaurant-Bauten griffen gerne auf die „Münchner Bierpalast-Vorbilder" zurück, so etwa die „Altdeutsche Weinstube" in der Herrengasse 13, die 1907 von **Josef Hötzl** (1866–1947) geschaffen worden ist.[215] Dabei hatte gerade dieser Architekt nicht in München, sondern an der Grazer Staatsgewerbeschule und in Wien bei Hasenauer studiert.

„Die Münchner Schule zur Zeit ihrer höchsten Blüte in sich aufgenommen" hatte **Hans Hönel** (1884 geboren).[216] Er studierte in München und in Graz, an der dortigen Herdergasse 12 baute er eine sichtbar an Emanuel Seidls Bauten orientierte Villa.[217] Seine späteren Bauten für Bad Gleichenberg zeigen dagegen ausgesprochen expressionistische Motive.

Münchner Architekturmerkmale sind auch in den Werken von **Wolfgang Alkier** (1886 geboren) festzustellen. Die 1914–1917 erbauten Miethäuser Schillerstraße 27 und 29 erinnern mit ihren grottenartigen Loggien an Dülfers Ohmstraßen-Häuser in München, die Betonung der Kanten scheint von Josef Hoffmann, die Dekorweise hingegen von den Münchnern Stengel & Hofer oder von Kurz & Herbert inspiriert.[218] Ebenso scheint seine 1911–12 entstandene Baugruppe Steyrergasse 38–42 mit ihrem bewegten Fassadenaufbau von München beeinflusst.[219]

Nach dem Ersten Weltkrieg gründete Alkier zusammen mit **Karl Schmidt** in München ein Bauunternehmen, das aber nur vom 4. Februar bis 27. April 1926 bestand; auch ein weiterer Versuch der Firmengründung schlug ein Jahr später fehl.[220]

Theodor Fischers Laimer Siedlungsbauten waren offenbar auch in Graz bekannt: **Adolf von Infeld** (Lebensdaten unbekannt) schuf 1910 bis 1913 die Bachmann-Kolonie an der Wegenerstraße als eine „geschlossene Baugruppe in der Art einer süddeutschen Kleinstadt" mit Vorgärten, verbindenden Torbauten, Giebeln, Erkern und relativ aufwändigen Dächern.[221]

Sehr „münchnerisch" wirkt auch die Nordseite des Hasnerplatzes, die Fassaden der Häuser 3, 3a und 5 könnten ebenso in einer Münchner Vorstadt stehen. Architekt der ersten beiden Häuser war **Konrad Beyer** (Lebensdaten unbekannt), von Nr. 5 **Franz Korpitsch** (Lebensdaten unbekannt). Dieses Haus zeigt originelle Fensterbekrönungen in Form von modernisierten „Goldenen Dacheln".[222]

Die 1904–1906 von **Josef Petz** (Lebensdaten unbekannt) erbauten, sogenannten „Nürnberger Häuser" am Lendkai mit ihren Fassaden, als „Wilde Nationalromantik" charakterisiert, haben einige Ähnlichkeit mit den älteren Bauten von Leonhard Romeis an der Münchner Richard-Wagner-Straße. Sein Geschäftshaus Pagl, Wielandgasse 6 von 1912–1913 beschreibt Achleitner gar als „direkten Import aus München".[223]

Einer vergleichbaren Formensprache bediente sich 1909–1911 **Josef Temmel** (Lebensdaten unbekannt) bei seinen Häusern in der Eduard-Richter-Gasse 9–13, wobei die ungünstigen Grundrisse eher nach Berliner Vorbildern gestaltet wurden.[224] Auch für die Fassadengestaltung des Hauses Steyrergasse 152 hatte sich Temmel bereits 1904–1905 an Münchner Traditionen gehalten und verschiedene Putzsorten nebeneinander verwendet; auch der flächige Dekor weist nach München.[225]

Am späten Münchner Jugendstil orientierte sich **Alexander Zerkowitz** (Lebensdaten unbekannt); seine Miethausgruppen Grillparzerstraße 4, 6 und 8 sowie Humboldtstraße 31 und 33 sind in der Formensprache von Stengel & Hofer gestaltet, sie zählen „zu den schönsten Wohnensembles in Graz".[226] In München finden sich ähnliche Pilastergestaltungen bei Stengel & Hofers etwa gleichzeitigen Häusern Possartstraße 12 und 15, vergleichbare reduzierte Barockvoluten an den Eingangstoren von Kurz & Herberts Bauten an der Tengstraße.[227]

Karl Walenta (Lebensdaten unbekannt) zeigt an seinen Fassaden zur Grabenstraße 46 (1914–1915 erbaut) eine Reihe von Münchnerischen Motiven wie Erdgeschossverdachung oder Ädikulen in der Art von Franz Popp oder Max Langheinrich.[228] Die extreme Ausnutzung des Baugrundes

Abb. 61 Graz, Humboldtstraße 33

mit „Berliner Zimmern" als Dielen greift Berliner Grundrissgestaltungen auf. Berliner Motive sind in Graz übrigens erstaunlich oft zu finden, so bei der Gestaltung mancher üppiger Fassaden oder bei der Vorlagerung von Außentreppen für die hochliegenden Hauseingänge zur Straße hin, wie sie weder in Wien noch in München üblich waren.

Heute jenseits der Grenze gelegen ist die ehemalige Südsteiermark; in Cilli (Celje, heute Slowenien) baute Peter Paul Brang (Schöpfer das alten Wiener Dianabades) um 1900 das prachtvolle ehemalige „Deutsche Haus",[229] dessen Turm stark an den etwa fünf Jahre älteren Münchner Löwenbräukeller erinnert.

Wien, Niederösterreich und das heutige Burgenland

Auf den ersten Blick scheinen die beiden Städte München und Wien nur wenig Gemeinsamkeiten aufzuweisen: Wien war die Hauptstadt eines Imperiums, München die eines relativ kleinen Königreiches, das noch dazu seit 1866 unter der Hegemonie Preußens stand.

Selbstverständlich sind die Dimensionen in Wien gewaltiger, der architektonische und der dekorative Aufwand war dort größer, allerdings war auch die Bauspekulation rücksichtsloser.

München hatte relativ strenge Bauvorschriften, die besser als in Wien oder Budapest zugunsten der Mieter manches verhindern konnten. In München gibt es keine Souterainwohnungen, relativ wenige „Bassena-Wohnungen" ohne eigenen Wasseranschluss, keine Gangküchen oder -zimmer, auch kaum finstere Hinterhöfe. Dazu wurden bei den Münchner Wohnhäusern in der Regel alle Etagen gleich hoch gestaltet, Raumhöhen besonders hervorgehoben, nicht wie in Wien oder Berlin die Beletage durch größere Raumhöhen hervorgehoben.

Die Fachliteratur nennt zwei Hauptzentren der Putzarchitektur: München und Wien. Vom Standpunkt der Materialgerechtigkeit kam München besser weg, weil hier mehr als anderswo mit diesem Material experimentiert wurde, weil von den damals modernen Architekten nur selten Steinformen in Putz nachgebildet wurden. Hingegen heißt es zu Otto Wagner, seinen „Putzbau kann man durchaus nicht billigen … er trägt nicht dekorative, sondern konstruktive Elemente aus Stuck an die Putzoberfläche an".[230]

Bekannte Architekten aus Wien bauten kaum in München, umgekehrt sind auch Münchner in Wien nur selten nachweisbar. Von der jeweils anderen Stadt inspirierte Bauten gibt es hingegen nicht wenige, auf die Vorbildhaftigkeit des Hofburg-Michaelertraktes oder der Münchner Bierpaläste wurde bereits hingewiesen.

Allerdings hatten einige der bedeutendsten Wiener Architekten in München einige Semester studiert oder sie standen in einer anderen Weise mit der bayerischen Hauptstadt in Verbindung. Allen voran ist diesbezüglich der aus Bayreuth stammende **Ludwig Förster** (1797–1863) zu nennen, Schöpfer der Wiener Ringstraße und Begründer der einflussreichen „Allgemeinen Bauzeitung", die seit 1836 erschien. Sein Münchner Polizeimeldebogen wurde erst ab 27. Oktober 1828 angelegt, Aufenthaltszweck: Kunststudium; die Abmeldung erfolgte bereits drei Tage später. Im Jahre 1836 sind zwei weitere Aufenthalte belegt, deren Zweck lapidar mit „Vergnügen" erklärt wird.[231]

Von 1846 bis 1851 betrieb Förster gemeinsam mit seinem Schwiegersohn **Theophil Hansen** ein gemeinsames Baubüro. Hansen stand mit Maximilian II. von Bayern wegen dessen Stilsuche in regem Kontakt und hielt sich öfters in München auf.[232] Von seinen dortigen Architektenkollegen hielt er nicht viel, besonders gegen Klenze und Gärtner wetterte er: „Klenze ist ein Künstler, den man nicht lieben kann, weil alles was er hervorbringt, keine Tiefe hat". Über Gärtners nach eigenen Plänen entworfenes Wohnhaus zog er den Vergleich mit einem Schuster, der „selbst die schlechtesten Schuhe" trüge.[233]

Abb. 62 Wien, Lehárgasse, Kulissendepot

Ganz so schlimm dürfte es mit der Münchner Architektur aber damals doch nicht gewesen sein, jedenfalls holte sich **Ferdinand Fellner senior** (1815–1871) für seine 1860–1862 erbaute Handelsakademie am Karlsplatz Anregungen aus München. Die Wiener Architekturhistorikerin Renate Wagner-Rieger vermutet Bürkleins Einfluss, tatsächlich dürfte aber Eduard Riedels 1858 begonnenes Altes Bayerisches Nationalmuseum als Vorbild gedient haben.[234]

Um 1851 wurde **Franz Jacob Kreuter** (1813–1889), ein Schüler von Klenze, Gärtner und Ohlmüller, aus München nach Wien abgeworben. Mit Hansen dürfte er schon länger in Kontakt gestanden haben, seine Mitarbeit an dessen Palais Sina am Hohen Markt ist um 1860 belegt. Für den Fürsten Windischgrätz schuf er 1875 ein „Zinspalais" in der Strohgasse 21 und wenig später für den Grafen Bray das Mietshaus Traungasse 4.[235]

Auch **Gottfried Semper** holte aus München Anregungen, sein Hoftheater-Kulissendepot ist der Bayerischen Staatsbibliothek von Gärtner nahe verwandt. Seine eigenen Ideen, die er für das Richard-Wagner-Festspielhaus am rechten Isar-Hochufer entwickelt hatte, verwendete er beim Grundriss für sein Burgtheater mit den markanten Treppenflügeln.[236]

Ein Schweizer Ziebland-Schüler, **Johann Georg Müller** (1822–1849), hatte von 1839 bis 1841 an der Münchner Akademie studiert, bevor er auf einer Reise nach München **Franz Sitte**, den Vater des berühmten Städtebauers Camillo Sitte, kennenlernte und von ihm zu einem Vortrag im Wiener Architektenverein zum Thema „Deutscher Kirchenbau und die neu zu erbauende Renaissance-Kirche in Alt-Lerchenfeld" eingeladen wurde.[237] Er sollte ganz nach Wien übersiedeln und dort bereits 1847 eine Professur an der Ingenieur-Akademie bekommen. Schließlich erhielt er 1848 den Auftrag zur Fertigstellung eben dieser Kirche, die sich besonders mit ihrem Innenraum an der Münchner Ludwigskirche orientierte. Als „Kirchliches Hauptwerk der Epoche" in Österreich erregte sie nicht nur in Architektenkreisen entsprechendes Aufsehen. Müller erlebte die Vollendung nicht mehr, er starb 1849 mit erst 27 Jahren.[238]

August Schwendenwein [von Lonauberg] (1817–1885) ein gebürtiger Wiener, hatte nicht nur in seiner Heimatstadt, sondern auch in München studiert. Zusammen mit dem aus Konstanz stammenden **Julius Romano [vom Ringe]** (1818–1882) gründete er eines der erfolgreichsten Architekturbüros der Ringstraßenära.[239]

Unklar bleibt, wieso der Münchner Stadtbaurat **Arnold von Zenetti** (1824–1891) sein Hauptwerk ausgerechnet in Wien errichtete. Zusammen mit **Heinrich Adam** erbaute er 1863 bis 1865 das Palais für den Herzog Philipp von Württemberg, besser bekannt als Hotel Imperial.[240] In München war Zenetti vor allem mit Schulhaus- und Friedhofsbauten beschäftigt, ansonsten sind nur die Umbauten der Stadttore und der Schlachthof sowie Stadterweiterungspläne überliefert.[241]

Ebenso scheint **August Ranchner** (1841 geboren) in München nur „Kil's Kolosseum" gebaut zu haben, bevor er für Wien zusammen mit **Zimmermeister Baudrexl** ein großes Zirkusgebäude schuf, dessen Holzkonstruktion in München vorgefertigt und dann über Isar und Donau an seinen Bestimmungsort geflößt wurde.[242]

Nicht nur als Architekt, auch als Schriftsteller war **Alois Wurm-Arnkreuz** (1843 geboren) tätig. Als Achtzehnjähriger kam der gebürtige Wiener zu Neureuther nach München, nach zwei Jahren schloss er sein Studium bei Siccardsburg und van der Nüll in Wien ab.[243]

Wichtiger für das österreichische Baugeschehen war aber wohl das Auftreten **Hermann Helmers** (1849–1919), der in München bei Gottgetreu studiert hatte, bevor er 1872 mit **Ferdinand Fellner jun.** assoziierte und mit ihm zusammen über 43 Jahre eines der bedeutendsten europäischen Baubüros betrieb.[244]

Der gesellschaftliche Kontakt zwischen der Münchner und der Wiener Architektenschaft scheint ausgezeichnet funktioniert zu haben, gegenseitige Einladungen zu Preisgerichten und Exkursionen im Rahmen des Lehrbetriebes waren an der Tagesordnung. Siccardsburg und van der Nüll hielten sich öfters in München auf, ebenso Heinrich von Ferstel.[245] Von ihm ist 1850 eine Studienreise nach München überliefert. Sein Bau der Österreichisch-Ungarischen Bank, der heutigen Ferstel-Passage auf der Wiener Freyung übernimmt tatsächlich die ihrerseits von Florenz inspirierte Feldherrnhalle als Motiv für die schmale Hauptfassade zur Freyung.[246]

In die Jury zum Wiener Rathauswettbewerb waren, neben Ziebland aus München, die Wiener Ferstel, Hansen, Romano und aus Hannover Konrad Wilhelm Hase eingeladen,[247] zur "Frage des Karlsplatzes" dagegen gleich mehrere Münchner, nämlich Grässel, Mecenseffy, Hocheder und Thiersch.[248] Hocheder hielt um 1907 vor dem Wiener Architekten- und Ingenieurverein einen Vortrag über die Münchner Bauten seit 1870. Heinrich von Schmidt, Sohn des Wiener Dombaumeisters wurde als „amtlicher Vertreter des deutschen Reiches und Bayern" zum 8. Internationalen Architektenkongress nach Wien geschickt.[249] Er sollte sich auch am Wettbewerb um das Wiener Dianabad beteiligen.[250]

Von Martin Dülfer ist ein gemeinsames Eintreten mit Peter Behrens für Otto Wagners Museumsprojekt am Wiener Karlsplatz überliefert, das im Wiener Stadtrat von beiden vehement vertreten wurde.[251]

Abb. 63a Wien, Steinhofkirche

Otto Wagner war mit seinen Studenten 1897 nach München gefahren,[252] an der Exkursion nahmen unter anderen Alois Ludwig und Josef Plečnik teil. Ob Gabriel von Seidl damals schon mit Vorarbeiten zu seiner Rupertkirche am Gollierplatz beschäftigt war, die dann 1901–1903 erbaut wurde, ist nicht bekannt. Jedenfalls zeigte dieser romanisierende Kirchenbau eine erstaunlich ähnliche Raumwirkung wie Wagners 1904–1907 entstandene weltberühmte Steinhofkirche. Beide sind als Zentralbauten angelegt, der Wiener Bau über einem kreuzförmigen Grundriss mit geraden Stirnwänden, der Münchner über einem Kleeblatt-Grundriss mit gerundeten Konchen. Seidl erreichte mit historisierender Formensprache eine vergleichbare Gesamtwirkung wie Wagner mit moderner Ornamentierung. Im Außenbau gibt es dagegen keinerlei Gemeinsamkeiten.[253]

Otto Wagner war bei einem Wettbewerb um die Wiener Stadterweiterung der erste Preis zuerkannt worden; der dritte ging an **Otto Lasne** (Erbauer des berühmten Münchner Café Luitpold), der seine Pläne in Zusammenarbeit mit dem Münchner **Bezirksingenieur Haindl** erstellt hatte. Lasne stellte schon damals Überlegungen zu Wiens Wald- und Wiesengürtel an und plante eine Höhenstraße, wie sie erst in den dreißiger Jahren verwirklicht werden sollte.[254]

Auch andere vielbeschäftigte „Wiener Architekten" waren in München ausgebildet worden: **Viktor Rumpelmayer**

Abb. 63b München, Rupertkirche

(1830–1885) arbeitete vorwiegend in Wien und in seiner Heimatstadt Pressburg. In Wien baute er unter anderem die englische und die deutsche Botschaft sowie die englische Kirche (sämtliche in der Richardgasse, der heutigen Jaurésgasse). Münchnerische Elemente lassen sich in seinem Werk aber kaum feststellen.[255]

Die von München schon bekannten **Gebrüder Ludwig** bauten in Wien 1912 das Gebäude der Prager Eisenindustrie am Heumarkt/Ecke Lisztstraße in den für sie typischen reduzierten Neubarockformen, in Wien-Mauer entstand nach ihren Plänen das Haus Petzold. Sie verkörperten in geradezu idealer Weise die engen Verbindungen zwischen der süddeutschen und der österreichisch-ungarischen Architektur der Zeit vor dem Ersten Weltkrieg: Geboren und ausgebildet in Brünn und in Wien, unterhielten sie Büros in Wien, München und in Bozen, ihre Bautätigkeit ist im damals noch österreichischen Mähren und in Südtirol sowie in Deutschland nachweisbar.

Erwähnt werden soll, dass **Aloys Ludwig** Büroleiter bei Otto Wagner war, nach Aussagen seines Sohnes entwarf er in dieser Zeit den Dekor des berühmten Majolika-Hauses an der Linken Wienzeile 40.[256]

Auch die Architekten des Nachbarhauses Linke Wienzeile 42, **Kmunke & Köhl** (Lebensdaten unbekannt) scheinen in München gewesen zu sein; jedenfalls zeigt ihre prachtvolle neubarocke Fassade von 1896–1897 große Ähnlichkeit mit dem sieben Jahre älteren Gebäude von Lincke & Littmann an der Münchner Thierschstraße 25–29.[257]

Um die vorige Jahrhundertwende wurden solche gegenseitigen Anleihen zwischen Architekten verschiedener Städte häufiger, vielleicht eine Folge der vielen neuen Bauzeitschriften, die teilweise die Exkursionen ersetzten oder ihnen ergänzend zur Seite traten. In bester Münchner Manier baute **Franz Ritter von Neumann** (1844–1905) ein Gebäude für die Ottakringer Brauerei an der Ottakringer Straße 93 (um 1902). Laut Wiener Bauindustrie-Zeitung erinnerte es „an die Münchner Moderne, die sich in ihrer Heimat zu imposanten Schöpfungen emporgeschwungen hat".[258] Noch ein weiteres „Münchner" Gebäude schuf Neumann um 1905 für den gleichen Bauherrn, das Miethaus Auhofstraße 1 mit einem großen Restaurant im Erdgeschoss mit Details von Seidls und Hocheders Werken. Besonders gut gelungen ist das „hochederartige" Portal.[259] Aus Niederbayern holte er sich 1909–1914 Anregungen zum Turm seiner Floridsdorfer Leopoldskirche, der den Turmhelm der Landshuter St. Martinskirche frei abwandelte.[260] Ein direkter Bezug Neumanns ist nur anlässlich seiner Teilnahme

Abb. 64 Wien, Linke Wienzeile 42

Abb. 65 München, Franz-Josph-Straße 7

Abb. 66 Wien, Skodagasse 5

an der Internationalen Kunstausstellung von 1879 belegt.[261] Eine vergleichbare „münchnerische" Formensprache zeigte der von **Fellner & Helmer** erbaute Anna-Keller in der Wiener Annagasse 4, eine Dependance der Münchner Spatenbrauerei, die auch in der Augustinerstraße 8 einen eigenen Ausschank betrieb.[262]

Starke Anleihen beim Münchner Jugendstil nahm **Josef Urban** (1872–1933) oder **Arthur Baron** (Lebensdaten unbekannt) bei der Fassade zum Wohnhaus Ecke Florianigasse 55, zugleich Skodagasse 5. Die Architektenfrage war nicht eindeutig zu klären, die Quellen nennen die unterschiedlichen Namen. Auf alle Fälle diente Martin Dülfers 1902–1903 erbautes Wohnhaus Franz-Joseph-Straße 9 als Vorbild. Vor allem die unverwechselbare konkav-konvexe Gestaltung der Balkon- und Erkerkombination oder die asymmetrischen Erkerkonsolen wurden aus München übernommen. Urban und Dülfer könnten sich anlässlich der Weltausstellung von 1904 in St. Louis kennengelernt haben, an der beide unabhängig voneinander beteiligt waren.[263]

Abschließend zu Wien soll das Kapitel Kasernenbau der Wiener Architektur behandelt werden, bei dem der Münchner Einfluss besonders stark wirkte. Von Bedeutung war dabei auch Klenzes Grundsatz, die Außenfassaden abweisend, die Hofseiten dagegen „etwas heiter" zu gestalten, „damit die Moral der Soldaten nicht gar so durch ein erschreckendes Ansehen ihrer Wohnungen leidet".[264]

Besonders für die ab 1854 erbaute und bereits 1900 abgerissene Franz-Josephs-Kaserne waren „die Vorbilder ... in der Münchner Architektur der dreißiger Jahre zu suchen. Das gilt insbesondere für die beiden Kasernenblöcke. So findet man hier die gleichen glatten Wände, flachen Dächer, die eingeschnittenen, ungerahmten Fenster, die für die Bauten Friedrich von Gärtners in der Münchner Ludwigstraße so charakteristisch sind." Parallelen zu Gärtners Georgianum von 1835–1840 sind nicht zu übersehen.[265]

In Niederösterreich und im heutigen Burgenland (damals noch zu Ungarn gehörend) sind relativ wenige Bauten zu finden, die mit München in Verbindung gebracht werden können.

Im heutigen Burgenland ist nur ein einziges Beispiel zu finden, das Schloss Rotenturm an der Pinka, das von dem in München ausgebildeten **Anton Weber** geschaffen worden ist. [266]

In der Gegend um Wien sind von **Emanuel Seidl** zwei um 1910 erbaute, schlossartige Villen bekannt, das Jagdschloss Skoda in Gaaden und die Villa Theuer in Baden bei Wien. Außerdem scheint er das Grabmal für Julius Theuer in Baden geschaffen zu haben. [267] Mit dieser Familie war Seidl in München befreundet, er hatte für sie bereits 1887–1888 das Haus am Münchner Bavariaring 19 erbaut. [268]

In der Stadt Baden zeigt das Wohnhaus Kaiser-Franz-Joseph-Ring 34 sehr deutlichen Münchner Einfluss; der Architekt ist bisher unbekannt. Auch im benachbarten Bad Vöslau wurde münchnerische Architektur aufgegriffen: die 1964 abgerissene Markthalle hatte die Vorhalle der Bonifazius-Basilika zum Vorbild. [269]

Der Wiederaufbau der Burgruine Liechtenstein erfolgte durch die beiden Wiener Architekten **Gangolf Kayser** (1837–1895) und **Hubert Walcher Ritter von Moltheim** (1865–1926). Kayser hatte in Wien und München studiert, dort u. a. bei Julius Lang. In den 1860er Jahren wirkte er als Hofarchitekt für Kaiser Maximilian in Mexiko. [270]

Nicht als „Münchner" zu bezeichnen war der Dülfer-Mitarbeiter **Heinrich Tessenow** (1876–1950), der um 1900 Dülfers Münchner Atelier angehörte und ihm später nach Dresden als Hochschulassistent folgen sollte. 1913 wurde er an die Wiener Hochschule für angewandte Kunst berufen. Nach dem Ersten Weltkrieg baute er 1921 die „Kolonie Rannersdorf" in Schwechat bei Wien. [271]

An Münchner Bauten lässt das Hotel d'Orange in Weißenbach an der Triesting mit seinen Loggien und Eckbalkons denken; der Architekt ist nicht bekannt. [272]

Die Länder der Böhmischen Krone

Im 19. Jahrhundert waren die architektonischen Wechselbeziehungen zu Böhmen, Mähren und zu dem bei Österreich verbliebenen Rest Schlesiens recht gut. Der „Kunstverein für Böhmen" unterstützte eine „Öffnung des provinziell eingeengten Kunstlebens zu dem künstlerisch fortschrittlichen Westen hin. Man orientierte sich in erster Linie nach der Kunstmetropole München, woher man nun jene Künstler nach Prag berief, von denen man sich neue Impulse erwartete". [273]

Im Zeitalter des Romantischen Historismus entstand eine Reihe von münchnerisch wirkenden Bauten. Als wohl frühestes der wichtigen Beispiele ist die 1844–1848 erbaute Marienbader Maria-Himmelfahrts-Kirche von **Johann Friedrich Gutensohn** (1792–1851) zu nennen. Sie weist Details von Klenzes Allerheiligen-Hofkirche, von Gärtners Ludwigskirche und von Ohlmüllers nicht realisiertem Ruhmeshallen-Projekt für München auf. [274]

Der Klenze-Schüler galt als „väterlicher Freund Neureuthers" und als einer der ersten deutschen „Neorenaissancisten", ja sogar als „Bayerns begabtester Architekt". Dass er in München keine Spuren hinterlassen hat, lag vielleicht am bekannt intriganten Klenze, der keine gleichwertigen Architekten neben sich duldete. Gutensohn wandte sich 1839 nach Prag, wo er bis 1844 an der Kunstakademie das Fach Perspektive unterrichten sollte. [275] Von seinen dortigen Werken ist nur das Grabmal Cermak am Olschaner Friedhof überliefert. [276]

Zu den oben erwähnten Hoffnungsträgern aus Bayern zählte auch **Bernhard Grueber** (1806–1882), der zuerst an der Münchner Akademie Malerei studierte, bevor er zur Architektur fand und als Mitarbeiter Ohlmüllers an der Auer Mariahilf-Kirche und vermutlich auch am Schloss Hohenschwangau wirkte. Er leitete die Regensburger Dom-Restaurierung und vollendete die beiden Westtürme, bevor er 1844 als Professor für Perspektive und Kunstgeschichte an die Prager Akademie der bildenden Künste berufen wurde – übrigens im gleichen Jahr, in dem Gutensohn seine Lehrtätigkeit an diesem Institut beendete.

Maßgeblich für Gruebers Berufung war der Entwurf eines Prachtsaales im Palais des Fürsten Hugo Salm-Reifferscheidt. Es folgten erste Entwürfe für das Schloss Rohan in Sichrov (1847–1862) zusammen mit **F. Bayer** (Lebensdaten unbekannt), für die Marienkirche in Turnau/Turnov (1850), Schloss Blatna (1853–1855), für die Südfront des Altstädter Rathauses in Prag (1856), das Schloss in Groß Skal/Hrubá Skála (1859). Auch die Restaurierung der Kuttenberger Barbarakirche, Schloss Orlik und eine neugotische Kapelle in Schloss Hauenstein/Haustejn gehörten zu seinen Werken in Böhmen. [277]

Neben Gutensohns Marienbader Kirchenbau entstanden dort zwei weitere ausgesprochen „münchnerisch" wirkende Sakralbauten: 1857 die evangelische Kirche von **Friedrich Zickler** (Lebensdaten unbekannt) und 1884 die in stilistischer Hinsicht anachronistische Synagoge in Formen des Rundbogenstils von **Eduard Stern** (Lebensdaten unbekannt). [278]

Auch viele Profanbauten wiesen münchnerische Stilelemente auf, so beispielsweise das ehemalige „Hotel Leipzig" der Familie Hanisch, das deutlich vom „Hotel vier Jahreszeiten" inspiriert war (Architekt unbekannt). [279]

Von der Ausbildung her vertrat **Gustav Wiedermann** (1850–1914) die Prager wie auch die Münchner Schule. Ab

Abb. 67 Marienbad/Mariánské Lázně, Maria-Himmelfahrts-Kirche

Abb. 68　Brünn/Brno, Johannesgassse/Jánska, Realschule

1873 wirkte er in seiner Heimatstadt Franzensbad als Stadtbaumeister, von 1900 bis 1910 sogar als Bürgermeister. Unter anderem baute er die drei großen orthodoxen Kirchen in den drei böhmischen Weltbädern.[280]

Für Franzensbad hatte der Egerer Baumeister **Adam Haberzettel** (1871 gestorben) ein evangelisches Kirchenprojekt entworfen, das sich an Ohlmüllers Kiefersfeldener Ottokapelle bzw. an Zieblands protestantischer Kirche von Perlach orientierte.[281]

Ein weiterer „münchnerischer" Kirchenbau ist die Cyrill-und-Method-Kirche in Prag-Karolinenthal/Karlin von **Karl Roesner** aus Wien und **Ignaz Ullman** aus Prag. Besonders der stimmungsvolle Innenraum lässt an die Münchner Ludwigskirche denken.[282]

Im Münchner Rundbogenstil waren auch die Bürgerschule von Bilin und der Teplitzer Hauptbahnhof[283] gestaltet, ebenso ein Schulhaus in Pisek. Im gleichen Stil entwarf **Ludwig Förster** die Oberrealschule in Troppau/Opava am damaligen Schillerpark (1859), im gleichen Jahr auch seine Brünner Realschule in der Johannesgasse.[284]

Ein „Königlich Bayerischer Werkmeister und Bauinspektor der I. Klasse", **Josef Arnold** (1824 geboren), arbeitete ab 1851 in Brünn für **Heinrich von Ferstel**. Von 1857–1859 war er dort mit dem Bau des Knabenseminars an der Eichhornstraße (heute Veveri) und 1870–1871 mit dem Kaunitz-Palais beschäftigt.[285]

Ein besonders interessantes Objekt ist die neugotische Pfarrkirche von Kratzau/Chrastava in Nordböhmen mit ihrem blechbeschlagenen, filigranen Turmhelm. Die Verwandtschaft zur Münchner Mariahilf-Kirche in der Au ist nicht alleine auf die Silhouette beschränkt; ursprünglich sollte die Auer Kirchturmspitze in Gusseisen hergestellt werden; die ungewöhnliche Verwendung einer blechbeschlagenen Holzkonstruktion ist also kein Zufall.[286]

Vermutlich war der Reichenberger Architekt und Bauunternehmer **Gustav Sachers** (1831–1874) Schöpfer dieser Kirche. Er hatte in Wien bei Siccardsburg und van der Nüll und in München bei einem „Bauinspector Hoffmann" und bei Ludwig Lange studiert; von ihm wurde er zu dessen Museumsbau nach Leipzig geschickt. Er war in seinem Frühwerk vom Rundbogenstil, im Spätwerk von der Wiener Ringstraßenarchitektur beeinflusst. Wie anerkannt seine Leistungen waren, zeigt, dass sein ehemaliger Lehrer van der Nüll sogar nach München fuhr, nur um ihn wieder nach Wien abzuwerben. Sachers ging 1860 jedoch wieder zurück nach Reichenberg und ließ sich dort als selbstständiger Architekt nieder.[287] Eines seiner dortigen Hauptwerke, die evangelische Kirche am damaligen Lindenplatz (1864–1868) war eher an der Münchner Ludwigskirche orientiert.[288] Für die Nachbarstadt Gablonz an der Neisse/Jablonec nad Nisou schuf er ungefähr zur gleichen Zeit das Rathaus in Formen des Münchner Rundbogenstils.[289]

Mitunter erhielten auch berühmte Münchner Architekten Aufträge direkt aus den Böhmischen Ländern. **Emanuel von Seidl** schuf in der Nähe von Falkenau/Sokolov für die Familie Nostiz ein prachtvolles, neubarockes Jagdschloss, das nach jahrelangem Verfall in den siebziger Jahren abgerissen worden ist.[290] Außerdem ist Seidls Beteiligung an den Wettbewerben zu einem Kurhaus in Karlsbad/Karlovy Váry und zum Bürogebäude der Prager Zuckerindustrie überliefert.[291]

Sein älterer Bruder **Gabriel von Seidl** hat ein „Jagdschloss in Böhmen" für den Grafen Berchem-Haimhausen geschaffen. Es könnte sich um das Jagdschlössel in Neudorf bei Kuttenplan/Chodová Planá handeln.[292]

Zusammen mit Theodor Fischer baute 1913 der Gablonzer Architekt **Josef Zasche** (1871–1957) am Prager Heuwaagplatz (Senovazné nám.) den großen Komplex der Böhmischen Zuckerindustrie, genauer gesagt für deren Assekuranz-Verein.[293] Zasche und Fischer kannten sich wohl schon länger; als Zasche 1905 sein erstes Kirchenprojekt „für eine Stadt im Gebirge" entwickelt hatte, war er deutlich von Fischers Sakralbauten beeinflusst. Er hatte in Wien und Prag studiert und wurde in der Zwischenkriegszeit Vorsitzender der Deutschen Architekten Böhmens. Studienreisen

Abb. 69 Kratzau/Chrastava, St. Laurenzius

Abb. 70 München, Mariahilf-Kirche

hatten ihn unter anderem nach München geführt und so erinnert wohl nicht zufällig seine Aussiger Volksbücherei „Weinmanneum" von 1909 an Münchner Schulhausbauten. Für die Prager „Internationale Ausstellung" von 1908 schuf er eine Konzerthalle, die vielleicht Martin Dülfer wenige Jahre später zur Gestaltung seines Duisburger Theaterfoyers angeregt hat.[294]

Umgekehrt scheint Dülfers Musikpavillon zum Dortmunder Theater **Leopold Bauer** bei dessen Priesnitz-Sanatorium in Gräfenberg/Jeseník Lázně beeinflusst zu haben.[295]

Wie Zasche so stammte auch **Robert Hemmrich** (1871–1946) aus Gablonz/Jablonec und war ebenfalls in der Reichenberger Staatsgewerbeschule ausgebildet worden. Seine (angeblich) zwischen Dresden und Wien zu findenden Bauten zeigen mitunter Münchner Formensprache, so das Gablonzer Stadtbad (1909, an der ehem. Kaiser-Franz-Joseph-Straße, heute Budovatlu) oder seine „Bauden", das sind Ausflugsgaststätten mit Aussichtstürmen auf der Nickelkoppe/Petřin), am Schwarzbrunn/Černa Studnice, am Bramberg/Bramberk und auf anderen Höhenlagen.

Auch seine Schulhäuser in Morchenstern-Antoniwald/Smržovká-Antonínov oder die Priesnitz-Schule in Gablonz sind eher von München als von Wien beeinflusst. Nachweisbar waren bis jetzt nur Hemmrich-Bauten in der näheren Umgebung seines Geburtsortes, in den Bezirken Gablonz und in Reichenberg.[296]

Ganz anders die schon genannten Gebrüder **Aloys und Gustav Ludwig**, die ihr Hauptarbeitsgebiet in München und in Südtirol hatten. In ihrer Heimat Mähren schufen sie einige Villen in Brünn/Brno und in Klobouk/Klobouky.[297]

Ein aus Budapest stammender „Münchner" Architekt, **Johann (János) Kronfuß** (1872–1944) baute das wohl markanteste Hotelgebäude von Karlsbad/Karlovy Váry mit 300 Zimmern. Er hatte in München studiert – von ihm wird im nächsten Kapitel die Rede sein.[298]

Mitunter ließen sich Wiener Architekten für ihre Werke in den Böhmischen Ländern beeinflussen: **Franz Krauss und Josef Tölk** schufen in Olmütz/Olomouc am Domberg 1905 die dortige Villa Primavesi in einer Formensprache, die von Theodor Fischer stammen könnte.[299]

In Brünn/Brno ist solcher Einfluss an mehreren großen Mietshäusern festzustellen, so zum Beispiel an den Bauten von **Maxim J. Monter** (1865 geboren), der allerdings in München und am Bodensee praktiziert hatte.[300]

Eines seiner bestgelungenen „münchnerischen" Werke ist das Eckhaus am Brünner Krautmarkt bei der Einmündung der Rathausgasse, erbaut 1909–1912. Auch das 1910 entstandene Mietshaus an der Brünner Kotlářská 3–5 mit

99

Abb. 71 Prag, Senovazné nám./ehem. Heuwaagplatz, Palast der Zuckerindustrie

den auffallend vielen Loggien könnte in München stehen. Ob der Architekt **Vladimir Fischer** (Lebensdaten unbekannt) oder der Bauunternehmer und Architekt **Schmer** ausschlaggebend für diese heimattümliche Stilwahl war, ist nicht zu klären gewesen. [301]

Eindeutig an der Münchner Stuck-Villa hatte sich **Karel Hugo Kepka** (1869–1924) orientiert, die Innenraumgestaltung seines Rathauses in Prossnitz/Prostějov wäre ohne Stucks Musiksalon nicht denkbar. [302]

Noch in den zwanziger Jahren waren in der neugegründeten Tschechoslowakei vereinzelt Münchner

Abb. 72 Aussig/Ústi, Weinmanneum

Abb. 73 Brünn/Brno, Kotlářska

Architekten tätig, so bauten **Otho Orlando Kurz und Edmund Herbert** die Villa Brock im Prager Stadtteil Bubenec. [303]

In Franzensbad/Františkovy Lázně modernisierte um 1926 der gebürtige Innsbrucker und in München ausgebildete **Arthur Payer** (1880–1937) das Stadttheater. Er war Mitbegründer des Tiroler Heimatschutzvereins, bevor er ab 1917 an der Deutschen Technischen Hochschule in Prag unterrichtete, deren Dekan er 1923 und deren Rektor er 1925 werden sollte. [304]

Der Enkel des schon öfters genannten Reichenberger Architekten Gustav Sachers, **Gustav Alfred Sachers** (1899 geboren), studierte während der zwanziger Jahre in München und arbeitete dort im Büro der Gebrüder Rank. Er war bis 1945 der letzte deutsche Obermeister der Reichenberger Baumeister und Bezirksbeauftragter der Bauwirtschaft des Sudetenlandes. [305]

Damit brechen die seit Jahrhunderten so fruchtbaren Wechselbeziehungen in der Architektur zwischen diesen beiden Nachbarländern für Jahrzehnte ab.

Galizien und die Bukowina

Seit der Dezentralisierung des österreichischen Staatenbundes in den 1860er Jahren wurden auch in den 1846 von Österreich annektierten Landesteilen Galiziens liberale Tendenzen wirksam; damit konnte sich neben den anderen Künsten auch die Baukunst selbstständiger entwickeln als in den deutsch beziehungsweise russisch besetzten Landesteilen Polens.[306] Um 1900 entstand hier eine national geprägte Hochblüte, deren Ausdruck unter anderem in einer von bäuerlichen Architekturelementen durchsetzten Jugendstilvariante gefunden wurde.

Der größte Teil der galizischen Architekten war in Wien ausgebildet worden, seltener in Berlin oder in St. Petersburg – bevor die Technische Hochschule in Lemberg/Lviv gegründet worden war. Bauten mit sichtbar münchnerischem Einfluss sind in diesem Gebiet nur vereinzelt zu finden.

Diesbezüglich als ältester Architekt ist **Karol Kremer** (1812–1860) nachweisbar, der nach seinem Studium an der Münchner Akademie auch Mitglied des Münchner Architektenvereines war. Zu seinen Hauptwerken gehörte die 1949 wieder rückgängig gemachte Regotisierung des Collegium Maius in Krakau/Kraków, die er 1848–1860 durchgeführt hatte.[307]

Verändert wurde auch sein „Altes Theater" am dortigen Szczepanskiplatz, das er 1843 zusammen mit **Tomasz Majewski** (Lebensdaten unbekannt) im Rundbogenstil erbaut hatte. Es sollte schon bald nach der vorigen Jahrhundertwende einen Umbau im Jugendstil erfahren.[308]

Nach Kremers Tod übernahm **Feliks Księżarski** (1820–1884) die Umbauarbeiten am Collegium Maius; er hatte ebenfalls in München an der Akademie studiert, ob nur Architektur oder auch Malerei ist nicht eindeutig überliefert.[309] Sein Zollhaus an der Stradomska 17 zeigte 1857 einige Anklänge an Gärtners Ludwigstraßen-Architektur,[310] sein Collegium Novum, Erweiterungsbau der alten Universität von 1873–1884, wirkt dagegen sehr wienerisch und dürfte sich am Akademischen Gymnasium Friedrich von Schmidts orientiert haben.

„Gärtnerisch" wirken auch manche Krakauer Bauten von **Antoni Stacherski** (Lebensdaten unbekannt), so sein 1861–1866 erbautes Jüdisches Krankenhaus oder das etwa gleichzeitig entstandene Arsenal beim Florianstor.[311]

Nicht Architektur, sondern das „Ingenieurfach" studierte **Jan Zawiejski** (1852–1922; eigentlich hieß er Feintuch, ließ sich aber den Namen 1882 polonisieren) in München. Der später zu einem der bedeutendsten Krakauer Architekten Aufsteigende besuchte im Wintersemester 1872–1873 die Münchner Technische Hochschule. Geprägt wurde sein Werk aber von seinen Wiener Lehrern Karl König und Heinrich von Ferstel.[312] Auf seine frühe Tätigkeit in Meran soll verwiesen werden, zumal er nach dem Vorbild des dortigen „Habsburger Hofes" 1888 in Krynica die Villa Witoldowka für B. Skórczewski gestaltete.[313] Um 1882 arbeite-

Abb. 74 Krakau, Arsenal

Anm. 75 Lemberg/Lviv, Scheftschenko-, ehem. Akademieplatz

te er in Berlin bei Kayser & Großheim, bei denen zeitweise auch Martin Dülfer aus München und Flóris Korb aus Budapest tätig waren.[314]

Um einen heimattümlichen, von der Zakopaner Holzarchitektur beeinflussten Stil bemühte sich **Kasimierz Mokłowski** (1869–1905), der ab dem Sommersemester 1894 bis zum Sommersemester 1896 in München studiert hatte.[315]

Über einen längeren Zeitraum hat sich **Siegmund (Zygmunt) von Suchodolski** (1875 geboren) in München aufgehalten. Von 1894 bis 1898 studierte er an der Technischen Hochschule, danach arbeitete er bei Theodor Fischer und bei Dülfer. Von Fischer übernahm er dessen Schablonenputz-Manier für mehrere Einfamilienhäuser in München-Gern. Für Dülfer dürfte er in dessen „Terraingesellschaft Herzogpark-Gern" gearbeitet haben.[316]

Aus der damals neuen Galizischen Hauptstadt Lemberg/Lviv kam **Roman Feliński** (1886–1953) nach München und schloss dort 1908 sein Studium an der Technischen Hochschule ab. In seiner Heimatstadt wirkte er als leitender Angestellter bei der erfolgreichen **Baufirma Michal Ulam**. „Münchnerische" Merkmale sind 1913 an seinem Haus Rohatyn, 3. Mai-Straße/Ecke Kósciuszkostraße zu bemerken, die Geschäftsgeschosse erinnern an die Sendlinger Straße 44, die 1899 von **Heinrich Volbehr** (Lebensdaten unbekannt) erbaut worden war. Der Lemberger Bau galt im damaligen Polen als Musterbeispiel der „Bestrebungen zur Schaffung eines eigenartigen (sic!) polnischen Baustils".[317]

In Czernowitz/Czernovci sind mindestens zwei prominente Bauten „münchnerisch" gestaltet worden: Die Griechische Kirche im Gärtnerschen Rundbogenstil und das „Deutsche Haus" in einem süddeutsch anmutenden Heimatstil (bei beiden Objekten ist der Architekt unbekannt).

Krain, Dalmatien und die Küstenländer

Auch in diesen Landesteilen der Donaumonarchie war bisher nur wenig direkter Einfluss der Münchner Architektur festzustellen.

Aus dem Zeitalter des Klassizismus muss **Johann Nepomuk Pertsch** (1780–1835) erwähnt werden, dessen Griechische Kirche am Canal Grande von Triest das ganze Viertel dominiert. In München hatte er 1827–1833 die erste protestantische Kirche Münchens an der Sonnenstraße gebaut.[318]

Als ein wichtiges Beispiel des Rundbogenstils ist das von Kaiser Franz Josephs jüngerem Bruder Maximilian erbaute Schloss Miramare bei Triest zu nennen, das nach Plänen von **Carl Junker** (1827–1882) erbaut wurde.[319]

Für die Beziehungen zur Münchner Architektur ist jedoch **Julius Hofmann** (1840–1896), der Schöpfer der Inneneinrichtung bedeutsamer. Er übernahm nach dem Tod seines Vaters dessen Steinmetzwerkstatt (über eine Architektenausbildung ist nichts bekannt) und damit den Auftrag für diese Arbeiten im Schloss. Studienreisen führten ihn nach Paris, London und München, bevor er als Hofarchitekt für Kaiser Maximilian, den Bauherrn von Miramare, als Hofarchitekt nach Mexiko ging. In Münsing am Starnberger See baute er für die Familie Höch einen „herrschaftlichen Sommersitz", der als kleinere Ausführung von Schloss Miramare deutlich zu erkennen ist. Ab 1880 war er der Architekt des von Eduard Riedel begonnenen Schlosses Neuschwanstein.[320]

Vereinzelt sind Münchner Architektureinflüsse auch in Laibach/Ljubljana, der alten Hauptstadt der Krain, heute Hauptstadt des EU-Mitgliedsstaates Slowenien, zu finden. Die Kapelle im Palast wurde ähnlich gestaltet wie der Sängersaal in Neuschwanstein, die Hauptaltarnische wie die Apsis des dortigen Thronsaales.[321]

In Cilli/Celje baute Peter Paul Brang 1906 das „Deutsche Haus" mit deutlichen Anklängen an den Münchner Löwenbräukeller.[322]

Abb. 76 Triest, Schloss Miramare

Abb. 77 Cilli/Celje, ehem. Deutsches Haus

Münchner Einflüsse in den ungarischen Ländern der Donaumonarchie

Durch den sogenannten „Ausgleich" entstand 1867 die österreichisch-ungarische Donaumonarchie; Ungarn war ein weitgehend selbstständiges, wohlhabendes Land mit entsprechender Bautätigkeit geworden: „Es ist eine unanfechtbare Tatsache, dass die Baukunst in Ungarn in fortwährender Entwicklung zur üppigsten Blüte begriffen ist".[323] Die ungarische Hauptstadt orientierte sich an Wien, sie versuchte sogar die alte Habsburger-Metropole immer wieder zu überflügeln.

In diesem Zusammenhang forderte das erstarkende Nationalbewusstsein einen unverwechselbaren Nationalstil. Zuerst erklärte man den Klassizismus dazu, weil er nicht aus Österreich, sondern aus Italien importiert worden war. Es folgte der Romantische Historismus, der durch die vereinzelte Verwendung ungarischer Volkskunstornamentik im Dekor kurzfristig mit einiger Berechtigung als Nationalstil galt. Die Neurenaissance bot sich für eine solche Interpretation ebenfalls an, wurde doch dieser Stil außerhalb Italiens zuerst in Ungarn unter Matthias Corvinus übernommen.[324]

Von den ungarischen Architekten des Klassizismus hatte keiner in München studiert. Allerdings entwarf Leo von Klenze, der bedeutendste Klassizist Münchens, für (Buda-)Pest mehrere Projekte: ein Nationalmuseum (über das keine näheren Informationen zu finden waren) und das Gebäude der Ungarischen Akademie der Wissenschaften am Pester Franz-Joseph-Platz 9, diese allerdings bereits eher dem Romantischen Historismus nahestehend.[325]

Der wichtigste Historist Ungarns, **Nikolaus (Miklós) Ybl**, (1814–91) brachte viele Anregungen aus München in seine Heimat. In seiner Biographie wird von Reisen nach München, Tirol, Rom, Preußen, Frankreich usw. berichtet. In seinen eigenen Memoiren spricht Ybl von „Studien an der Münchner Akademie", die aber bisher nicht belegbar waren. Auch sollen seine Skizzen zur Ausstattung des Ungarischen Nationalmuseums und zum Pester Deutschen Theater in München entstanden sein.[326] Auf alle Fälle hielt

Abb. 78 Budapest, Redoute

er sich ab 12. Februar 1840 für etwa ein Jahr in München auf. Überliefert sind Kopien der Pläne des Isartor-Theaters von seiner Hand, datiert mit 3.3.1841 (im Budapester Stadtarchiv erhalten).[327]

Deutliche Münchner Elemente der Ludwigskirche sind an Ybls Jugendwerk, der Stephanskirche in Fót bei Budapest (1845–1855) zu erkennen, dazu aber auch solche von Schinkels Friedrichwerderscher Kirche in Berlin (1823–1830).[328]

Es heißt, dass Zieblands Münchner Bonifatius-Basilika (1835–1850) als Vorbild für Ybls Pester „Nationalreitschule" hinter dem Nationalmuseum (1857–1858) gewesen sein soll. Tatsächlich beschränkte sich die Vorbildhaftigkeit aber wohl eher auf die Innenraum-Konzeption.[329]

Unumstrittener Hauptmeister der ungarischen Romantik war **Friedrich (Frigyes) Feszl** (1821–1884). Er hatte in München bei Gärtner, Klenze und Bürklein studiert.[330] „Er, der seine Entwürfe im Geiste des Maximilian-Stiles ausarbeitete … wagte … schon in den sechziger Jahren den Versuch, … orientalische und ungarische Formen anzuwenden."[331]

Sein wichtigstes Werk, die Pester Redoute (1859–1864) verband die allgemein in Europa zu jener Zeit gerne verwendeten „maurischen" Motive mit denen der ungarischen Volkskunst, daneben sind aber auch Trecento-Motive wie an Gärtners Münchner Bauten zu finden. Das Bauwerk genoss internationale Beachtung, Theophil Hansen bezeichnete es sogar als „kristallisierten Csárdás".[332]

Feszl beteiligte sich 1862 auch am Wettbewerb um das Gebäude der Ungarischen Akademie der Wissenschaften, zu dem unter anderen Klenze eingeladen war und den schließlich der Berliner August Stüler mit seinem Neurenaissance-Projekt gewann. Einen „weiteren Ableger der Münchner Romantik" wollte man auf alle Fälle verhindern.[333] Dabei hatte sich Feszl mit seinem unverlangt zur Konkurrenz eingereichten Projekt eher an Hansens Wiener Heeresgeschichtlichen Museum orientiert.

Tatsächlich gab es damals bereits mehrere „münchnerisch" wirkende Bauten in Ungarn. Der gebürtige Bayreuther **Ludwig Förster** (1797–1863) hatte die Pester Hauptsynagoge und die Synagoge von Miskolc (1854–59 bzw. 1861–63) mit deutlichen Anklängen an den Gärtnerschen Rundbogenstil gebaut.[334]

Darüber hinaus sind eine Reihe ungarischer Architekten in München ausgebildet worden, deren Werke aber bisher nur in geringem Umfang oder gar nicht auffindbar waren.

Abb. 79 München, Bernheimer-Haus vor der Rekonstruktion

Abb. 80 Budapest, Palais der Ungarischen Klassenlotterie

So studierte der Bruder von Friedrich, **Josef Feszl** (1820 in Pest geboren), ab 1839 an der Münchner Akademie bei Gärtner und arbeitete, ebenso wie sein Bruder, auch bei Klenze und Bürklein. Obwohl er außerordentliches Mitglied des „Architektonischen Vereines in München" war, ist kein einziges Bauwerk von seiner Hand überliefert.[335]

„Münchnerisch" baute ein gebürtiger Stuttgarter in Budapest, **Ludwig (Lajos) Rauscher** (1845–1914). Nach seiner Ausbildung bei Neureuther in München ging er um 1871 nach Ungarn, wurde dort Professor an der Technischen Hochschule und nahm Ende der siebziger Jahre die ungarische Staatsbürgerschaft an. Sein Hauptwerk, die 1892 an der Budapester Andrassystraße erbaute Kunstgewerbeschule zeigt Formen von Gärtners, Klenzes und Neureuthers Bauten; den in München damals so kaum denkbaren Fassadendekor mit Goldhöhungen malte der ebenfalls in München tätige Bertalan Székely.[336]

Theodor Réder (1855–87) studierte von 1875–77 in München bei Geul und bei Gottgetreu, dann in Stuttgart und an der Wiener Akademie der Bildenden Künste, bevor er nach Ungarn zurückkehrte und seinen Namen in **Tivadar Rédey** änderte. Einzig seine Mitarbeit am Eckhaus des Pester Kleinen Ringes zur Andrassystraße ist überliefert.[337]

Bis zur Jahrhundertwende bestimmte das Vorbild der Wiener Ringstraßenarchitektur mit ihren Neurenaissance- und Neubarockformen das Baugeschehen in Ungarn. Zwischendurch fanden sich immer wieder Versuche, der ungarischen Architektur einen nationalen Charakter zu verleihen. **Imre Steindl** (1839–1902) dekorierte die Innenausstattung seines Parlamentsgebäudes mit in Ungarn wachsenden, stilisierten Pflanzen.[338] Steindl war Schüler von Friedrich Schmidt, ebenso wie Georg Hauberrisser, dessen Münchner Rathaus Steindl um 1868 als Anregung für seine beiden Rathausprojekte in Arad (heute Rumänien) und in Pest benutzte.[339]

In der historisierenden Architektur Budapests fanden Münchner Vorbilder nur vereinzelt Verwendung. Zu nennen sind das Gebäude der New-York-Versicherungsgesellschaft am Großen Ring, dessen Architekt **Alajos Hauszmann** beim renommierten Münchner Antiquitätenhändler Bernheimer „den ganzen Bestand eines Pariser garde meuble" für die Ausstattung seiner damals in Bau befindlichen Budaer Burg gekauft hatte.[340]

Außerdem ist das Haus der ungarischen Klassenlotterie zu nennen, das sich am linken Donauufer direkt neben der Elisabethbrücke befand und nach schweren Kriegszerstörungen abgerissen worden ist. Sein Mittelteil war ähnlich gestaltet, wie das Münchner Haus an der Thierschstraße 27.

Der Übergang vom Eklektizismus zum Jugendstil, in Ungarn „Szecesszió" genannt, vollzog sich kontinuierlich über einen längeren Zeitraum. Schon die späthistoristischen Fassaden verwendeten in stärkerem Maße die einheimische Bauornamentik. Vereinzelt waren sie bereits aus dem zum „ungarischen Baumaterial" erklärten Pyrogranit gefertigt, einer vom Pécser **Ziegelfabrikanten Zsolnay** erfundenen, besonders wetterbeständigen und farbenfrohen Majolika-Art.[341]

Der Hauptvertreter der ungarischen Jugendstilarchitektur, **Ödön Lechner** (1845–1914), entstammte einer ursprünglich aus Bayern eingewanderten Familie. Er war Schöpfer der zu Recht als „Nationalstil" empfundenen Bauweise, die sich unter anderem an der ungarischen Volkskunst und auch an der indo-islamischen Architektur orientierte und die in den ungarischen Kronländern von vielen anderen Architekten übernommen wurde.[342] Als Gründungsbau gilt das Budapester Kunstgewerbemuseum, das übrigens von einem deutschen Maler, von Robert Scholz ausgemalt worden ist.[343]

Im Werk eines Münchner Architekten finden sich öfters ungarische Elemente; bei Theodor Fischer zeigt die dekorative Ausgestaltung der Aula Formen, die an vergleichbare ungarische Beispiele erinnern. Tatsächlich könnten diese Details auf Fischers ungarischen Mitarbeiter **Rezsö Hikisch** (1876–1928) zurückgehen, von dem noch die Rede sein wird.[344]

Ungefähr gleichzeitig entwickelte sich eine weitere an der heimischen Baukunst orientierte Jugendstilrichtung, die aber stärker das Ideengut eines William Morris verarbeitete. Besonders beliebt waren die Vorbilder der Szekler Holzbauten in Siebenbürgen. Diese Richtung verfolgte vergleichbare Ideale wie die bayerische Heimatschutz-Bewegung. Als Hauptvertreter sind **Károly Kós** (1883–1977) und **Ede Thoroczkai-Wigand** (1869–1945) zu nennen. Kós war ausschließlich in Ungarn ausgebildet worden, Thoroczkai dagegen auch in Paris und München. Er sollte der erste ungarische Architekt sein, der in der Zeitschrift „The Studio" publiziert wurde.[345] Die in München geschulten Architekten knüpften gerne an die in ihrem Heimatland gängigen Stilvarianten an, bereicherten diese aber zusätzlich mit deutschen Bauformen.

Das Gleiche gilt für die dritte, die barockisierende Richtung der ungarischen Secession, die mit bizarren Umrisslinien und bewegten Gliederungen ähnlich der Lechner-Richtung wirkte. Wichtige Vertreter dieser Richtung waren **Flóris Korb & Kálman Giergl**, die in ihrem Werk aber auch assyrische Formen verwendeten, **Armin Hegedüs**, **József Vágo** und **Zsigmond Quittner** (dieser mit klassizistischen Tendenzen).

Abb. 81 Budapest, Wekerle-Siedlung

Abb. 82 Budapest, Konkurrenzprojekt zur Elisabethbrücke von Friedrich Thiersch

Quittner (1857–1918) hatte in München bei Neureuther studiert und dort an der Technischen Hochschule mit Auszeichnung abgeschlossen.[346] Sein „münchnerischtes" Bauwerk, wenn auch in größeren Dimensionen, ist das Gresham-Palais in der Achse der Kettenbrücke (1907). Dieser Bau wurde aber in wesentlichen Teilen von seinem Mitarbeiter József Vágo (1877 geboren) gestaltet. Vágo hatte allerdings nur in Budapest und nicht in München studiert.[347] Gerade der „deutsche" Giebel mit den markanten Blendnischen zeigt eindeutig Vágos Handschrift, die an dessen Gutenberg-Haus am gleichnamigen Platz (1906–1907 zusammen mit seinem Bruder László errichtet) noch prägnanter hervortritt. Ähnliche Blendnischen finden sich in München an Kurz & Herberts Mietshäusern an der Tengstraße,[348] öfters aber an verschiedenen Berliner Bauten jener Zeit. Münchnerisch scheint der florale Dekor des Gresham-Giebels, er wurde in ähnlicher Weise von Riemerschmid und von Dülfer verwendet. Die vorschwingenden Balkone in den Obergeschossen des Gutenberg-Hauses und des Árkád-Bazars könnte Stengel & Hofer für einige ihrer Münchner Bauten als Vorbild gedient haben, so etwa in der Münchner Herzogstraße 58–60.[349]

Die Budapester Architekten der Jahrhundertwende wechselten mitunter ihre Formensprache oder gehörten während ihrer künstlerischen Laufbahn verschiedenen Richtungen an. Zudem waren die Grenzen zwischen den drei genannten ungarischen Jugendstilvarianten relativ fließend. Am konsequentesten blieben die Vertreter der heimattümlichen Orientierung ihrer Linie treu.

In der Folge sollen alle bisher bekannten, in München ausgebildeten Architekten genannt werden, auch wenn nicht bei allen „Münchner Elemente" nachweisbar sind.

Emil Vidor (1867–1952) hatte in Budapest, München und Charlottenburg studiert.[350] Sein Haus Honvéd utca 3 zeigt Münchner Riefenputz, in der Alkotmány utca 4 gestaltete er die Dachzone mit ähnlichen Holzstützen wie Dülfer seine Villa Curry am Ammersee.

Gyula (Julius) Kosztolanyi (1868–1945) hieß ursprünglich Kann. Er arbeitete sowohl als Maler wie als Architekt. In München studierte er bei dem aus Ungarn stammenden Maler Hollósy, schloss aber 1892 ein Architekturstudium an der Technischen Hochschule ab. Ein Jahr später wurde er an die Baugewerkenschule in Holzminden berufen.[351]

Albert Kálmán (Koloman) Körössy hatte bei Friedrich Thiersch (1869–1955) sein Studium 1891 abgeschlossen. Er hatte das bereits mehrfach erwähnte Haus der Klassenlotterie neben der Elisabethbrücke gebaut. Dass er die Gebäudegruppe Thierschstraße 23–27 gekannt hat, darf angenommen werden.[352]

Für die Elisabethbrücke hatte auch der Münchner Architekt Friedrich von Thiersch ein Projekt ausgearbeitet, das in den Beständen der Architektursammlung an der Münchner TU erhalten ist.[353]

Géza Aladár Kármán (1871–1939) schloss 1893 an der Münchner Technischen Hochschule sein Studium ab. 1920 wurde ihm von diesem Institut der Doktortitel verliehen.[354]

Seine Budapester Bauten entstanden meist in Zusammenarbeit mit **Gyula Ullmann** (Lebensdaten unbekannt); sie zeigen eine ähnlich freie Anwendung von historischen Baudetails wie die Werke von Kurz & Herbert in München. Zu nennen sind ihre Synagoge in der Pester Leopoldstadt, der Hermes-Hof in der Petőfi-Sándor-utca 5 und das ehemalige Warenhaus Fischer in der Bécsi utca. Die dort dreifach übereinander getürmten ionisierenden Kapitelle sind in vergleichbarer Weise in München als Portalschmuck zu finden, in der Bécsi utca wurden sie als Erkerkonsolen ausgeführt.[355]

Imre Benes (1875 geboren) ging nach Abschluss seiner Studien in Budapest nach München und arbeitete dort 1899 im Büro bei Martin Dülfer; anschließend zog er für einige Zeit nach Paris. Nach seiner Rückkehr schuf er viele Villen und Mietshäuser in Budapest.[356]

Rezsö (Rudolf) Ray (1876–1938) entwarf zwei besonders markante Bauten für seine Heimatstadt Budapest. Er entstammte einer aus der Schweiz zugewanderten Architektenfamilie und hatte in Lausanne und in München studiert. Bei den beiden Bauten handelt es sich um den Wasserturm auf der Margareteninsel (1911) und um das Telegrafenamt am ehemaligen Maria-Theresia-Platz (1916).[357] Für sein Törley-Mausoleum in Budafok ließ er sich um 1911 deutlich von Otto Wagners Wiener Steinhof-Kirche inspirieren.[358]

Rezsö Hikisch (1876–1934) hatte in Dresden bei Paul Wallot studiert, bevor er zu Theodor Fischer ging. Seit Dezember 1900 lebte er in München und arbeitete in dessen Atelier. Unter anderem soll eine von Fischers Isarbrücken nicht nach dessen, sondern nach Hikischs Entwürfen gebaut worden sein.[359] 1901 hielt er sich vier Monate in Paris auf, kehrte Frankreich aber enttäuscht den Rücken, weil dort in der Architektur wesentlich konservativere Tendenzen vorherrschten als in Deutschland. Anschließend unternahm er mit einer namentlich bisher nicht bekannten „Gruppe von Münchner Architekten" eine Studienreise durch Italien.[360] Seit 1902 arbeitete er wieder in Budapest, vermutlich im Büro des etwa gleichaltrigen **Rezsö Ray**.[361] Sein vermutlich größter Auftrag war das Rathaus mit Theatergebäude von Kiskunhalás, das einige Anleihen bei Theodor Fischers Putzgestaltung zeigt, die Verwendung von Schablonenputz ist sonst in Ungarn kaum zu finden. Münchner Vorbilder hatte Hikisch wohl auch bei seinem Schulhaus an der Szentendrei út in Óbuda vor Augen (1909), das Anklänge an Fischers Elisabeth-Schule und an Langheinrichs Portalgestaltungen an der Münchner Friedrichstraße 18 erkennen lässt. In seinem Spätwerk aus den frühen dreißiger Jahren, der weitläufigen, für die Anglo-Ungarische Bank entworfenen Siedlung an der Bécsi út griff er auf das Münchner Vorbild der Borstei zurück.[362]

Kálmán Reichl (1879–1926) studierte wie Kosztolanyi in München bei **Hollósy**; ob er noch in München oder erst in Budapest von der Malerei zur Architektur wechselte, ist bisher nicht bekannt. Seine Arbeiten orientierten sich weniger an der Münchner, als an der Bauweise von Peter Behrens oder Adolf Loos.[363]

Aladár Münnich (1890 geboren) hatte in München studiert, bevor er mit **Dénes (Dionysius) Györgyi** (1886 geboren) ein Architekturbüro eröffnete.[364]

Jenö Lechner (Lebensdaten unbekannt) baute um 1913 die Lehrerbildungsakademie in Sárospatak mit einer ähnlichen Eingangsgestaltung wie die Häuser von Kurz & Herbert an der Münchner Tengstraße.[365]

Auch außerhalb der ungarischen Hauptstadt waren in München ausgebildete Architekten zu finden.

Als ältester dieses Personenkreises ist **Franz (Ferenc) Storno sen.** (1820–1907) aus Ödenburg/Sopron zu nennen. Er bekam seine Ausbildung in Landshut und in München,

Abb. 83 Szeged, Iris-Haus

Abb. 84 Budapest, Hauptstädtisches Archiv

bevor er ab 1845 in seiner Heimatstadt und auch in anderen Orten Westungarns arbeitete.[366]

In Temesvár (Timisoara) arbeitete **Ferenc Schmidt** (1827–1901) der 1848 zunächst an der Münchner Kunstakademie und dann an der Technischen Hochschule eingeschrieben war.[367]

Von der Münchner Formensprache beeinflusste Architekten arbeiteten auch in Pressburg (Pozsony/Prešporok), heute Bratislava, die Hauptstadt der Slowakei. **Karl Feigler** (1825 geboren) hatte an der Münchner Akademie studiert, bevor er in seiner Vaterstadt zu arbeiten begann.[368]

Mit ihm verwandt war **Ignaz Feigler** (1820–1894); er errichtete das Pressburger Staatskrankenhaus (1858–64) im münchnerischen Rundbogenstil. Auch seine Pressburger Kapuzinerkirche nahm Anregungen der Ludwigskirche auf.[369]

Auch die folgende Generation ging zum Studium nach München; **Franz Feigler** (Lebensdaten unbekannt) legte 1905 seine Fachprüfung an der Architekturabteilung der Münchner Technischen Hochschule ab.[370]

Als „einer der bedeutendsten Vertreter des Späthistorismus wird **Viktor Rumpelmayer** (1830–1885) im Österreichischen Biographischen Lexikon bezeichnet. Nach seinem Studium bei Ludwig Lange in München und nach praktischer Ausbildung in Paris ging er nach Wien, wo er für Siccardsburg & van der Nüll unter anderem am Wiener Haas-Haus mitarbeitete. Er baute die englische und die deutsche Botschaft in Wien, mehrere Paläste und Mietshäuser in Pressburg sowie in Keszthely (Westungarn) Erweiterungsbauten für das dortige Palais Festetics.[371]

Sicher einer der phantasievollsten Jugendstilarchitekten war **Ede Magyar** (1877–1912). Er baute hauptsächlich in Szeged, nachdem er sich über einen längeren Zeitraum in München aufgehalten hatte; Näheres über diesen Aufenthalt ist nicht überliefert.[372] Auf alle Fälle hat er Dülfers Haus der „Allgemeinen Zeitung" gekannt, sein berühmtes „Iris-Haus" für den Bauherrn Reök zeigt neben französischen Art-Nouveau-Formen mehrfach ein Bocca-Motiv, das mit Dülfers Giebelgestaltung große Ähnlichkeiten aufweist.

Auf die in München tätigen ungarischen Architekten Könyves, Popp, Nyilas und Neumann wurde bereits verwiesen, ebenso auf das Karlsbader Hotel Imperial des gebürtigen Budapesters Johannes Kronfuß (1872–1944), der in München ausgebildet worden war, dann der wichtigste Jugendstilarchitekt der Stadt Bamberg wurde und schließlich nach Argentinien auswanderte, wo er für die deutsche

Abb. 85 München, Herz-Jesu-Kirche

und für die ungarische Kolonie eine umfangreiche Bautätigkeit entwickelte. In Ungarn selbst ist nur seine Teilnahme am Wettbewerb um das Ungarische Nationaltheater belegt.[373]

Dieser Wettbewerb hatte auch Dülfer nach Budapest gebracht, zusammen mit Max Littmann saß er 1913 in der Jury. Wie lange er Mitglied in der Budapester Stadtverschönerungs-Kommission war, konnte nicht festgestellt werden.[374]

Von Dülfers Münchner Kollegen waren Hocheder, Heinrich von Schmidt, Richard Berndl, Gabriel von Seidl, Franz Zell und Heinrich Tessenow auf ehemals ungarischem Gebiet tätig. **Hocheder** baute um 1907 in Hermannstadt (Nagy Szeben, Sibiu, heute Rumänien) die Bade- und Kuranstalt.[375]

Elemente seiner Handschrift sind auch beim Wohnhaus al. Papiu Harian 9. Ecke Cetatiistraße und in Kronstadt (Brassó, Brașov) am Wohn- und Geschäftshaus mit der Aufschrift „Apolonia Hirscherin", Republikstraße 22 zu finden.

Gabriel von Seidl schuf in der Nähe von Stuhlweissenburg/Szekesfehérvár das Schloß in Iszkaszentgyörgyi mit Fassadenschmuck von Hildebrand (s. Abb. 38).[376]

Richard Berndl wurde 1903–04 mit dem Bau eines Mausoleums in Krasna Horka für die Familie Andrássy beauftragt.[377]

Franz Zell baute um 1910 in Czoor ein Schloss für den österreichischen Botschafter Graf von Szögeny und das Jagdschloss Pappenheim in Buják.[378]

Nach dem Ersten Weltkrieg zerrissen aus politischen Gründen weitgehend die alten Beziehungen der mitteleuropäischen Länder untereinander, trotzdem entstand noch in den zwanziger Jahren nach Plänen von **Tessenow** der Herrensitz in Csomháza.[379]

Nach dem Zusammenrücken der europäischen Staaten unter dem Dach der Europäischen Union sind die Kontakte in allen Bereichen wieder enger geworden. In architektonischer Hinsicht sei hier das neue Budapester Stadtarchiv stellvertretend für andere genannt: 2003–2004 bauten **Tamás Németh** und **János Koris** dieses elegant geschwungene Gebäude an der Deve utca.[380] Vor dem Eingang steht eine L-förmige Glaswand mit dem Hinweis auf die Gebäudefunktion „Fövárosi Leveltár" (=Hauptstädtisches Archiv). Vorbild dafür dürfte die Gestaltung der unmittelbar vorher entstandenen Münchner Herz-Jesu-Kirche gewesen sein. Die über mehrere Stockwerke reichende Eingangshalle ist mit hängenden Pflanzen ausgestattet, ähnlich wie der breite Hauptgang in den Münchner „Fünf Höfen".

111

Eines hat sich nie geändert: gute Architekten lassen sich von den Werken ihrer Vorgänger oder Kollegen in Details durchaus inspirieren, andere versuchen zu kopieren. Dabei muss das Ergebnis nicht unbedingt schlecht sein, wie manche unserer Beispiele – auch die neueren – zeigen.

Die „moderne" Gebrauchsarchitektur hat sich in den letzten hundert Jahren nicht wesentlich geändert, dabei wird die einstmals so wichtige Funktionalität manchmal sehr vordergründig und gewollt zur Schau gestellt, inzwischen sehr oft nur noch dekorativ verstanden.

Das gilt auch für die „Dekonstruktivisten", die um jeden Preis originell sein wollen, dabei aber alles andere als funktionell sind. „Anpassungsarchitektur" ist zur Zeit verpönt, eine wirklich praktikable, aktuelle Moderne noch nicht „erfunden".

Ob die Münchner Architektur heute wieder inspiriert, ob die Münchner Architekten an die frühere Vorbildhaftigkeit anknüpfen können, das wird erst die Nachwelt unvoreingenommen beurteilen.

Anmerkungen Teil II

Münchner Baukultur in Europa

[1] Achleitner, Friedrich: Österreichische Architektur im 20. Jahrhundert, Band I, S. 282; Tautz, Karl: Ein gewerbefördernder Regierungserlass, in: Alpenländische Gewerbezeitung, Nr. 9 vom 29.4.1909.; s. Eisenbahnfahrpläne jener Zeit.

[2] Wagner-Rieger, Renate: Wiens Architektur im 19.Jahrhundert, S. 100.

[3] András, Péter: A magyar Müvészet Története (Ungarische Kunstgeschichte), Band II, S. 75 (Budapest 1930).

[4] Personalstand der Königlichen Technischen Hochschule zu München (in der Folge KTHM genannt), Immatrikulationslisten ab 1870.

[5] Festschrift 100 Jahre Höhere Technische Bundeslehranstalt Salzburg, S. 34 (Salzburg 1976); Dimitriou, Sokratis: Stadterweiterung von Graz, S. 122; erster Direktor der Grazer Kunstgewerbeschule war August Essenwein.

[6] Mumelter, Norbert: Karl Ritter von Müller, in: Der Schlern 1965, Nr. 43, S. 323ff. (Bozen 1965); Festschrift zur Hundertjahrfeier der Höheren Technischen Lehranstalten in Innsbruck 1884–1984, S. 39.

[7] Mumelter, s. Anm. 6, S. 323.

[8] Personalstand der KTHM, Immatrikulationsverzeichnisse; Georg Baumeister s. Baumeister Dr. Ing. Georg Baumeister, Nachruf des Vaters auf seinen gleichnamigen Sohn (Bregenz 1921); Kirchmayr, Hermann: Innendekoration 1898, Beilage zwischen S. 3 und 5. S. 8, 16. Zu den in München ausgebildeten Lehrern der Höheren Technischen Lehranstalt in Innsbruck gehörten: Anton Krapf ab Sommer-Semester 1901 bis Sommersem. 1904; Karl Paulmichel aus Landegg ab Winter-Sem. 1897/1898 (s. Vollmer-Künstlerlexikon, dort wird sein „Verdienst um die Pflege der heimischen Bauweise und die Erhaltung alter Bauten" besonders hervorgehoben; Anton Payr aus Innsbruck ab Winter-Sem. 1898/1899 bis Sommer-Sem. 1903; Wilhelm Sachs aus München ab Sommer-Sem. 1901 bis Sommersem. 1905.

[9] Festschrift 100 Jahre …, s. Anm. 5, S.34.

[10] Festschrift 100 Jahre …, s. Anm. 5, S. 44.

[11] Festschrift 100 Jahre …, s. Anm. 5, S. 37, 38.

[12] Festschrift 100 Jahre …, s. Anm. 5.

[13] Kreuter s. Thieme-Becker-Künstlerlexikon, Band 21, S. 516.

[14] Ziebland s. Schreibmayr, Erich: Letzte Heimat – Persönlichkeiten in Münchner Friedhöfen 1784–1984 (München 1985), S. 305.

Tirol, Südtirol und Trentino

[15] Theodor Fischer, zitiert bei Abram, Zeno: Frühe Moderne, in: Arunda 1979, Heft 8 & 9, S. 29.

[16] Achleitner, s. Anm.1, S. 282; Tautz, Karl: Ein gewerbefördernder Regierungserlaß, in: Alpenländische Gewerbe-Zeitung 1909, Nr. 9 vom 29.4.1909.

[17] Pfister, Rudolf: Theodor Fischer, S. 9, 91, 148; Festschrift zur Einweihung der Mittelschule Lana (1981, unpaginiert); Burggräfler vom 24.4.1911.

[18] Delugan, Hermann: Meran um 1900, in: Arunda, Heft 8 & 9, S. 19.

[19] Tautz, Karl: Ein gewerbefördernder Regierungserlass, in: Alpenländische Gewerbezeitung, Nr. 9 vom 29.4.1909.

[20] S. Anm. 19.

[21] Aus Tirol und aus dem Trentino waren an der Münchner Technischen Hochschule (KTHM) bis 1910 folgende Architekturstudenten zu finden: Albertini, Umberto aus Trient, 1894–1895; Amonn, Marius aus Bozen, 1897–1904; Delugan, Heinrich aus Meran, 1909–1910; Fritz, Alois aus Innsbruck, 1905–1910; Giovanni, Josef aus Flavon, 1890–1892; Grissemann, Karl aus Imst, 1904–1905; Huter, Paul aus Innsbruck, 1896–1900; Huter, Theodor aus Innsbruck, 1897–1901; Köllensperger, Max aus Innsbruck, 1908; Marzani, Pierino aus Rovereto, 1907–1910; Mayr, Alfons aus Innsbruck, 1907–1910; Mayr, Siegfried aus Innsbruck, 1907–1910; Menardi, Joh. aus Innsbruck, 1905–1909; Musch, Oskar aus Bozen, 1900–1904; Nigler, Ernst aus Bozen, 1903; Parisi, Lorenzo aus Trient, 1901–1902; Paulmichl, Karl aus Landeck, 1897–1899; Payr, Arthur aus Innsbruck, 1898–1903; Petri, Atilius aus Pergine, 1895–1896; Pfretschner, Ernst aus Jenbach, 1904–07; Schullern, Heinrich aus Innsbruck, 1888; Stötter, Alphons aus Sterzing, 1895–1896; Tommasi, Wolfgang aus Innsbruck, 1904–1909.

[22] Sebastian Altmann hatte z.B. in München vermutlich nichts gebaut; Ludwig D. Lutz entwarf für München nur drei Wohnhäuser, für Innsbruck baute er so prominente Bauten wie die Creditanstalt an der Maria-Theresia-Straße, die Tiroler Handelskammer in der Meinhardstraße und eine große Anzahl von Wohnhäusern.

[23] Nigler s. Polizeimeldebogen im Stadtarchiv München (Josef N. 1848–1908, Ernst N. 1879 geboren).

[24] Welzenbacher s. Polizeimeldebogen im Stadtarchiv München.

[25] Delugan s. Abram, Zeno: Frühe Moderne, in: Arunda 1979, Heft 8 & 9, S. 11.

[26] Achleitner, s. Anm. 1, S. 3, 19f; Süddeutsche Bauzeitung 1907, S. 73ff. freundliche Mitteilung Herr Biasi, Kufstein.

[27] Achleitner, s. Anm. 1, S. 317.

[28] Architektur-Konkurrenzen 1906, Band I, Heft 1; Süddeutsche Bauzeitung 1905, dort Projekt von Herssemer & Schmidt; Achleitner, s. Anm. 1, S. 317. Es wurde kein Erster, sondern nur zwei Zweite Preise verliehen, einen davon gewann Jummerspach (Bericht über die KTHM 1904–1905, S. 57).

[29] Wiener Bauindustriezeitung 1909, S. 81, Tafel 23; S. 266, 302; Achleitner, s. Anm. 1, S. 318; Klein, Dieter: Martin Dülfer, S. 18 (dort Projekt zum Dresdner Schauspielhaus); Neudeutsche Bauzeitung 1909, S. 625; Architektur-Konkurrenzen 1910, Band V, Bericht über das Studienjahr 1908–1909 der KTHM, S. 60.

[30] Achleitner, s. Anm. 1, S. 318ff.

[31] Achleitner, s. Anm. 1, S. 319.

[32] Bericht über das Studienjahr 1908–1909 der KTHM, S. 60.

[33] S. Anm. 32, 1909–1910.

[34] Achleitner, s. Anm. 1, S. 350.

[35] Ley: Die Villa als Burg, S. 327; Süddeutsche Zeitung vom 22.1.1985.

[36] Freundliche Mitteilung Fam Bertsch, München-Solln, Gästebuch im Familienbesitz.

[37] Achleitner, s. Anm.1, S. 282.

Innsbruck

[38] Österreichische Kunsttopographie, Band 45, Innsbruck-Profanbauten, S. 450.

[39] Gsell-Fels: Tirol (München 1904), S. 63; Natale Tommasi s. Thieme-Becker-Künstlerlexikon Band 33.

[40] Allgemeine Deutsche Biographie, Band 17, S. 647.

[41] Lasne, Otto: Bauleitlinienplan für Amras, Stadtarchiv Innsbruck.

[42] Österr. Kunsttopographie, s. Anm 38, S. XXXIV.

[43] S. Anm. 42, S. XXIX, XXXI.

[44] S. Anm. 42, S. XXXIV.

[45] Achleitner, s. Anm. 1, S. 376.

[46] S. Anm. 42, S. XXXIV.

[47] Felmayer, Johanna: Innsbruck im Industriezeitalter, in: Festschrift Johann Huter & Söhne 1860–1985, S. 54 (Innsbruck 1985).

[48] Buzas, Herbert: Festschrift 75 Jahre Anton Fritz, Baumeister 1888–1963, S. 17 (Innsbruck 1963).

[49] Österr. Kunsttopographie, Anm. 38,

50 Österr. Kunsttopographie, s. Anm. 38, S. XXXIV.
51 Achleitner, s. Anm. 1, S. 285.
52 Achleitner, s. Anm. 1, S. 366; Jahresbericht der Baugewerkschule, 1897–1898: Ringler stammte aus München, sein Vater war „Kunstanstaltsbesitzer", Österr. Kunsttopographie, s. Anm. 38, S. 394.
53 Achleitner, s. Anm. 1, S. 364; Österr. Kunsttopographie, s. Anm. 38, S. 245ff.
54 Pfister, Rudolf: Theodor Fischer, Haus Zeller in Stuttgart s. S. 112 f., Abb. 81 und 82.

Architekten und Baumeisterpersönlichkeiten in Innsbruck

55 Österr. Kunsttopographie, s. Anm, 38, S. 555f.
56 Kunstdenkmäler in Bayern, Band I, München, S. 171, 274; dort Ainmillerstr. 22 und Römerstr. 11.
57 Österr. Kunsttopographie, s. Anm. 38, S. 364.
58 Münchner Fassaden, Abb. 318.
59 Österr. Kunsttopographie, s. Anm. 38, S.159, 364 (dort Verweis auf den Dekor von Köpf an den Häusern München Widenmayerstraße 32 und 34).
60 Österr. Kunsttopographie, s. Anm. 38, S. 156; Achleitner, Österreichs Architektur im 20. Jahrhundert, Band I, S. 376.
61 Personalstand der KTHM ab Sommer-Semester 1906 bis Winter 1909–1910.
62 Buzas, s. Anm. 48, S. 20f., 28.
63 Buzas, S. Anm. 48, S. 21.
64 Österr. Kunsttopographie, s. Anm. 38, S. 310; ein ähnlicher Bau steht in München, Schellingstraße 58 (Ecke Zentnerstraße).
65 Österr. Kunsttopographie, s. Anm. 38, S. 426.
66 Nachruf auf Hans Fritz, in: Tiroler Tageszeitung vom 8.11.1952.
67 Österr. Kunsttopographie, s. Anm. 38, S. 467 f; Denkmäler in Bayern, Band I, München, S. 209, Grützner Str. 1; Personalstand der KTHM, Wintersemester 1904–1905; Polizeimeldebogen im Stadtarchiv München.
68 Österr. Kunsttopographie, s. Anm. 38, S. 282.
69 Felmayer, Johanna: Die Huter, ihre Geschichte und das Innsbrucker Stadtbild, In: Festschrift Johann Huter & Söhne, S. 12f. (Innsbruck 1985).
70 Felmayer, s. Anm. 69, S. 14, 17, 23.
71 Österr. Kunsttopographie, s. Anm. 38, S. 17; Felmayer, s. Anm. 69, S. 65f.
72 Österr. Kunsttopograhie, s. Anm. 38, S. 118; Felmayer, s. Anm. 69, S. 21; Abbildung des Griesebach-Baues in: Architektonische Studienblätter (Berlin, o. Jahr, unpaginiert).
73 Huter-Festschrift, s. Anm. 47, dort Abbildung des nicht ausgeführten Projektes auf. S. 39; für Feldkirch schuf Peter Huter den imposanten Bau der Stella Matutina.
74 Felmayer, s. Anm. 69, S. 22f.; Josef Huter baute auch die Villacher Nikolauskirche, in Enns die Franziskanerkirche und in Hall das im Krieg zerstörte Gymnasium.
75 Personalstand der KTHM ab 1896.
76 Paul Huter baute u.a. 1911–1913 das neubarocke Langhaus der Kirche von Zams, 1915–1931 die Kirche von Schenna sowie die Irrenanstalten von Solbad Hall und Pergine (undatiert); Felmayer, s. Anm. 69, S. 25.
77 Felmayer, s. Anm. 69, S. 25, 29, 46f.; Österr. Kunsttopographie, s. Anm. 38, S. 221; Denkmäler in Bayern I, München, S. 271, dort Max-Reger-Platz 2.
78 Österr. Kunsttopographie, s. Anm. 38, S. 52.
79 Österr. Kunsttopographie, s. Anm. 38, S. 173; Felmayer, s. Anm. 48f. Denkmäler in Bayern I, München, S. 171, dort Ainmillerstr. 22.
80 Österr. Kunsttopographie, s. Anm. 38, S. 149f; Felmayer, s. Anm. 69, S. 54f.
81 Österr. Kunsttopographie, s. Anm. 38, S. 298; Denkmäler in Bayern, München, S. 192, Dom-Pedro-Platz 39–41.
82 Österr. Kunsttopographie, s. Anm. 38; Friedrich Konzert s. Thieme-Becker-Künslerlexikon.
83 Achleitner, s. Anm. 1, S. 364, Ostfriedhof Innsbruck.
84 Österr. Kunsttopographie, s. Anm. 38, S.173; Achleitner, s. Anm. 1, S. 264.
85 Amtsblatt der Landeshauptstadt Innsbruck, Februar 1957, Nr. 2: Stadtbaudirektor a.D. Konzert – 80 Jahre alt; Österr. Kunsttopographie, s. Anm. 38, S. 199.
86 Achleitner, s. Anm. 1, S. 361.
87 Lutz s. Personalstand der KTHM ab Winter-Semester 1885–1886; Polizeimeldebogen im Stadtarchiv München; Denkmäler in Bayern I, München: von Lutz werden dort die folgenden Objekte genannt, S. 191 Dienerstr. 19, S. 218 Hohenzollernstr. 31–33 und S. 249 Max-Weber-Platz 8.
88 Österr. Kunsttopographie, s. Anm. 38. S. 286; Denkmäler in Bayern, Band I, München, s. S. 294, Thierschstr. 27; München und seine Bauten, S. 274 Bauerngirgl.
89 Achleitner, s. Anm. 1, S. 357; Österr. Kunsttopographie, s. Anm. 38, S. 170.
90 Achleitner, s. Anm. 1, S. 371; Österr. Kunsttopographie, s. Anm. 38, 287ff. Klein: Martin Dülfer, S. 13; Architektur des 20. Jahrhunderts, 1903, S. 52.
91 Mader, s. Polizeimeldebogen im Stadtarchiv München; Achleitner, s. Anm. 1, S. 370; Denkmäler in Bayern, Band I, München, S. 286, Sendlinger Str. 80.
92 Österr. Kunsttopographie, s. Anm. 38, S. 111; Denkmäler in Bayern, s. Anm. 91, S. 299, Viktualienmarkt 12.
93 Anton Norer, Personalstand der KTHM Sommersemester 1880.
94 Österr. Kunsttopographie, s. Anm. 38, S. 190f, 196, 198; Denkmäler in Bayern, s. Anm. 91, S. 175: München Arcisstr. 59.
95 Österr. Kunsttopographie, s. Anm. 38, S. 193; Klein: Martin Dülfer, Titelbild.
96 Felmayer, s. Anm. 69, S. 68; vom späteren Innsbrucker Stadtbaurat Purtscheller stammt das "münchnerische" Haus Kaiser-Franz-Joseph-Straße 10.
97 Payr s. Personalstand der KTHM ab Wintersemester 1898–1899; Nachruf in: Innsbrucker Nachrichten vom 3.3.1937, dort sind ein Sanatorium in Brixen, der Neubau des Deutschen Casinos in Prag, in Zirl die Gasthäuser „Löwen" und „Post" und in Klausen „ein Gasthaus" erwähnt; Zu Franzensbad s. Unser Sudetenland 1978, Folge 271, Mai-Nummer.
98 Achleitner, s. Anm. 1, S. 374; Österr. Kunsttopographie, s. Anm. 38, S. 407; das Hotel Arany Bika in Debrecen weist Ähnlichkeiten mit Retters Stil auf; Wiener Bauindustrie-Zeitung 1907, S. 33: Wettbewerb zum Schulhaus in Schwaz, 1. Preis an Ringler.
99 Österr. Kunsttopographie, s. Anm. 38, S. 386.
100 Natale Tommasi s. Polizeimeldebogen im Stadtarchiv München; Österr. Kunsttopographie, s. Anm. 38, S. XXXII; Thieme-Becker-Künstlerlexikon Band 33; weitere Werke: Bozen, Villa Lauer; Baselga di Piné, Kirche; Medolino bei Pola: Kirche; Pola: Kirche Madonna del Mare.
101 Österreichische Kunsttopographie, Band 35, Innsbruck, Profanbauten, S. 167; Gsell-Fels: Tirol, S. 63.

Bozen/Bolzano

102 Österr. Kunsttopographie, s. Anm. 101, S. 432, 435.
103 Rasmo, Nicolo: Beiträge zur Entwicklungsgeschichte der Altstadt (Bozen 1976), S. 26; bei Bauarbeiten zu einer Tiefgarage unter dem Walterplatz wurden Fundamente von bis dahin un-

[104] Malfér, Viktor: Bautätigkeit in Bozen-Gries 1850–1914, in: Der Schlern 1984, S.139; vermutlich handelt es sich um Carl Leimbach (gleiche Geburtsdaten). In München baute er u.a. das Wilhelms-Gymnasium an der Thierschstr. 46; Kurzbiographie bei Hederer: Friedrich von Gärtner, S. 244, 289.

[105] Rasmo, s. Anm. 103, S. 26.

[106] Rasmo, s. Anm. 103, S. 26f.

[107] Mascotti, Albert: Sebastian Altmann, in: Turis Babel 1986, Nr. 8, S. 31.

[108] Mascotti, s. Anm. 107, S. 30.

[109] Rasmo, s. Anm. 103, S. 27.

[110] Klein: Das Bozner Kolpinghaus – ein Juwel, in: Dolomiten vom 22.12.1982.

[111] Malfér, s. Anm. 104, S. 140.

[112] Malfer, s. Anm. 104, S. 141; "Das Café Walter von der Vogelweide und etwas Baugeschichte", undatierter Zeitungsartikel, ohne Ort, nach 1966.

[113] Rasmo, s. Anm. 103, S. 27.

[114] Gottfried von Neureuther, Katalog der Ausstellung, München 1978, S. 112ff. Die Villa Wendlandt wurde laut Katalog 1932 abgebrochen, anderen Quellen nach aber „zum Herzogspalast umgebaut". Die Informationen zu Hinz stammen von Dr. Grygiel, Warschau.

[115] Mumelter, Norbert: Carl Ritter von Müller, in: Der Schlern 1965, Nr. 43, S. 322ff.

[116] Freundlicher Hinweis Karl Kürschner, München; Festschrift 100 Jahre Rank (1962), S. 16 (Bautenliste). Eventuell war Franz Rank am Umbau des Schlosses im Südtiroler Seis beteiligt, Bauherr war Privatier Kölbl.

[117] Brief des Meraner Gemeinderates an Wilhelm Kürschner vom 4.6.1901, in der Sammlung Karl Kürschner.

[118] Münchner Fassaden, S. 302, Abb. 220, Marschallstraße 1; München und seine Bauten, S. 472, Neuer Justizpalast.

[119] Klein, Dieter: Das Gesamtkunstwerk im 19. Jahrhundert, in: Ars Bavarica 1982, Band 25/26, S. 115ff.

[120] Malfér, s. Anm. 104, S. 47; Mascotti: Gustav Nolte, in: Turis Babel 1985, Heft 3, S. 39ff.

[121] Mascotti, s. Anm. 107, S. 40.

[122] Abram, Zeno: Frühe Moderne, in: Arunda 1979, Heft 8/9, S. 25.

[123] Mumelter, s. Anm. 115, S. 322ff. Süddeutsche Bauzeitung 1912, S. 219: Das Bozner Rathaus. Kürschners Vorentwürfe sind verschollen.

[124] Mayr-Fingerle, Christoph und Mascotti, Albert: Marius Amonn und August Fingerle, in: Turris Babel 1985, Heft 2, S. 41ff.

[125] Mayr-Fingerle und Mascotti, s. Anm. 124, S. 46.

[126] Ringler, Josef: Nachruf auf Amonn, in: Dolomiten, 18.7.1945; der Nachruf hätte bereits am 30.3.1944 erscheinen sollen, wurde jedoch vom zuständigen Gauleiter verboten.

[127] Freundlicher Hinweis Architekt Professor Johannes Ludwig und Frau Lotte Baring, geborene Ludwig; von den Gebrüdern Ludwig sind außerhalb von Bozen in Mera-Untermais das Haus Salgart, in Gossensass das Hotel Wielandhof sowie Bauten in Kaltern zu nennen. Vgl. die Formensprache der Architekten Kurz & Herbert in München.

[128] Schneider, Elmar: Das Bozner Stadttheater im Bahnhofspark, in: Stadt im Umbruch, Jahrbuch des Südtiroler Kulturinstitutes Band 8 (Bozen 1973); Malfér, s. Anm. 104, S. 146; freundliche Mitteilung Frau Maria Judenmann, München, Oberföhringer Straße 33; Bauakte Oberföhringer Straße 33.

Meran/Merano

[129] Ab dem Wintersemester 1909–1910 ist an der KTHM Heinrich Delugan nachweisbar, vermutlich ein Sohn Peter Delugans.

[130] Mascotti, Albert; Musch & Lun, in: Turis Babel Nr. 5, S. 28; außerhalb Merans bauten Musch & Lun „nach Angaben Oskar von Millers" das Kraftwerk von Töll bei Meran (s. alpenländische Gewerbezeitung Nr. 9 vom 29.4.1909, S. 2) oder das Karersee-Hotel (1896); der spätere Firmenteilhaber Oskar Musch hatte in München von 1900–1904 studiert, s. Personalstand der KTHM ab Wintersemester 1900/1901 bis Sommer 1904.

[131] Freundlicher Hinweis Professor Jacek Purchla, Krakau; Purchla: Jan Zawiejski, S. 377; Purchla: Wien-Krakau im 19. Jahrhundert, S. 69.

[132] Klein: Martin Dülfer, S. 60ff. Festschrift Gebrüder Rank (München 1915).

[133] Spiegelfeld, Patrizia: Jugendstil in Meran, S. 11 (Dissertation Universität Innsbruck 1980).

[134] Pläne zum Hotel Emma im Stadtarchiv Meran, Plansammlung. Dülfers Häuser in der Münchner Ohmstraße s. Münchner Fassaden, Abb. 250f.

[135] Spiegelfeld, s. Anm. 133, S. 121.

[136] Alpenländische Bauzeitung 1907, S. 241.

[137] Architekturführer, in: Arunda 1979, Heft 8+9, Abb. 10 (Meran 1979).

[138] Freundliche Mitteilung Frau W. Wilhelm-Welponer, Klobenstein; Originalpläne in Familienbesitz.

[139] Süddeutsche Bauzeitung 1912, S. 213; Fotos des Landhauses Bessler in der Sammlung Christoph Mayr-Fingerle, Bozen.

[140] Festschrift zur Einweihung der Mittelschule Lana 1981, unpaginiert.

Vorarlberg

[141] Bilgeri, Benedikt: Bregenz-Geschichte der Stadt, S. 501 (Wien-München 1980). Die Eröffnung der Verbindung München-Zürich fand am 1.11.1873 statt.

[142] Pläne zum Gefangenenhaus im Vorarlberger Landesarchiv Bregenz, undatiert; im Bauakt nur die Funktionsbeschreibung des Neubaues, 1844 datiert. Baudaten aus Dehio-Vorarlberg, S. 87 (Wien 1983). Steger wird ansonsten nur als Ingenieurassisent im Zusammenhang mit der Gründung der Freiwilligen Feuerwehr (1861) erwähnt; Bilgeri, s. Anm. 141, S. 484.

[143] Jeuch, Kaspar, Josef s. Hederer: Friedrich von Gärtner, S. 242, 288; Fronfeste-Projektpläne im Vorarlberger Landesarchiv, Kasernen-Projektpläne im Stadtarchiv Feldkirch.

[144] Vallaster, Christoph: Stella Matutina 1856–1979, S. 20ff. (Bregenz 1985); die Kanonen am Hauptgiebel wurden erst 1860 durch eine Muttergottes-Statue ersetzt. Zu literarischen Ehren kam das Konvikt durch Thomas Mann, der es in seinem „Zauberberg" erwähnt. Peter Huter schuf auch die Kirche von Schwarzach in Vorarlberg.

[145] Vallaster, s. Anm. 144, S. 33.

[146] Gottgetreu s. Ecksteins Künstlerlexikon (o. Ort, o. Jahr unpaginiert).

[147] Eduard von Riedel, s. Thieme-Becker-Künstlerlexikon Band 28, S. 316; Achleitner: Österreichische Architektur im 20. Jahrhundert, Band I, S. 413, 425 (dort aber Riedels Namen nicht erwähnt). Die Wettiner Zisterzienser wurden während einer Säkularisierungswelle um die vorige Jahrhundertmitte aus dem Aargau vertrieben.

[148] Bregenz, Bahnhofstraße 1, von Romedi Wacker 1886 erbaut; Pläne im Stadtarchiv Bregenz; Feldkirch, Bahnhofstraße 18, datiert 1895, Architekt unbekannt.

[149] Baupläne in den Stadtarchiven Bregenz und Feldkirch.

[150] Rank, Franz: Tagebuchaufzeichnungen, in der Sammlung Hubert Rank.

[151] Klinker-verkleidete Bauten wurden in München hauptsächlich von Littmann oder Hauberrisser geschaffen.

[152] Baumeister, Georg, sen. und jun., s. Polizeimeldebögen im Stadtarchiv

München.
[153] Achleitner, s. Anm. 147, dort: Bludenz, Villa Jehly, S. 406.
[154] Baupläne zum Postamt im Stadtarchiv Feldkirch.
[155] Festschrift des vorarlberger Landesmuseums zum 50jährigen Bestande. S. 293f. (Bregenz 1907); der erste Spatenstich erfolgte am 26.9.1903. Huber-Feldkich (Katalog der Ausstellung im vorarlberger Landesmuseum 1978), S. 12, dort Anm. 5.
[156] Baupläne zu Maurachstraße 16 im Stadtarchiv Bregenz;. Blumenstraße 1, s. Achleitner, s. Anm. 147, S. 420; Villa Fünfland s. Dehio-Vorarlberg, S. 115.
[157] Zimmermann, Jutta: Wichtige Persönlichkeiten meiner Heimatstadt Bludenz (Hausarbeit für die Lehramtsprüfung … an der Pädagogischen Akademie des Bundes in Vorarlberg Sommer-Semester 1982, S. 32ff.).
[158] Zimmermann, s. Anm. 157, S. 32.
[159] Otto Malauns Tagebücher im Stadtarchiv Bregenz; Nachruf in den Vorarlberger Nachrichten vom 25.6.1957, Rusch, Jakob s. Personalstand der Königlich Technischen Hochschule zu München ab Winter-Semester 1894 bis Sommer 1895.
[160] Mallaun, s. Anm. 159; Zeitungsausschnitt vom 17.9.1955 mit Umbau-Fotos von 1940–1942 im Stadtarchiv Bregenz; der zweite Bauabschnitt mit dem Turm stammt von Willy Braun.
[161] Achleitner, s. Anm. 147, S. 419.
[162] Baumeister, Georg: Dr. Ing Georg Baumeister, Nachruf des Vaters auf seinen Sohn; wenige Monate vor seinem Tod wurde Baumeister jun. zum Professor der Staatsgewerbeschule Innsbruck ernannt.
[163] Achleitner, s. Anm. 147, S. 398; als „Klebedächer" werden in Vorarlberg die simsartigen Verdachungen im Giebelbereich bezeichnet.
[164] Achleitner, s. Anm. 147, S. 410; Bertsch, Christoph: Willibald Braun, S. 5ff. (Bregenz 1986).
[165] Bertsch, s. Anm. 164, S. 5ff.; vergleiche hierzu die Türme der Münchner Schulhäuser.
[166] Bertsch, s. Anm. 164, S. 71.
[167] München, Zweibrückenstraße 8, in: Denkmäler in Bayern, Band I, München, S. 309.
[168] Baupläne Rathausgasse 35 im Stadtarchiv Bregenz.
[169] Bertsch, s. Anm. 164, S. 71ff.

Salzburg

[170] Achleitner, s. Anm. 147, S. 208.
[171] Schobersberger, Walburga: Baumeister einer Epoche – Architektenfamilie Ceconi, in: Mitteilungen der Gesellschaft für Salzburger Landeskunde 1985, Band 125, S. 703–745; Taller, Ulrich: Baumeisterr Angelo Comini in Bad Gastein (Seminararbeit am Kunsthistorischen Institut der Universität Salzburg, Winter-Semester 1985–1986), dort zit. Friuli Migrante (Doretti-Udine 1937; 1964).
[172] Salzburg, Christuskirche s. Dehio-Salzburg, S. 632; München, Ludwigskirche s. München und seine Bauten, S. 202.
[173] Salzburg, Kommunalfriedhof s. Dehio-Salzburg, S. 685; München, Alter Nördlicher Friedhof s. Arcisstraße 45, Alter Südlicher Friedhof s. Thalkirchner Straße 17; beide in: Denkmäler Bayern, Band I, München, S. 292 bzw. 175. Der neuere Reil des Alten Südlichen Friedhofes wurde 1844–1850 nach Gärtners Plänen, der Alte Nördliche Friedhof nach Arnold Zenettis Plänen 1866–1869 angelegt.
[174] Vgl. 100 Jahre Höhere Technische Bundeslehranstalt Salzburg (Salzburg 1976); Achleitner, s. Anm. 147, S. 208.
[175] München und seine Bauten, S. 696, dort Hauptfeuerwache Blumenstraße 34; Klein, Dieter: Von der Tonhalle zur Philharmonie, S. 33ff., in: Die Münchner Philharmoniker (München 1985).
[176] Bericht über die Königliche Technische Hochschule zu München, s. dort sind in jedem Berichtsjahr die Exkursionen angegeben.
[177] Wessicken, Josef s. Matrikelbuch der Akademie der Bildenden Künste München, Nr. 147, Aufnahme am 28.10.1857; Achleitner, s. Anm. 147, S. 247.
[178] Wessicken, s. Thieme-Becker-Künstlerlexikon Band 35.
[179] Salzburg, Franziskanerkirche s. Dehio-Salzburg, S. 560; Radstadt, Pfarrkirche s. Dehio-Salzburg S. 309ff.
[180] St. Johann im Pongau, Dekanatskirche s. Dehio-Salzburg, S. 358.
[181] 100 Jahre Höhere Technische Bundeslehranstatl Salzburg, S. 44; Harlander, Inge: Architekt Josef Wessicken (Referat am Kunsthistorischen Institut der Universität Salzburg, Winter-Semester 1985–1986), dort Aufzeichnungen von J. Wessicken (Familiensammlung).
[182] Referat Harlander, s. Anm. 181; Salzburg-Chronik 1892, Nr. 100, Bericht über die Stilwahl für die Salzburger Andrä-Kirche; die Ausführung erfolgte durch Jakob Ceccioni.
[183] Müller, Johann: Architekt Paul Geppert d. Ä. (Referat am Kunsthistor. Institut der Universität Salzburg, Winter-Semester 1985–1986); Donath, Franz: Paul Geppert – Salzburg (München 1930); Achleitner, s. Anm. 147, S. 247, 267.
[184] Achleitner, s. Anm. 147 zu Pirich, Karl: S. 247ff., 214; Pozzetto, Marco: Die Schule Otto Wagners, S. 243.
[185] Achleitner, s. Anm. 147, S. 277ff.; Der Architekt 1905, S. 26, 1910, S. 46; Das Interieur 1908, S. 23; Architektonische Monatshefte 1901, S. 27, 75, 1902, S. 24, 36, 48.
[186] Achleitner, s. Anm. 147, S. 264.
[187] Wiener Bauindusrie-Zeitung 1909, S. 59; Hanisch, Ernst und Fleischer, Ulrike: Im Schatttten berühmter Zeiten (Salzburg 1986), S. 112ff.
[188] Achleitner, s. Anm. 147, S. 250; Huter-Firmenarchiv.
[189] Franz Zell s. Jahresbericht der Königlich Bayerischen Bauschule München 1910–1911, S. 15; Achleitner, s. Anm. 147, S. 277; die Tafel im Eingang zum Müllner Augustinerbräu erwähnt nur den Wiederaufbau durch Zell, Stockinger und Reinthaler.
[190] Achleitner, s. Anm. 147, S. 217, 22ff.
[191] Hönig, Eugen: Dokumente in Familienbesitz, München und seine Bauten.
[192] Deutsche Kunst und Dekoration 1910; Der Baumeister 1910, S. 64, 1904, S. 21ff.; Achleitner, s. Anm. 147, S. 236; Zils, W.: Geistiges und künstlerisches München in Selbstbiographien (Münche 1913), S. 330f.

Oberösterreich

[193] Achleitner, Friedrich: Österreichs Architektur im 20. Jahrhundert, Band I, S. 16.
[194] Achleitner, s. Anm. 193, S. 143.
[195] Engel, Franz: Die Innviertler Künstlergilde – Die Osternberger Künstlerkolonie, in: Oberösterreich 1977, S. 9ff.; 1929 wurde die Vereinigung in „innviertler Künstlergilde" umbenannt. Ein Jahr später übernahm Karl Schmoll von Eisenwerth (damals in Stuttgart) den Osternberger Gutsbesitz von Prem. Zu Allotria s. Klein, Martin Dülfer, S. 9.
[196] Wiener Bauindusrie-Zeitung 1900, S. 427, dort bei Römerschule Magistratsrats-Offizial Stuppöck erwähnt.
[197] Schmidt, Justus: Neues Linz, S. 7ff.; und seine Bauten, S. 621.
[198] Arndt, Hans und Theer, Paul: Julius Schulte und seine Schüler, S. V (Linz 1933); Schmidt, Neues Linz, S. 7ff.
[199] Balzarek s. Wied, Alexander: Jugendstilarchitektur in Linz, in: Kunstjahrbuch der Stadt Linz 1971, S50ff., Abb. 5 (Kapi-

199 tell); Klein: Martin Dülfer, S. 106ff., dort Villa Curry; Architektonische Rundschau 1902, Tafel 81.
200 Ludwig Lange s. Thieme-Becker-Künstlerlexikon, Band 22, S. 327; Hempl, Eberhard: Geschichte der Deutschen Baukunst S. 540.
201 Freundliche Mitteilung zu Friedrich Adam von Frau Gertrud Adam, Riemerling bei Ottobrunn und Herr Werner Buchner, Schloss Puchberg bei Wels.
202 Achleitner, s. Anm. 193, S. 190 zu Pöstlingberg, S. 99 zu Stadl Paura; Denkmäler in Bayern, Band I, München, S. 287 zu Maxgymnasium, München.
203 Achleitner, s. Anm. 193, S. 55 (dort fälschlich als Otto Kurz genannt); Rosenthal, John Herbert s. Polizeimeldebogen im Stadtarchiv München; er entwarf zusammen mit Kurz Pläne für ein Rathaus in Mühlheim/Ruhr und für eine Synagoge in Augsburg; Thieme-Becker-Künstlerlexikon, Band 22, S. 137; freundlicher Hinweis auf das Haus Slewinski von Frau Dr. Monika Oberhammer, Salzburg.
204 Achleitner, s. Anm. 193, S. 193, dort Klosterhof,
205 Schmidt: Neues Linz, S. 14, dort Villa Rosenbauer. Welzenbacher war als österreichischer Staatsbürger in München geboren. (Polizeimeldebogen im Stadtarchiv München).
206 Achleitner, s. Anm. 193, S. 145; die Häuser am Linzer Brückenkopf erinnern an Troosts Münchner Bauten.
207 Süddeutsche Bautradition, S. 77ff.

Steiermark
208 Dimitriou, Sokratis: Stadterweiterung von Graz, S. 107ff., 121; Doering, Oscar: Zwei Münchner Baukünstler – Gabriel von Seidl und Georg von Hauberrisser (getrennte Paginierung), in: Die Kunst dem Volke 1924, Heft 51, S. 17; Lehmbruch, Hans: Georg Joseph Ritter von Hauberrisser (unveröffentlichte Dissertation am Kunsthistorischen Institut der Universität München, 1969), S. 143f., 180f.
209 Bouvier, Friedrich: Die Herz-Jesu-Kirche in Graz, S. 7 (Graz 1981).
210 Bouvier, s. Anm. 209, S. 5, Vorwort; Lehmbruch, s. Anm. 208, S. 179; Achleitner, Friedrich: Österreichs Architektur im 20. Jahrhundert, Band II, S. 356.
211 Lehmbruch, s. Anm. 208, S. 179.
212 Dimitriou, s. Anm. 208, S. 122, Hahn, August: Der Maximilianstil, S. 24.
213 Dimitriou, s. Anm. 208, S. 26, 67; Achleitner, s. Anm.193, S. 383.
214 Achleitner, s. Anm. 193, S. 339ff.
215 Hötzl s. List, Rudolf: Kunst und Künstler in der Steiermark, S. 292 (Ried im Innkreis 1970; Dimitriou, s. Anm. 208, S. 140; Österreichisches Biographisches Lexikon 1815–1950, Graz-Köln 1959).
216 Semetkowski, W.: Hans Hönel, unpag., Vorwort (München 1931): Personalstand der KTHM s. Winter-Semester 1908–1909.
217 List, s. Anm. 215, S. 287; Semetkowski, s. Anm. 216; Achleitner, s. Anm. 210, S. 407.
218 Vgl. die Bauten der genannten Architekten in München und Hoffmanns Stoclet-Palais in Brüssel.
219 Achleitner, s. Anm. 210, S. 396, dort Steyrergasse.
220 Alkier, s. Polieimeldebogen im Stadtarchiv München.
221 Denkmäler in Bayern, Band I, München, S. 154, dort Ensemble Stadtlohner Straße; Achleitner, s. Anm. 210, S. 393.
222 Achleitner, s. Anm. 210, S. 385f.
223 Denkmäler in Bayern, s. Anm. 221, S. 144, dort Richard-Wagner-Straße; Achleitner, s. Anm. 210, S. 379, dort Wielandgasse 6.
224 Achleitner, s. Anm. 210, S. 382.
225 Achleitner, s. Anm. 210, S. 396.
226 Achleitner, s. Anm. 210, S. 384, 386f.
227 Denkmäler in Bayern, s. Anm. 221, S. 266f., dort Possartstraße und Tengstraße.
228 Achleitner, s. Anm. 210, S. 383.
229 Freundliche Mitteilung Dr. Damjan Prelovsek, Laibach/Ljubljana, Hinweis auf Peter Paul Brang.

Wien, Niederösterreich und das heutige Burgenland
230 Heyden, Gerhard: Zur Ausbildung moderner Bauformen, in: Deutsche Bauhütte 1902, S. 206.
231 Förster s. Polizeimeldebogen im Stadtarchiv München.
232 Wagner-Rieger, Renate: Wiens Architektur im 19. Jahrhundert, S. 110, 174.
233 Niemann, George und Feldegg, Ferdinand von: Theophilos Hansen, S. 13f. (Wien 1893).
234 Wagner-Rieger, Renate: Geschichte der Stadt Wien, Neue Reihe, Band VII/3, dort: Geschichte der Architektur-Vom Klassizismus bis zur Secession, S. 166. (Wien 1973).
235 Kreuter s. Thieme-Becker-Künstlerlexikon, Band 21, S. 516; Kreuter war u.a. mit der Projektierung des serbischen Eisenbahnnetzes betraut.
236 Hahn, August: Der Maximilianstil, in: 100 Jahre Maximilianeum (München 1952); Wagner-Rieger, s. Anm. 232, S. 173f.
237 Müller, Christine: Zur Kunstgeschichte der Vöslauer Pfarrkirche, in: Die großen Architekten der Ringstraßenzeit, ihre Vorläufer und Nachfahren auf dem Lande, Katalog der Ausstellung, S. 70 (Bad Vöslau 1986).
238 Wagner-Rieger, S. 106ff., dort Müller, Johann Georg; Thieme-Becker-Künstlerlexikon Band 25, S. 236; Schnell & Steiner-Kirchenführer Nr. 736.
239 Müller, s. Anm. 237, S. 30, dort Romano & Schwendenwein.
240 Zenetti s. Thieme-Becker-Künstlerlexikon, Band 36, S. 457; Wiener Bauindustrie-Zeitung 1886, S. 548.
241 München und seine Bauten, Band II; Denkmäler in Bayern, Band 1, München, dort Register, s. Zenetti.
242 Ranchner, August: Süddeutsche Bauzeitung 1921, S. 39.
243 Ecksteins Künstleralbum, dort Wurm-Arnkreuz, Alois, unpaginiert. W-A. baute unter anderem in Wien das Palais für den Herzog von Nassau (heute Russische Botschaft), das Haus des Österr. Architekten- und Ingenieurvereines, in Marienbad das Militär-Kurhaus, in Bad Hall das Theater.
244 Helmer s. Groner-Wien-Lexikon, S. 15); Thieme-Becker-Künstlerlexikon Band 16, S. 384.
245 Wagner-Rieger, s. Anm. 232, S. 174; Betz, Wilhelm: Das Wiener Opernhaus 1869–1949; Groner, s. Anm. 244, S. 112; Ferstel war 1850 in München.
246 Wagner-Rieger, s. Anm. 232, S. 128.
247 Czeike, Felix: Von der Salvatorgasse zur Ringstraße, in: Wien aktuell 1983, Heft IV, dort „Magazin".
248 Deutsche Bauzeitung 1907, Nr. 41, S. 690.
249 Bericht der KTHM, Winter-Semester 1907–1908, S. 50f.
250 Freundliche Mitteilung Barbara Hartmann, München.
251 Pozzetto, Marco: Die Schule Otto Wagners, S. 29.
252 Prelovšek, Damjan: Josef Plečnik, S. 27.
253 München und seine Bauten, S. 221; Koller-Glück, Elisabeth: Otto Wagners Kirche am Steinhof (Wien 1984).
254 Süddeutsche Bauzeitung 1894, S. 78: dort Otto Lasne; Der Städtebau 1905, S. 138f.
255 Rumpelmayr, Viktor s. Matrikelbuch der Akademie der Bildenden Künste in München, Nr. 726, Aufnahme am 12.5.1849; Haider, Edgard: Verlorenes Wien, S. 122ff. (Wien 1982).
256 Freundlicher Hinweis Porfessor Johan-

[257] Münchner Fassaden, Abb. 334f; GeVAG: Wiener Fassaden des 19. Jahrhunderts, S. 103; Linke Wikenzeile 42 von Kmunke & Köhl; Rudolf Kmunke baute u.a. des Hotel Bristol in Salzburg.

[258] Wiener Bauindustrie-Zeitung 1902, S. 315, dort Brauereigebäude von Neumann.

[259] Wiener Bauindustrie-Zeitung 1906, Tafel 74, dort Auhofstraße 1; viele Details sind von Hocheders Münchner Verkehrsministerium übernommen, s. München und seine Bauten, S. 524.

[260] Czeike, Felix: das große Groner Wien-Lexikon, S. 617, dort Leopoldskirche.

[261] Deutsche Bauzeitung 1879, S. 473, 496, 505, 517, 527.

[262] Walter, Uli: Bierpaläste – Zur Geschichte eines Bautyps (München 1992), dort im Anhang Zitat Edelmann, 1888.

[263] Wiener Bauindustrie-Zeitung 1908, Tafel 41,42; Urban war Präsident des hagenbundes und wirkte um 1911 als Leiter der Wiener-Werkstätten-Filiale in New York; Freundliche Mitteilung Dr. Vera Behal (Wien) und János Gerle (Budapest).

[264] Ramharter, Johannes: Bemerkungen zum Wiener Kasernenbau im Historismus, in: Arx 1986, Nr. 1, S. 119ff. dort Zitat von Klenze.

[265] Ramharter, s. Anm. 264, S. 119ff.

[266] Schloß Rothenturm s. Verena Keil-Budischowski: Die historischen Burgern und Schlösser Österreichs, in: Arx 1986, S. 115ff.

[267] Innendekoration 1911, S. 40ff.; Villa Theuer in Der Baumeister 1904, S. 23; Grabmal Theuer in Baden bei Wien, in: Deutsche Kunst und Dekoration 1905/1906, S. 325. Vermutlich handelt es sich um Julius Theuer, der am Münchner Bavariaring in unmittelbarer Nähe Seidls gewohnt hatte; (vgl. Hoh-Slodczyk, Christine: Das Haus des Künstlers, S. 68 (München 1985).

[268] Bavariaring 19 s. Denkmäler in Bayern, Band I, München, S. 180.

[269] Die großen Architekten der Ringstrassenzeit, ihre Vorläufer und Nachfahren auf dem Lande, S. 17, Katalog der Ausstellung, Bad Vöslau 1986.

[270] Burg Liechtenstein bei Mödling, dort Schautafeln der ständigen Ausstellung zur Geschichte der Burg.

[271] Uhl, Ottokar: Moderne Architektur in Wien, S. 123.

[272] Kitlitschka, Werner: Jugendstil in Niederösterreich, S. 96f.

Die Länder der Böhmischen Krone

[273] Kronbichler-Skacha, Susanne: Die Wiener Beamtenarchitektur, in: Wiener Jahrbuch für Kunstgeschichte, Band 34, S. 171 (Wien-Köln-Graz 1986).

[274] Gutensohn s. Thieme-Becker-Künstlerlexikon Band 15, S. 353; König Ludwig I. von Bayern schickte 1822 Gutensohn zusammen mit J. M. Knapp „zum Studium der altchristlichen Basiliken" nach Rom; s. von Butlar, Adrian: Es gibt nur eine Baukunst?, in: Romantik und Restauration, S. 110f. Katalog der Ausstellung (München 1987). Freundlicher Hinweis auf das Ohlmüller-Kirchenprojekt von Dr. Uwe Schatz (Vortrag am 30.4.1991 für den Verein „Freunde Münchens").

[275] Hufnagl, Florian und Nerdinger, Winfried: Gottfried von Neureuther, S. 152, Katalog der Ausstellung (München 1978); Gutensohn baute einige Kurgebäude in Bad Brückenau und wirkte in Griechenland für König Otto, dort u.a. Entwurf für den Leuchtturm der Insel Syra.

[276] Gutensohn s. Anm. 274, Thieme-Becker-Künstlerlexikon, Band 15, S. 353.

[277] Grueber s. Thieme-Becker-Künstlerlexikon Band 15, S. 125; Kronbichler-Skacha, s. Anm. 273, S. 171. Popišilová, Marie: Sychrov, S. 79ff. (Liberec 1987).

[278] Heimatbuch Marienbad, Stadt und Land, S. 409 Evangelische Kirche, S. 413 Synagoge (o. Ort, 1977).

[279] Heimatbuch Marienbad, s. Anm. 278, S. 445.

[280] Freundlicher Hinweis Wanda Bubricki (U.S.A.), Architektura Františkových Lázní v 19 stoleti.

[281] S. Anm. 280, S. 116, 134.

[282] Wirth, Zdeněk: Architektura v českém národním dědictví, Abb. 842f. (Prag 1961).

[283] Freundlicher Hinweis Frau Margarethe Rudolph, München (früher Brüx).

[284] Buhl, Paul: Troppau (München 1979); Kuča, Karel: Památky Brna, S. 112.

[285] Freundlicher Hinweis Dr. Pavel Zatloukal, Olomouc/Olmütz; Notiz-Blatt 1876, S. 11f. (22. Jahrgang, o. Ort; Bestand: Mährisches Landesmuseum Brünn).

[286] Ressel: Heimatkunde des Reichenberger Bezirkes, S. 535; freundliche Mitteilung Dr. Uwe Schatz (s. Anm. 274).

[287] Reichenberger Zeitung 1874, undatierter Ausschnitt vom Dezember jenen Jahres; Manuskript für Nachruf auf G.S., beides Sammlung Sachers, Icking bei München (früher Reichenberg). In München war demnach Sachers mit Wilhelm Busch befreundet und außerdem Mitglied des Künstlervereins „Jung München". Nach 1860 heiratete er in Reichenberg die Tochter Holubs (freundlicher Hinweis Frau Hildegard Sachers, Icking).

[288] Ressel, s. Anm. 286, Band II, S. 29; Gränzer, Randolf: Reichenberg, S. 105 (Augsburg 1974).

[289] Lilie, Adolf: Der politische Bezirk Gablonz, S. 331 (Gablonz 1895); Helméssen, Anton: Über Hausbau, seine äußere und innere Ausstattung, in: Deutsche Arbeit 1902/1903, S. 240.

[290] Freundliche Mitteilung Dipl. Ing. Dieter Stemshorn, München; Der Baumeister 1904, S. 23ff.

[291] Deutsche Konkurrenzen 1911/1912 Band 26, Heft 9; Günther, Rudolf: Josef Zasche, S. 28 (München 1971).

[292] Eckstein, Adolf: Ecksteins Künstleralbum (unpaginiert, undatiert, ohne Ort); NN: Über Grenzen hinweg (Geschichte … des Plan-Weseritzer Bezirkes (Geisenfeld/Hallertau 1964) S. 455.

[293] Günther, Rudolf: Josef Zasche, S. 28.

[294] Günther, s. Anm. 291, S. 23; Klein, Dieter: Martin Dülfer, S. 95.

[295] Klein, s. Anm. 294, S. 70.

[296] Hemmrich-Nachlass und Bauplan-Sammlung im Gablonzer Haus, Kaufbeuren-Neugablonz; freundlicher Hinweis Dr. Marie Klobe, Wien (früher Gablonz); Arbeitskreis Jeschken-Isergebirge: Künstler aus dem Jeschken-Isergebirge, S. 272 (Böblingen 1988).

[297] Freundliche Mitteilung Prof. Johannes Ludwig (München); demnach ist auch eine Zusammenarbeit mit Gessner überliefert.

[298] Klein, Dieter: Zum Werk des ungarischen Architekten Johannes Kronfuß in Argentinien, in: Beiträge zur Denkmalkunde – Tilmann Breuer zum 60. Geburtstag, S. 107ff. (München 1991).

[299] Zatloukal, Pavel: Vila Primavesi v Olomouci (Olomouc/Olmütz 1990).

[300] Freundlicher Hinweis Dr. Jan Sedlák, Brno/Brünn.

[301] Freundlicher Hinweis Dr. Herbert Sernec, München (früher Brünn, Enkel des Brünner Baumeisters Schmer).

[302] Grepl, Miroslav: Prostějov – Nová Radnice v Prostějové, Abb. 29 (Prostějov/Prossnitz 1990).

[303] Villa Brock, s. Die Bauzeitung 1926, S. 195f.

[304] Payer s. Nachruf in den Innsbrucker Nachrichten vom 3.3.1937; G.T.: Theater im Egerland, in: Unser Sudetenland, Folge 271, Mai 1978.

[305] Freundliche Mitteilung Hildegard Sachers, Icking; nach 1945 war Architekt Alfred Sachers jun. maßgeblich am Auf-

bau der Stadt Geretsried bei Wolfratshausen in Bayern beteiligt; Polizeimeldebogen Alfred Sachers im Stadtarchiv München, er studierte 1921 bis 1923 in München.

Galizien und die Bukowina

[306] Vgl. Herder-Lexikon 1904, S. 1754f.

[307] Karol Kremer s. Polski Słownik Biograficzny (Polnisches Biographisches Lexikon 1979), Band 15, S. 270; freundlicher Hinweis Prof. Białkiewicz, Krakau.

[308] Freundlicher Hinweis Dr. Grygiel, Warschau.

[309] Matrikelbuch der Akademie der Bildenden Künste München, Nr. 2622; freundlicher Hinweis Dr. Grygiel und Professor Białkiewicz.

[310] Freundlicher Hinweis Dr. Grygiel, Warschau; Gärtners Rundbogenstil wurde in Polen als „Styl arkadowny" oder auch als „Münchner Stil" bezeichnet.

[311] Purchla, Jacek: Jak powstał nowoczwsny Kraków (Wie das neue Krakau entstand), Abb. 77 und 50 (Kraków 1990).

[312] Purchla, Jacek: Jan Zawiejski; Wien-Krakau im 19. Jahrhundert, S. 55 (Wien o. Jahr, wohl 1986).

[313] Purchla, s. Anm. 312, S. 55.

[314] Klein, Dieter: Martin Dülfer, S. 7.

[315] Mokłowski s. Łodza, Stanisław: Architekci i budowniczowie w Polsce (Architekten und Baumeister in Polen, Lexikon), S. 247.

[316] Sigmund Suchodolski s. Łodza, s. Anm. 315, S. 247; Personalstand der KTHM ab Winter-Semester 1894–1895 bis Sommer-Semester 1898; Denkmäler in Bayern Band I, München, s. Register, S. 350; Klein, s. Anm. 314, S. 12.

[317] Feliński s. Album Inżynierów i Techników w Polsce Band II, S. 53 (Lwow/Lemberg 1932); Piotrowski, Josef: Lemberg und Umgebung, S. 146 (Leipzig-Wien 1915): Sendlinger Straße 44 s. Münchener Fassaden, S. 316.

Krain, Dalmatien und die Küstenländer

[318] Pertsch s. Thieme-Becker-Künstlerlexikon Band 26, S. 449; Protestantische Kirches. Kuller, Inge: Eine Kirche, die Hitler im Wege stand (München, 1999).

[319] Carl Junker s. Herder-Konversationslexikon 1904, S. 3, dort Schloß Miramar.

[320] Hofmann s. Allgemeine Deutsche Biographie Band 50, S. 771; Ley: Die Villa als Burg, S. 109.

[321] Freundliche Mitteilung Dr. Damjan Prelovšek, Ljubljana/Laibach.

[322] S. Anm. 321.

Münchner Einflüsse in den ungarischen Ländern der Donaumonarchie

[323] Eckstein, Adolf: Künstleralbum (unpaginiert, o. Jahr, o. Ort) s. dort Wenzel Jamnicki.

[324] Toth-Epstein, Elisabeth: Historische Enzyklopäide von Budapest, S. 303.

[325] Hederer, Oswald: Leo von Klenze, S. 149.

[326] Ybl, Ervin: Ybl Miklós, S. 10; (Budapest 1916); Eckstein, Adolf: Ecksteins Künstleralbum, unpaginiert; auch dort ist die Rede von einer „Beendigung der Studien in München".

[327] Ybl, s. Anm. 326, S. 9f.; Polizeimeldebogen im Stadtarchiv München; Planmaterial im Stadtarchiv Budapest.

[328] Fót s. Dercsényi, Dezsö und DercsényiBalázs: Kunstführer durch Ungarn, S. 62 (Budapest 1984).

[329] Ybl, s. Anm. 326, S. 9; Kollin, Ferenc: Grüße aus dem alten Budapest, Abb. 163 (Budapest 1983). Die Ähnlichkeit scheint jedoch eher mit der Reitschule an der Wiener Ungargasse stärker zu sein.

[330] Feszl Friedrich s. Kepzömüveszeti Társulat 1899 (Frühjahrsausstellung 1899), Vorwort.

[331] Lechner, Jenö: Dr. Jenö Lechner, S. XI (Genf 1930).

[332] Toth, s. Anm. 324, S. 309.

[333] Toth, s. Anm. 324, S. 8, dort zu Feszls Akademieprojekt.

[334] Gerö: Magyar Szinagogak, S. 62ff.

[335] Komárik, Dénes: Architektenausbildung und Meisteraufgaben im 19. Jahrhundert, S. 398.

[336] Fekete, Julius: Bayern und Ungarn-1000 Jahre Beziehung, S. 124; Architektonische Rundschau 1892, Tafel 88.

[337] Freundlicher Hinweis Frau Györgyi Gézané, Dokumente in Familienbesitz.

[338] Toth, s. Anm. 324, S. 267.

[339] Sis, József: Steindl, Schulek und Schulcz – drei ungarische Schüler des Wiener Dombaumeisters Friedrich von Schmidt, in: Mitteilungen des Kunsthistorischen Institutes Wien, S. 2f.

[340] Die Fassade des Bernheimer-Hauses wurde von Martin Dülfer gestaltet, der in Berlin bei Kayser & Großheim vermutlich mit dem am Budapester New-York-Palais beteiligten Architekten Flóris Korb zusammengearbeitet hatte.

[341] Rohony, K. und Marót, Miklós: Budapest, S. 190 (Budapest 1970).

[342] Jakab, Desider; Die Gefolgschaft Edmund Lechners, in: A Mügyüjtö (Der Kunstsammler) 1930, Nr. 8/9, S. 245ff.

[343] Kismarty-Lechner, Jenö, S. 62.

[344] München und seine Bauten, S. 636, dort Luisenschule.

[345] Thieme-Becker-Künstlerlexikon Band 35, S. 549, dort ist Ede Thoroczkai-Wigand fälschlich unter Wigand zu finden; Lakatos, Mihaly: Jubileumi Albuma, S. 260.

[346] Zsigmond Quittner. s. Magyar Müvészet (Ungarische Kunst) 1890–1919, S. 150.

[347] József Vágo s. Thieme-Becker-Künstlerlexikon Band 34, S. 39.

[348] Habel, Heinrich u.a.: Münchener Fassaden, Abb. 329–332.

[349] Habel, s. Anm. 348, Abb. 146–148.

[350] Mérenyi, Ferenc: A Magyar Epitészet (Die ungarische Architektur) 1867–1967, S. 19 (Budapest 1969).

[351] Kosztolanyi s. Vollmer-Künstlerlexikon Band 21, S. 346; freundlicher Hinweis Arch. János Gerle, Budapest.

[352] Albert Körössy s. Vollmer-Künstlerlexikon Band 21, S. 186.

[353] Friedrich v. Thiersch-Brückenprojekt für Budapest, Zeichnung im Architekturmuseum der TU München.

[354] Kármán Géza s. Magyar Müvészet 1890–1919, S. 150; Vollmer-Künstlerlexikon Band 19, S. 563; Freundlicher Hinweis Arch. János Gerle, Budapest.

[355] Fekete, Julius: Bayern und Ungarn, 1000 Jahre Beziehung, S. 127.

[356] Imre Benes s. Szendrei und Szentiványi: Magyar képzömüvészet Lexikona (Lexikon der Bildenden Künste) Band I, S. 172 (Budapest 1915); Magyar Pályazotok 1904/05, Nr. 6.

[357] Ray, Rezsö s. Vollmer-Künstlerlexikon Band 28, S. 57; freundliche Mitteilung Arch. János Gerle, Budapest; Vasárnapi Ujsag vom 22.7.1917; Magyar Épitömüvészet 1910, Heft 2, S. 29f.

[358] Magyar Épitömüvészet 1911, Heft 2, S. 28.

[359] Elek, Artur: Hikisch, Rezsö és Müvészete (Hikisch und die Kunst), in: Magyar Müvészet 1926, Nr. 10, S. 580–594.

[360] Elek, s. Anm. 359, S. 150.

[361] S. Anm. 357, S. 65.

[362] Magyar Épitömüvészet 1909, S. 3f., dort Schulhaus Szent Endrei út; Jahrgang 1928, Abb. 24–27; Magyar Müvészet 1926, S. 580ff; A Ház 1911, IV, Band 1–2, S. 12; zu Borst: Weschenfelder, Klaus: Die Borstei in München, ein konservatives Siedlungsmodell der zwanziger Jahre, in: Miscellanea Bavarica Monacensia Heft 99, S. 69ff. (München 1980).

[363] Kálmán Reichl s. Vollmer-Künstlerlexikon Band 28, S. 105ff.freundlicher Hinweis Arch. János Gerle, Budapest. Vergleiche Abbildungen in Magyar

Épitö Müvészet 1917, Heft 7–9, S. 6ff.

[364] Aladár Münnich s. Lakatos: Jubileumi albuma 1929, S. 211f.; Polizeimeldebogen im Stadtarchiv München.

[365] Jakab, s. Anm. 342, S. 246, Tengstraße s. Münchener Fassaden, Abb. 329–332.

[366] Storno s. Winkler, Gábor: Sopron – Èpitészete a 19. Szászadban (Ödenburg – Architektur im 19. Jahrhundert) S. 233ff.

[367] Franz Schmidt s. Komárik, s. Anm. 335, S. 411.

[368] Karl Feigler s. Szönyi, Andrej: Tak rastla Bratislava, in: Edícia Architektúra Heft 2, S. 85, 86, 184 (Bratislava 1967).

[369] Ignaz Feigler s. Szönyi, s. Anm.368, S. 85f., 184.

[370] Franz Feigler s. Bericht über die KTHM 1904–1905, S. 89.

[371] Viktor Rumpelmayer s. Österr. Bioggraphisches Lexikon 1815–1950, 44. Lieferung 1987 (Wien 1987); Matrikelbuch der Akademie der Bildenen Künste München, Nr. 726, Aufnahme am 12. Mai 1849; Haider: Verlorenses Wien, S. 122ff.

[372] Ede Magyar s. Moravánszky, Ákos: Die Beziehungen der Wiener Architektur zur ungarischen Reichshälfte im 19. Jahrhundert, S. 54.

[373] Johannes Kronfuß wanderte um 1910 nach Argentinien aus. Freundliche Mitteilung Frau Carlotta Rauscher, Buenos Aires und Frau Margit Röhrig, Haan: Kronfuß unterrichtete 1918–1921 an der Universität Buenos Aires, später in Cordoba. Auch als Architekt war er in seiner neuen Heimat sehr erfolgreich.

[374] Moderne Bauformen 1913, Beilage Heft 3, S. 4; Budapesti Hirlap vom 14.1.1913.

[375] Süddeutsche Bauzeitung 1907, S. 329.

[376] Informationen zu Gabriel von Seidl in Iszkraszentgyörgy dank freundlicher mitteilung von Dr. Péter Farbaky, Budapest.

[377] Kunst und Handwerk 1905, Heft V; Edícia Architektúra, Heft 2, S. 140, dort Andrássy-Mausoleum in Krásna Hórka.

[378] Moderne Bauformen 1913, S. 222.

[379] Freundliche Mitteilung Dr. József sisa, Budapest.

[380] Freundliche Mitteilung Dr. András Hadik.

ANHANG

Bedeutende Münchner Architekten und Baumeister, Architekturbüros sowie Baufirmen des 19. und 20. Jahrhunderts (bei Personen sind, soweit bekannt, Lebensdaten angegeben)

Barbist, Rosa	
Benczur, Béla	1854 geboren
Berger, Matthias	1825–1897
Berndl, Richard	1875–1955
Bertsch, Wilhelm	1865–1916
Bestelmeyer, German	1874–1942
Bieber & Hollweck, Architekturbüro	
Bieber, Oswald	1876–1956
Blumentritt, Günther	
Boemmel, Franz Xaver	
Böhmer, Paul	
Borst, Bernhard	1883–1963
Brüchle, August	
Buchert, Hermann	
Bürklein, Friedrich	1813–1872
Delisle & Ingwersen, Architekturbüro	
Delisle, Oskar	1873–1944
Dollmann, Georg	1830–1859
Dosch, Michael	
Drollinger, Eugen	1858–1930
Dülfer, Martin	1859–1942
Endell, August	1871–1925
Exter, August	1858–1933
Fischer, Karl von,	1782–1820
Fischer, Theodor	1862–1939
Förster, Ludwig	1797–1863
Gärtner, Friedrich von	1792–1847
Gebrüder Ludwig, Architekturbüro	
Gebrüder Rank, Baufirma	
Gedon, Lorenz	1843–1883
Geul, Albert	1828–1898
Gottgetreu, Rudolf	1821–1890
Grässel, Hans	1860–1928 (oder 1939?)
Haiger, Ernst	1874–1952
Hatzl, Anton	
Hauberrisser, Georg	1841–1922
Heilmann & Littmann, Baufirma	
Heilmann, Jacob	1846–1927
Helbig & Haiger, Architekturbüro	
Helbig, Henry	1873 geboren
Herbert, Eduard	
Hessemer & Schmidt, Architekturbüro	
Hessemer, Fritz	1868 geboren
Hocheder, Karl	1854–1917
Hofer, Paul	1878 geboren
Hofmann, Julius	1840–1896
Hollweck, Wilhelm	
Hönig & Söldner, Architekturbüro	
Hönig, Eugen	1873 geboren
Ingwersen, Bernhard	
Jäger, Carl	1861–1968
Kaiser, Hugo	
Kirschner & Weidenschlager, Architekturbüro	
Kirschner, Max	
Klenze, Leo von	1784–1864
Könyves, Imre	1865 geboren
Kreuter, Franz Jacob	1813–1889
Kronenberger, Josef	1860–1912
Kurz & Herbert, Architekturbüro	
Kurz, Otho Orlando	1881–1933
Lange, Ludwig	1808–1868
Langheinrich, Max	1869–1923
Lasne, Oskar	1854–1935
Lehmann, Fedor	
Liebergesell & Lehmann, Baufirma	
Liebergesell, Paul	
Lincke, Albin	
Littmann, Max	1862–1931
Ludwig, Aloys	1872–1969
Ludwig, Gustav	1876–1953
Lutz, Ludwig Christian	
Marggraf, Johann	
Müller, Carl Ritter von	1821–1909
Mund, Johann	
Neumann, Max	1872 geboren
Neureuther, Gottfried	1811–1887
Norkauer, Fritz	1887 geboren
Nyilas, Ferenc	1864 geboren
Ohlmüller, Josef Daniel	1791–1839
Ostenrieder, Max	1870–1917
Pertsch, Johann Nepomuk	1780–1835
Popp, Franz	1870 geboren
Rank, Franz	1870–1937
Rank, Josef	1868–1965
Rank, Ludwig	1873–1932
Rehlen, Robert	1859 geboren
Riedel, Eduard,	1813–1885
Riemerschmid, Richard	1868–1957
Romeis, Leonhard	1854–1904
Sattler, Carl	1877–1966
Schachner, Richard	1873–1936
Schmidt, Albert	1841–1913
Schmidt, Heinrich von	1850–1928
Seidl, Emanuel von	1856–1919
Seidl, Gabriel von	1848–1913
Söldner, Karl	
Spannagl, Wilhelm	
Spannagl, Wilhelm	
Stengel & Hofer, Architekturbüro	
Stengel, Heinrich	1874–1937
Stöhr, Karl	
Suchodolski, Siegmund von	
Thaler, Hans	
Thiersch, August	1843–1916
Thiersch, Friedrich von	1852–1921
Tittrich, Karl	1850–1907
Troost, Paul Ludwig	1878–1934
Voit, August	1801–1870
Volbehr, Heinrich	
Vorherr, Gustav	1788–1848 (oder 1773–1847?)
Vorhölzer, Robert	1884–1954
Weidenschlager (Waidenschlager), Sigmund	um 1873 geboren
Zeh, August	1874 geboren
Zell, Franz	1866–1961
Zenetti, Arnold	1824–1891
Ziebland, Adolf	1863–1934
Ziebland, Georg Friedrich	1800–1873
Ziebland, Müller & Kollmus, Architekturbüro	

Literaturverzeichnis

- Achleitner, Friedrich: Österreichische Architektur im 20. Jahrhundert Band 1–3 (Salzburg/Wien ab 1980)
- Achleitner, Friedrich und Uhl, Ottokar: Lois Welzenbacher (Salzburg 1968)
- Ackermann, Walter: Die Staatsbauschule, in: 10 Jahre Fachhochschule München (München 1981)
- Bertsch, Wilhelm: Stadterweiterung und Staffelbauordnung, in: München und seine Bauten, S. 706ff (München 1911)
- Bößl, Hans: Gabriel von Seidl (München 1966)
- Czeike, Felix: Das große Groner Wien-Lexikon (Wien 1974)
- Dimitriou, Sokratis: Stadterweiterung von Graz-Gründerzeit (Graz/Wien 1979)
- Doering, Oscar: Zwei Münchner Baukünstler – Gabriel von Seidl und Georg Hauberrisser (getrennt paginiert), in: Die Kunst dem Volke (1924, Heft 51f)
- Eckstein, Adolf: Künstleralbum (ohne Ort, ohne Jahr, unpaginiert)
- Egger, Gerhard, Wagner-Rieger-Renate: Architektur in Wien (Wien 1973)
- Eggert, Klaus: Die Hauptwerke Friedrich von Gärtners (München 1963)
- Fabiani, Rosella: Schloß Miramare (Triest 1989)
- Fekete, Julius: Beiträge ungarischer Architekten zur Münchner Baukunst um 1880, in: Ungarn-Jahrbuch 1982/83, Band 12
- Felmayer, Johanna: Die Huter, ihre Geschichte und das Innsbrucker Stadtbild, in: Firmenfestschrift Johann Huter und Söhne 1860–1985, S. 7ff (Innsbruck 1985)
- Gebhard, Helmut: Wohnungsbau zwischen Heimatschutz und Neuer Sachlichkeit, in: Bauen in München 1890–1950; Arbeitsheft Nr. 7 des Bayerischen Landesamtes für Denkmalpflege, S. 65ff (München 1980)
- Günther, Rudolf: Josef Zasche – Lebensbild eines Architekten (München 1971)
- Habel, Heinrich; Merten, Klaus; Petzet, Michael: Münchener Fassaden (München 1974)
- Habel, Heinrich: Zur Sozialgeschichte und Typologie des Münchner Privathauses, in: Münchener Fassaden, S. 15ff (München 1974)
- Habel, Heinrich: Späte Phasen und Nachwirkungen des Historismus, in: Bauen in München 1890–1959; Arbeitsheft Nr. 7 der Bayerischen Landesamtes für Denkmalpflege, S. 26ff (München 1982)
- Hahn, August: Der Maximilianstil (München 1982)
- Hartmann, Barbara: Das Müller'sche Volksbad in München (München 1987)
- Hartmann, K.O.: Die Baukunst (Leipzig, um 1910), Band I–III.
- Hederer, Oswald: Leo von Klenze (München 1964)
- Hederer, Oswald: Friedrich v. Gärtner (München 1976)
- Hederer, Oswald: Karl von Fischer (München 1960)
- Herz, Rudolf; Bruns, Brigitte: Hof-Atelier Elvira 1887–1928, Katalog der Ausstellung (München 1985)
- Hoffmann, Hans Christian: Die Theaterbauten von Fellner & Helmer (München 1966)
- Hoh-Slodczyk, Christine: Das Haus des Künstlers (München 1985)
- Holter, Kurt und Trathnigg, Gilbert: Wels – Von der Urzeit bis zur Gegenwart, in: Jahrbuch des Musealvereines Wels, Nr. 25 (Wels 1984/85)
- Karlinger, Hans: München und die Kunst des 19. Jahrhunderts (München 1966)
- Kitlitschka, Werner: Historismus und Jugendstil in Niederösterreich (St. Pölten 1984)
- Klein, Dieter: Martin Dülfer – Wegbereiter der deutschen Jugendstilarchitektur; Arbeitsheft Nr. 8 des Bayer. Landesamtes für Denkmalpflege (München 1981)
- Kleindorfer-Marx, Bärbel: Volkskunst als Stil-Entwürfe von Franz Zell für die Chamer Möbelfabrik Schoyerer (Regensburg 1996)
- Komarik, Dénes: Építészképzés és mesterfelvétel a XIX szászadban (= Architektenausbildung und Meisteraufgaben im 19. Jh., Budapest 1972)
- Kronbichler-Skacha, Susanne: Die Wiener „Beamtenarchitektur" und das Werk des Architekten Hermann Bergmann (1816–1886), in: Wiener Jahrbuch für Kunstgeschichte, Band 34, S. 163ff. (Wien/Köln/Graz 1986)
- Lakatos, Mihaly u. andere: Jubileumi Albuma 1879–1929 – A Magyar épitömüvészet és épitöipar 50 éve (= Festschrift des ungar. Architektenvereines, Budapest 1929)
- Lechner, Jenö: Dr. Jenö Lechner (Genf 1930)
- Lehmbruch, Hans: Georg Joseph Ritter von Hauberrisser (Dissertation Universität München 1969)
- Ley, Andreas: Ein neues München (München 1987); Die Villa als Burg (München 1981)
- Lux, August Joseph: München als Städtebaubild, in: Der Städtebau 1909, Nr. 6, S. 80ff
- Merényi, Ferenc: A Magyar épitészet 1867–1967 (= Die ungarische Architektur 1867–1967, Budapest 1969)
- Merten, Klaus: Das Wohnhaus in Münchens städtebaulicher Entwicklung von der Mitte des 19.Jahrhunderts bis zum Ersten Weltkrieg, in: Münchener Fassaden, S. 37ff. (München 1979)
- Moravánszky, Ákos: Die Beziehungen der Wiener Architektur zur ungarischen Reichshälfte im 19. Jahrhundert (Wien 1983)
- Mumelter, Norbert: Carl Ritter von Müller – Einem großen Wohltäter Bozens zum 60. Todestag, in: Der Schlern Nr. 43 (Bozen 1965)
- Nerdinger, Winfried: Friedrich von Thiersch – Der Architekt, S. 11ff. in: Friedrich von Thiersch, Katalog der Ausstellung, (München 1977)
- Nerdinger, Winfried: Neorenaissance und Renaissancismus, S. 150ff, in: Gottfried von Neureuther, Katalog der Ausstellung (München 1978); Der Maximilianstil – Fehlgeschlagene Stilsynthese, a.a.O, S. 51ff
- Nerdinger, Winfried: Neue Strömungen und Reformen zwischen Jugendstil und Neuer Sachlichkeit, in: Bauen in München, S.41ff. in: Bauen in München 1890–1950, Arbeitsheft Nr. 7 des Bayerischen Landesamtes für Denkmalpflege (München 1980)
- Nerdinger, Winfried: Richard Riemerschmid, Katalog der Ausstellung (München 1982)
- Nerdinger, Winfried: Die Bauschule an der Akademie – Höhere Baukunst für Bayern, in: Tradition und Widerspruch, 175 Jahre Kunst-Akademie München (München 1985)
- Nerdinger, Winfried (Herausgeber): Süddeutsche Bautradition im 20. Jahrhundert – Architekten der Bayerischen Akademie der Schönen Künste, Katalog der Ausstellung

- (München 1985)
- Nerdinger, Winfried: Architekturschule München – 125 Jahre Technische Universität München, Katalog der Ausstellung (München 1993)
- Niemann, George; Feldegg, Ferdinand von: Theophilos Hansen und seine Werke (Wien 1893)
- Pevsner, Nikolaus: Architektur und Design (München 1971)
- Pfister, Rudolf: Theodor Fischer – Leben und Werk eines deutschen Baumeisters (München 1968)
- Pozzetto, Marco: Die Schule Otto Wagners (Wien 1980)
- Prelovšek, Damjan: Joef Plečnik (Wien 1979)
- Purchla, Jacek: Jan Zawiejski (Warschau 1986)
- Purchla, Jacek: Wien-Krakau im 19. Jahrhundert (Wien, um 1987)
- Ramharter, Johannes: Bemerkungen zum Wiener Kasernenbau, in: Arx 1986, Nr. 1
- Rasmo, Nicolo: Beiträge zur Entwicklungsgeschichte der Altstadt (Bozen 1976)
- Reber, Franz: Bautechnischer Führer durch München (München 1876)
- Rehlen, Robert: Kleinwohnungsbauten, in: München und seine Bauten, S. 427ff (München 1911)
- Riezler, Walther: Münchener Baukunst der Gegenwart, in: München als Kunststadt (Sonderheft der Zeitschrift Hochland, München 1908)
- Schmidt, Justus: Neues Linz (München 1961)
- Schmitt, Michael: Palasthotels– Architektur und Anspruch eines Bautyps (Berlin 1982)
- Schumacher, Fritz: Stufen des Lebens (Stuttgart 1935)
- Sedlmayr, Hans: Verlust der Mitte (Salzburg 1949)
- Selig, Heinz: Münchner Stadterweiterungen von 1860–1910 (Dissertation Universität München 1978)
- Selig, Heinz: Stadtgestalt und Stadtbaukunst in München (München 1983)
- Selzer, H.: 100 Jahre staatliche Bauschule (München 1922)
- Sisa Jozsef: Steindl, Schulek und Schulcz – drei ungarische Schüler des Wiener Dombaumeisters Friedrich v. Schmidt, in: Mitteilungen der Gesellschaft für vergleichende Kunstforschung in Wien (Wien 1985, Nr. 3)
- Sitte, Camillo: Der Städtebau nach seinen künstlerischen Grundsätzen (5. Auflage, Wien 1922)
- Somogyi, Miklos: Magyarok a Müncheni Képzömüvészeti Akademián 1824–1890 (= Die Ungarn an der Münchner Kunstakademie) in: Müvéeszet 1912, S. 178ff (geschrieben im Januar 1912)
- Spiegelfeld, Patricia: Der Jugendstil in Meran unter besonderer Berücksichtigung der Bauornamentik (Dissertation Universität Innsbruck 1980)
- Thiersch, Heinz: German Bestelmeyer (München 1961)
- Tóth-Epstein, Elisabeth: Historische Enzyklopädie von Budapest (Budapest 1974)
- Uhl, Ottokar: Moderne Architektur in Wien (Wien/München 1966)
- Wied, Alexander: Jugendstilarchitektur in Linz, in: Kunstjahrbuch der Stadt Linz, S. 49ff. (Linz 1971)
- Vybíral, Jindřich: Junge Meister-Architekten aus der Schule Otto Wagners (Wien 2007)
- Zeman, Lubomir: Karlovarský Westend (= Das Karlsbader Westend, Karlovy Vary/Karlsbad 1998)

Nachschlagewerke
- Czeike, Felix: Das große Groner Wien-Lexikon (Wien/München/Zürich 1974)
- Herders Konversationslexikon (Freiburg/Breisgau 1902–1910)
- List, Rudolf: Kunst und Künstler in der Steiermark (Ried im Innkreis 1970)
- Łodza, Stanisław: Architekci budowniczowie w Polsce (= Architekten und Baumeister in Polen, Warschau 1954)
- Zils, W.: Geistiges und künstlerisches München in Selbstbiographien (München 1913)
- Thieme-Becker und Vollmer-Künstlerlexikon, Leipzig (verschiedene Bände)
- Österreichische Kunsttopographie (verschiedene Bände)
- Dehio-Handbuch – Die Kunstdenkmäler Österreichs (verschiedene Bände)
- Künstler aus dem Jeschken – Isergebirge (Böblingen 1988)
- Denkmäler in Bayern, Band.I./l, München (München 1985)

Bildnachweis

- Abb. 14: München, Fotoatelier Elvira: Sammlung Erwin Schleich, München
- Abb. 18: München, Café Luitpold: Sammlung Café Luitpold
- Abb. 20: Kufstein, Thierbergweg: Österr. Bundesdenkmalamt, Landeskonservatorat für Tirol, Innsbruck
- Abb. 21: Falkenau/Sokolov: Dipl. Ing. Dieter Stemshorn, München
- Abb. 25: München-Dortmund aus unbekannter Architekturzeitschrift um 1905, Sammlung Prof. Ákos Moravánszky, Budapest
- Abb. 30: Sevilla: Firmenarchiv Gebrüder Rank, München
- Abb. 31: München Ainmilerstraße – Detail: R. Hölzl (munich-it-service.de), München
- Abb. 48: Innsbruck, Grillparzerstraße 3: Österr. Bundesdenkmalamt, Landeskonservatorat Tirol, Innsbruck
- Abb. 49: Bozen, Kolpinghaus: Landesamt für Denkmalpflege, Bozen
- Abb. 51: Bozen, Rathaus-Sitzungssaal: Arch. Christoph Mayr-Fingerle, Bozen
- Abb. 56a: München, Zweibrückenstraße: R. Hölzl (munich-it-service.de), München
- Abb. 57a: Salzburg, Kollegienkirche: R. Hölzl, (munich-it-service.de), München
- Abb. 57c: München, Kaimsaal: Sammlung Erwin Schleich, München
- Abb. 60: Graz, Herrengasse 13: Österr. Bundesdenkmalamt, Landeskonservatorat Steiermark, Graz
- Abb. 61: Graz, Humboldtstraße 33: Österr. BDA, Landeskonservatorat Steiermark, Graz
- Abb. 63b: München, Rupertkirche: Zentralinstitut für Kunstgeschichte – Archiv, München
- Abb. 66: Wien, Skodagasse: R. Hölzl (munich-it-service.de), München
- Abb. 77: Cilli, ehem. Deutsches Haus: Dr. Damjan Prelovšek, Ljubljana
- Abb. 82: Budapest, Brückenprojekt: Ungarisches Landesamt für Denkmalpflege.
- Alle übrigen Fotos: Dieter Klein oder Sammlung Klein

Register

A ----------------------------------
Abbazia/Opatija_35
Adam, Friedrich_37, 89
Adam, Heinrich_92
Aichinger, Hermann_67
Alkier & Schmidt (Firma)_90
Alkier, Wolfgang_90
Allotria_14, 42, 55, 87, 116
Altmann, Sebastian_75, 76
Amann, Josef_82
Amerika_29
Amonn, Marius_78
Antoniwald/Antonínov_99
Arad_106
Argentinien_110
Arnold, Josef_98
Arts-and-Crafts-Bewegung_10
Athen_20, 32, 33
Attersee-Weissenbach_89
Auer/Ora_38
Augsburg_23, 27, 117, 118
Aussig/Ústi_99

B ----------------------------------
Bachmann, Anton_67, 70
Bad Tölz_30, 42
Bad Vöslau_96
Bad Wiessee_53
Baden bei Wien_42, 96
Badgastein_51, 86, 87
Balzarek, Mauriz_88
Bamberg_110
Baron, Arthur_47, 95
Basel_35
Baudrexl (Zimmermeister)_93
Bauer, Leopold_99
Baumeister, Georg jun._82, 83
Baumeister, Georg sen._61, 65, 82
Bayer, F._96
Bayr. Verein f. Volkskunst u. Volkskunde_31,51, 68, 89
Beetz_19, 35
Behrens, Peter_14
Belgien_29, 46
Benczur, Béla_45
Benczur, Gyula_45
Benes, Imre_10, 47, 48, 109
Berg/Starnberger See_39
Berger, Matthias_32, 120
Berlin_7, 16, 17, 18, 21, 32, 34, 37, 49, 51, 55, 56, 58, 59, 72, 89, 91, 101, 102, 105, 114, 119, 123
Berndl, Richard_30, 31, 51, 55, 73, 86, 87, 111, 120
Bertsch, Wilhelm_18, 48, 55, 56, 60, 68, 113, 116, 120, 122
Bestelmeyer, German_30, 34, 55, 58, 59, 60, 120, 123
Beyer, Konrad_90
Bezold_19, 35
Bilin_98
Bittner, Johann_76
Blatna (Schloss)_96
Bludenz_61
Blumentritt, Günther_30, 35, 120
Boemmel, Franz Xaver_73
Böhmen_9, 15, 34, 35, 37,38, 50, 53, 55, 96, 98

Borst, Bernhard_36
Bozen_5, 11, 15, 34, 36, 37, 38, 40, 43, 47, 51, 56, 60, 62, 66, 67, 75, 76, 77, 78, 79, 80, 94, 113, 114, 115, 122, 123, 124
Bozen-Gries_37
Brang, Peter Paul_91, 102
Brasilien_38
Bratislava_110
Braun, Willibald_83, 84
Braunau_49
Braunmühl, Anton von_36
Bregenz_32, 34, 48, 81, 82, 83, 84, 113, 115, 116
Bremen_41
Breslau_25
Brixen_40, 72
Brixlegg_38
Brünn (Brno)_9, 52, 55, 60, 78, 94, 98, 99, 100, 118
Brüssel_72
Buchert, Hermann_25, 120
Budafok_109
Budapest_10, 11, 17, 24, 39, 47, 48, 49, 50, 53, 56, 58, 59, 60, 91, 99, 102, 104, 105, 106, 107, 108, 109, 110, 111, 113, 118, 119, 120, 122, 123, 124
Bühlmann, Josef_35, 38
Bujak_51, 54, 111
Bulgarien_14, 34, 55
Bürger, Wilhelm_67
Bürklein, Friedrich_8, 14, 20, 22, 32, 37, 56, 57, 92, 105, 106, 120
Busau/Busov_38

C ----------------------------------
Cambridge Massachusetts/USA_34, 50
Ceconi (Firma)_84, 86
Charlottenburg_108
Charlottenburg_34
Cilli/Celje_91, 102, 103
Comini(Firma)_84
Cornelius, Peter_14
Csomháza_48, 111
Curjel, Robert _33, 57
Czernowitz/Czernovci_102
Czoor_51, 111
Czotscher, P._73

D ----------------------------------
Dachau_16
Darmstadt_16
Dauscher, Josef_84
Debrecen_75
Defregger, Franz von_75
Delisle, Oskar_52
Delugan, Peter_79
Dietrich, Anton_71
Dollmann, Georg_32, 36, 39, 57, 58, 120
Dornbirn_32, 37, 65, 81, 82
Dortmund_46
Dresden_13, 34, 35, 44, 48, 96, 99, 109
Duisburg_99
Dülfer, Martin_7, 11, 14, 19, 23, 24, 25, 27, 28, 29, 32, 34, 35, 36, 41, 44, 45, 46, 48, 49, 53, 55, 56, 57, 58, 59, 60, 62, 63, 64, 66, 72, 73, 74, 77, 80, 85,88, 89, 90, 93, 95, 96, 99, 102, 108, 109, 110, 111, 113, 114, 115, 116, 117, 118, 119, 120, 122
Düsseldorf_16

E ----------------------------------
Ebbs_68

Eisenhut, Ferenc_49
Elf Scharfrichter_47
Endell, August_28, 46, 64, 120
England_26, 31, 35
Ernst, Christoph_67
Essenwein, Othmar_20, 89, 113
Exter, August_20, 33, 35, 43, 44, 51, 57, 58, 59, 120

F ----------------------------------
Falkenau/Sokolov_42, 98
Feigler, Franz_110
Feigler, Ignaz_110
Feintuch, Jan_79
Feldkirch_34, 81, 82, 114, 115, 116
Feldkirch-Huber, Josef _82
Feliński, Roman_102
Feliński, Roman_62
Fellner, Ferdinand jun. _34, 58, 93, 95, 122
Fellner, Ferdinand sen._92
Ferstel, Heinrich von_98, 101
Feszl, Friedrich (Frigyes)_10, 32, 57, 105, 119
Feszl, Josef_32, 106
Fick, Roderich_89
Fiechtner, Ernst_35, 128
Fingerle, August_36, 78
Finnland_10, 14
Fischer von Erlach_24, 43, 45, 84
Fischer, Karl von_13, 32, 57, 120, 122
Fischer, Theodor_14, 16, 17, 18, 19, 28, 31, 34, 35, 36, 39, 42, 48, 55, 56, 57, 59, 60, 63, 66, 70, 74, 80, 83, 90, 98, 99, 102, 107, 109, 113, 114, 120, 123
Fischer, Vladimir_100
Fischer, Vladimir_100
Fischhorn bei Zell am See_85
Fischleinsthal_40
Förster, Ludwig_32, 57, 91, 98, 105, 117, 120
Fót bei Budapest_105
Frankreich_23, 104, 109
Franzensbad_50, 75, 98, 100
Friedrich Wilhelm IV. von Preussen_37
Fritz (Firma)_69, 74
Fritz, Adalbert_71, 72
Fritz, Alois_71, 72
Fritz, Anton jun._71
Fritz, Anton sen._67, 71
Fritz, Hans_72

G ----------------------------------
Gaaden bei Wien_42, 96
Gablonz/Jablonec_35, 98, 99, 118
Gänserndorf_49
Gärtner, Friedrich von_8, 11, 13, 20, 22, 32, 36, 37, 56, 57, 58, 68, 81, 84, 91, 92, 95, 96, 1ß1, 105, 106, 115, 120, 122
Gärtner, Ludwig von_32, 61
Gau, Franz Christian_21
Gedon, Lorenz_37, 41
Geppert, Paul_85
Gerste, Karl_39
Geul, Albert_33, 57, 106, 120
Giergl, Kálmán_107
Gnas_38, 89
Görz_75
Gottgetreu, Rudolph Wilhelm_34, 36, 37, 58, 59, 75, 81, 93, 106, 115, 120
Götz, Jacob _84
Goyen bei Meran (Schloss)_42
Graf, Willi_67
Gräfenberg/Jesník Lázně_99

125

Graschberger, Robert_36
Grässel, Hans_16, 19, 31, 34, 38, 48, 51, 57, 58, 60, 93, 120
Graz_38, 42, 64, 72, 73
Griechenland_8, 11, 14, 33, 55, 118
Grillparzer, Franz_14, 55
Grissemann, Karl_72
Groß Skal/Hrubá Skala_96
Grueber, Bernhard_96
Gutensohn, Johann Friedrich_96
Györgyi Dénes (Dionysus)_109

H ------------------------------------
Haberzettel, Adam_98
Haida/Bor_48
Haindl (Bezirksingenieur, München)_40
Hall in Tirol_66
Hallstadt_33, 88
Hamburg_18, 35
Hansen, Theophil_14, 32, 33, 55, 74, 91, 92, 93, 105, 117, 123
Hartl, Hans_83
Hase, Conrad Wilhelm_32, 39, 57, 93
Haslach_50
Hauberrisser, Georg_17, 34, 37, 38, 55, 57, 58, 59, 82, 89, 106, 115, 117, 120, 122
Hauenstein/Haustejn_96
Haussmann, George Eugène_13
Hauszmann, Alajos_106
Hegedüs, Armin_107
Heilmann & Littmann (Firma)_19, 30, 37, 44, 51, 52, 59, 61, 74, 120
Heilmann, Jakob_14, 38, 44, 120
Helbig & Haiger_44, 46, 73
Helbig, Henry_49
Helmer, Hermann_34, 58, 93, 95, 117, 122
Hemmrich, Robert_99
Henrici, Karl_17, 19, 55
Herbert, Eduard_35, 50, 60, 90, 100, 109, 113, 115, 120, 121
Herdegen, Friedrich_36
Hermannstadt/Nagy Szeben/Sibiu_43, 111
Hess, Peter_14
Hessel, Franz_7
Hessemer und Schmidt_43, 51, 60, 67, 89, 113, 120
Hessemer, Fritz_51
Hikisch, Rezsö_109
Hikisch, Rezső_10, 34, 35, 48, 58, 60, 107, 109, 119
Hildebrand, Adolf von_54
Hinz, Jan_34, 76, 77, 115
Hirsch (Architekt)_38,
Hirth, Georg_14
Hittorf, Jaques Ignace_21
Hocheder, Karl_11, 16, 25, 34, 35, 38, 42, 43, 48, 55, 57, 64, 70, 73, 74, 77, 78, 80, 81, 84, 93, 94, 111, 120
Hoepfel, Karl_89
Hofer, Paul_51
Hoffmann (Bauinspektor)_98
Hofmann, Julius_33, 36, 38, 39, 57, 58, 59, 102, 119, 120
Hohenschwangau (Schloss)_34
Hollósy (Maler)_108, 109
Hönel, Hans_90
Hönig & Söldner (Atelier)_44
Hönig, Eugen_36
Horta, Victor_29
Hötzl, Josef_90

Hübsch, Heinrich_21
Huter (Firma)_69
Huter, Johann Martin_72
Huter, Josef_72
Huter, Paul_70, 73
Huter, Peter jun._72
Huter, Peter sen._72
Huter, Theodor_70, 73

I ------------------------------------
Infeld, Adolf von_90
Ingwersen, Bernhard_52
Innsbruck_5, 9, 33, 35, 36, 37, 38, 42, 50, 52, 54, 56, 58, 59, 65, 67, 68, 69, 70, 71, 72, 73, 74, 75, 76, 82, 83, 113, 114, 115, 116, 122, 123, 124
Innsbruck-Amras_19, 68
Innsbruck-Pradl_38
Irschara, Josef_76
Iszkaszentgyörgy_54
Italien_14, 20, 23, 35, 55, 65, 104, 109

J ------------------------------------
Jehly, Hans_82
Jehly, Jakob_82
Jeuch, Caspar Josef_32, 55, 57, 81, 115
Jugend (Zeitschrift)_14, 28
Jummerspach, Fritz_35, 58, 67, 113
Junker, Carl_102

K ------------------------------------
Kahr, Gustav_31
Kaiser, Hugo_19, 120
Kaiser, Joseph_30
Kann, Gyula (später Kosztolányi)_108
Karlsbad/Karlový Vary_33, 43, 50, 51, 98, 99, 123
Karlsruhe_20, 21, 32, 33
Kármán, Géza Aladár_109
Kármán, GézaAladár_50, 109
Kayser & Großheim (Atelier)_102
Kayser, Gangolf_39, 96
Keszthely_33, 110
Kick, Friedrich_36
Kiefersfelden_98
Kirchmayr, Hermann_65
Kiskunhalás_109
Kitzbühel_68
Kleinoscheg, Felix_53
Klenze, Leo von_8, 11, 13, 20, 21, 22, 32, 34, 36, 37, 55, 72, 91, 92, 95, 96, 104, 105, 106, 118, 119, 120, 122
Klingler, Eduard_67, 70, 73
Kmunke & Köhl_24, 94, 118
Köln_21, 39, 117, 118, 122
König, Karl_101
Könyves, Imre_110
Konzert, Friedrich_70, 73
Köpf, Josef_70, 71
Korb & Giergl (Atelier)_107
Korb, Flóris_102, 107
Koris, János_111
Körössy & Sebestyen (Firma)_24
Körössy, Albert Kálmán_10, 108
Körössy, Albert Kálmán (Koloman)_108
Korpitsch, Franz_90
Kós, Károly_10, 107
Kosztolányi, Gyula_10, 108, 109
Kosztolányi, Gyula (Julius)_108
Krakau (Kraków)_8, 61, 63, 101
Krapf, Anton_65
Krasna Horka_51, 111
Kratzau/Chrastava_98

Krauss & Tölk (Atelier)_99
Krauss, Franz_99
Kremer, Karol_8, 101
Kreuter, Franz Jakob_20, 32, 66, 92
Kreuth_53
Kroher, Friedrich_62
Kronenberger, Josef_42
Kronfuß, Johann (János)_99, 110
Kronstadt/Brassó_48
Krynica_101
Księżarski, Feliks_8, 101
Kufstein_19, 40, 67, 68
Kühn & Fanta_67
Kürschner, Wilhelm_11, 47 77, 80
Kurz, Otho Orlando_35, 42,50, 89
Kuttenberg/Kutná Hora_96
Kuttenplan/Chodová Plána_98

L ------------------------------------
Laibach/Ljubljana_63, 102
Laimbach, G._75
Lana_80
Landeck_33
Landshut_94, 109
Lang, Julius_39, 96
Lange, Emil_33
Lange, Ludwig (Paul ?)_20, 33, 34, 68, 88, 98, 110
Langheinrich, Max_34, 47, 53, 80, 90, 109
Lasne, Oskar_19, 67, 68, 93
Lausanne _109
Lechner, Jenö_109
Lechner, Ödön_53, 107
Leins, Christian_32, 41
Leipzig_16, 33, 98
Lemberg/Lviv_101
Leoben/Steiermark_24
Levico/Valsugana_43, 80
Lincke & Littmann (Firma)_24, 94
Linder, Konrad_36
Lindner, Georg_62
Linz_49, 51, 89
Littmann, Max_11, 14, 79, 82, 111
Lochau bei Bregenz_82
Loos, Adolf_9, 16, 72, 109
Lothary, Christain_37, 41, 89
Louis XIV._23
Louis-Seize_25
Lübeck_64, 72
Ludwig I. von Bayern_13, 16, 20, 22, 33, 55, 118
Ludwig II. von Bayern_20, 22, 23, 32, 36, 39, 45, 82
Ludwig III. von Bayern_33, 35
Ludwig, Alois (auch Aloys)_52, 78, 93, 94
Ludwig, Gebrüder (Atelier)_52, 78
Ludwig, Gustav_52, 78
Ludwig, Kronprinz von Bayern_68
Luitpold, Prinzregent von Bayern_16, 20
Luitpoldgruppe_28
Lun, Karl_38, 79
Lutz, Ludwig Christian_54, 73
Lux, Joseph August_16, 17, 20, 55, 56, 122
Luxemburg_14, 55, 59

M ------------------------------------
Mader, Franz_51, 74
Mainz_85
Majewski, Tomasz_8, 101
Mallaun, Otto_82
Marggraf, Johann_33, 57, 121

Marienbad_47
Max I. Joseph von Bayern_16, 20, 75
Maximilian II. von Bayern_10, 16, 20, 22, 33, 34, 37 56, 61, 91
Mayr (Firma)_69
Mecenseffy, Emil von_35, 36, 38, 44, 58, 93
Mehrerau bei Bregenz_32, 81
Meran_5, 11, 18, 38, 42, 43, 47, 48, 49, 51, 56, 59, 66, 67, 72, 77, 79, 80, 101, 113, 115, 123
Meran/Obermais_42
Metzger_20
Mexiko _38, 39, 96, 102
Mikuvic (Architekt)_89
Miller, Oskar von_66
Minnesota/USA_32, 55
Miramare (Schloss)_38, 39, 102, 103
Miskolc_105
Mitzka, Philipp von_67
Mokłowski, Kasimierz_102
Moltheim, Hubert Walcher von_96
Monter, Maxim J._99
Morchenstern/Smržovká_99
Morris, William_31, 107
Moskau_31, 33, 55
Müller, Johann Georg_ 92, 116, 117, 121
Müller, Karl Ritter von_26, 37, 45, 58, 65, 66, 77, 78, 113, 115, 121, 122
Münchner Seccession_28
Mund, Johannes_19, 121
Münnich, Aladár_109
Münsing am Starnberger See_102
Murnau_30, 42
Musch & Lun (Firma)_79
Musch, Josef_79, 80
Muthesius, Hermann_75
Mutscheller, Alois_68
Mylius & Bluntschli_40

N -----------------------------------
Natter (Bregenz)_83
Neisse/Jablonec nad Nisou_35, 98
Németh, Tamás_111
Neubeuern_42
Neumann, Franz von_24, 94, 118
Neumann, Max_45, 53, 60, 72, 110, 121
Neureuther, Gottfried von_14, 23, 32, 33, 34, 37, 38, 41, 48, 56, 57, 58, 59, 68, 75, 76, 77, 92, 93, 96, 106, 108, 115, 118, 121, 122
Neuschwanstein (Schloss)_22, 32, 102
Niederösterreich_5, 34, 60, 65, 91, 95, 117, 118, 122
Nigler, Ernst_67
Nigler, Josef_66
Nolte, Gustav_77
Nordamerika_14
Nordböhmen_35, 44, 98
Norer (Firma)_69
Norer, Jakob_74
Norkauer, Fritz_36, 80
Nüll, Eduard van der_21, 61, 93, 98, 110
Nürnberg_23, 38, 44, 58
Nyilas, Ferenc_45, 53, 110

O -----------------------------------
Oberammergau_39
Obladis bei Landeck_33
Óbuda_109
Ödenburg/Sopron_109
Odrzywolsky, Sławomir_61
Ohlmüller, Josef Daniel_13, 20, 32, 57, 92, 96, 98, 118, 121

Ohmann, Friedrich_43
Olmütz/Olomouc_99
Orlik (Schloss)_96
Ostenrieder, Max_40
Österreich_12, 14, 15, 16, 18, 19, 20, 34, 42, 65, 66, 67, 81, 92, 96, 101, 104
Otto von Griechenland_33

P -----------------------------------
Palmschoß bei Brixen_53
Paris_13, 21, 23, 28, 31, 44, 48, 52, 102, 107, 109, 110
Passau_39
Paulmichl, Karl_65, 68
Payer (auch Payr), Arthur_50, 65, 67, 74, 100
Perlach_98
Pertsch, Johann Nepomuk_13, 102, 119, 121
Pest_22, 104, 105, 106, 123
Petz, Josef_90
Pfann, Paul_35
Pfeiffer (Dozent)_35
Pirchan, Emil_53
Pirich, Karl_86
Pisek_98
Plečnik, Josef_93
Pokutyński, Filip_8
Pola/Pula_37
Polen_8, 14, 51, 76, 102, 119, 123
Popp, Franz_45, 53, 110
Posen/Poznan_51
Pössenbacher (Möbelfabrikant)_82
Prag_9, 17, 23, 36, 37, 48, 50, 51, 52, 58, 75, 85, 96, 98, 99, 100, 114, 118
Prag-Bubenec_51
Pren, Hugo_87
Pressburg/Pozsony/Bratislava_33, 94, 110
Preußen _15, 104
Prinz-Carl-Palais_16, 26
Prossnitz/Prostějov_100
Pruska, Anton_31
Puchberg bei Wels_88
Pulitzer, Gustav_35
Purtscheller, Carl_74

Q -----------------------------------
Quittner, Zsigmond (Siegmund)_107, 108

R -----------------------------------
Radstadt_85
Ranchner, August_36, 93
Rank, Josef_31, 49, 79, 121
Rank, Franz_34, 46, 47, 48, 49, 60, 82, 115, 121
Rank, Hubert_115
Rank, Ludwig_49, 121
Rank, Gebrüder (Firma)_19, 20, 30, 31, 34, 48, 49, 55, 59, 60, 62, 77, 100, 115, 120, 124
Rannersdorf bei Schwechat_48, 96
Rauscher Ludwig (Lajos)_106
Ray, Rezső_10, 109, 119
Reder, Theodor (später Redey, Tivadar)_106
Regensburg_96
Rehlen, Robert_34, 48, 55, 56, 57, 60, 63, 121, 123
Reichenberg/Liberec_33, 38, 67, 98, 99, 100, 118
Reichl, Kálmán_109
Retter, Josef_50, 75
Richardson, Henry Hobson_29
Riedel, Eduard _22, 32, 55, 57, 81, 92, 102, 115, 121
Riemerschmid, Richard_30, 54, 56, 57, 60, 74, 108, 121, 122

Rietzler, Franz Xaver_45
Ring, Alois_68
Ring, Gebrüder (Atelier)_67
Ringler, Arthur_36, 70, 73
Romano, Julius von_92
Romeis, Leonhard_19, 25, 43, 59, 68, 70, 72, 90, 121
Rosenthal, Herbert_89
Rösner, Carl_20, 21, 98
Rotenturm an der Pinka_96
Rotholz bei Jenbach_43, 68
Rumänien_14, 43, 55, 106, 111
Rumpelmayer, Viktor_33, 93, 110, 120
Rusch, Jakob_82
Russland_8, 11, 14, 55

S -----------------------------------
Sachers, Gustav_33, 57, 98, 100, 118
Sachers, Gustav Alfred_100
Sachs, Wilhelm_65
Sachsen_13
Salzburg_5, 24, 34, 35, 51, 58, 59, 65, 73, 84, 85, 86, 87, 88, 113, 116, 117, 118, 122, 123, 124
Santa Fé bei Rio de Janeiro_38
Sárvár_35
Sattler, Carl_89
Scherer, Josef_36
Schiefthaler, Franz_44
Schiestl, Rudolf_31
Schlager, Matthias_88
Schmer (Architekt)Kepka, Karel Hugo_100
Schmidt, Albert_24, 33, 34, 39, 57, 58, 59, 82, 121
Schmidt, Ferenc_110
Schmidt, Franz_120
Schmidt, Friedrich von_34, 37, 39, 50, 58, 59, 85, 101, 106, 119, 123
Schmidt, Friedrich von (München)_39
Schmidt, Heinrich Freiherr von_35, 39, 58, 59, 93, 106, 111, 121
Schmidt, Hugo_46
Schmidt, Johannes_51
Schmidt, Johannes_51
Schmidt, Justus_116, 117, 123
Schmidt, Karl_90
Schmitz, Josef_38
Schneider, Georg_85
Schöch (Baumeister)_82
Schoelkopf, Guimard_28
Scholz, Robert_107
Schulte, Julius_88
Schumacher, Fritz_35, 42, 58, 59, 60, 123
Schweiz_14, 32, 55, 65, 81, 109
Schwendenwein, August von_92
Seidl, Emanuel von_14, 30, 34, 42, 57, 64, 80, 96, 98, 121
Seidl, Gabriel von_14, 19, 23, 24, 30, 31, 34, 35, 41, 43, 55, 56, 57, 59, 60, 67, 74, 93, 98, 111, 117, 120, 121, 122
Seidl, Gebrüder_35, 48, 58, 88
Seidler, Julius_70, 71
Semper, Gottfried_22, 32, 33, 37, 41, 56, 57, 92
Sevilla_49
Siam_14, 55
Sicardsburg & van der Nüll (Atelier)_61
Sichrow/Sychrov_96
Sidek & Tilčner (Firma)_24
Siebenbürgen_10, 34, 45, 48, 53, 78, 107
Sitte, Camillo_17, 44, 55, 65, 92, 123
Sitte, Franz_92
Skandinavien_14

127

Spanien_14, 49, 55, 60
Spannagl, Wilhelm_40
St. Florian_24,
St. Gallen_82
St. Gilgen_42, 87
St. Johann im Pongau_85
St. Louis_95
St. Moritz_51
St. Petersburg_101
Stacherski, Antoni_8, 101
Stadl-Paura_51, 89
Steger, Franz_81
Steinbach, Heinrich_16, 55
Steindl, Imre_106
Stengel & Hofer Atelier_30, 51, 64
Stengel, Heinrich_51
Stern, Eduard_96
Sterzing_41, 77
Stier, Wilhelm_37
Stöhr, Karl_87
Storno, Ferenc sen._109
Straßburg_41
Strehlin, Oscar_36
Streiter, Richard_34, 56, 57
Stühler, Friedrich August_21,
Stüler, August_105
Stuppöck, Eduard_88
Stuttgart_48, 51, 70
Suchodolski, Siegmund (Zygmunt) von_102
Südamerika_14, 38, 55
Sullivan, Louis_29
Szeged_47, 110
Székely, Bertalan_106

T -----------------------------------
Temesvár/Timisoara_110
Temmel, Josef_90
Teplitz/Teplice_44, 52, 98
Tessenow, Heinrich_34, 35, 47, 48, 58, 60, 96, 111
Thiersch, August_30, 31, 34, 35, 37, 41, 57, 58, 59, 121
Thiersch, Friedrich von_14, 23, 24, 30, 32, 33, 34, 35, 38, 41, 48, 50, 56, 57, 58, 59, 60, 77, 86, 93, 108, 119, 121, 122

Thiersch, Heinz_55, 58, 59, 60, 123
Thiersch, Hermann_58
Thoma, Ludwig_18, 55
Thumersbach b. Zell am See_42, 87
Tirol_5, 12, 16, 23, 30, 33, 34, 35, 37, 38, 40, 43, 48, 58, 66, 67, 68, 70, 72, 73, 74, 80, 81, 104, 113, 114, 124
Tittrich, Karl_44, 52
Tölk, Josef_99
Töll_66
Tommasi, Jakob_75
Tommasi, Natale_68, 69, 75
Tommasi, Simon_75
Triest_14, 33, 38, 58, 75, 102, 103, 122
Troost, Paul Ludwig_30, 31, 34, 57, 89, 121
Troppau/Opava_38, 98
Tschechoslowakei_9, 100
Turnau/Turnov_96

U -----------------------------------
Ulam, Michal (Firma)_102
Ullmann, Gyula_109
Ullmann, Ignaz_98
Ungarn_5, 10, 12, 14, 15, 22, 24, 32, 34, 35, 41, 43, 45, 48, 53, 59, 60, 65, 66, 95, 104, 105, 106, 107, 108, 109, 111, 119, 122, 123
Urban, Josef_47, 95

V -----------------------------------
Vágo, József_107, 108
Vágo, Lászlo_108
Vaja, Ignaz_77
Velde, Henry van de_16, 29
Vidor, Emil_10, 108
Voit, August_20, 21, 22, 32, 34, 56, 57, 121
Volbehr, Heinrich_102
Vorherr, Gustav_13, 36, 121
Vorhölzer, Robert_31, 121

W -----------------------------------
Waderé, Heinrich_31
Wagner Schule_16
Wagner, Otto_40, 52, 53, 72, 75, 86, 88, 91, 93, 94, 109
Waidenschlager, Sigmund_36
Walenta, Karl_90

Weber, Anton_67, 96
Weimar_44, 51, 74
Weißenbach an der Triesting_96
Welzenbacher, Lois_35, 58, 67, 89, 113, 117, 122
Wessiken, Josef_65, 86, 87
Wiedermann, Gustav_96
Wien_5, 9, 11, 12, 13, 14, 15, 16, 17, 19, 20, 21, 24, 25, 32, 33, 34, 35, 36, 37, 39, 40, 41, 42, 44, 46, 47, 48, 52, 53, 55, 56, 57, 58, 59, 60, 61, 65, 66, 67, 68, 72, 73, 78, 79, 81, 85, 86, 87, 89, 90, 91, 92, 93, 94, 95, 96, 98, 99, 101, 104, 106, 110, 115, 117, 118, 119, 120, 122, 123, 124
Wigand, Ede Torockai_10, 107, 119
Wörgl_68
Wurm-Arnkreuz, Alois_93

Y -----------------------------------
Ybl, Miklós_10, 104, 119

Z -----------------------------------
Zakopane_102
Zams_68
Zasche, Josef_9, 48, 60, 98, 99, 118, 122
Zawiejski, Jan_79, 101
Zeh, August_54
Zeh, August & Carl_64
Zell, Franz_30, 31, 36, 51, 54, 58, 60, 86, 89, 111, 116, 121, 122
Zenetti, Arnold_18, 32, 55, 57, 92, 93, 117, 121
Zerkowitz, Alexander_90
Zettler, Franz Xaver_31
Zickler, Friedrich_96
Ziebland, Adolf_45, 66, 92, 93, 121
Ziebland, Georg Friedrich_20, 21, 32, 33, 34, 57, 59, 113, 121
Ziebland, Müller & Kollmus_45
Zirl_19, 31, 40, 41, 56, 68, 114
Zítek, Josef_9
Znaim/Znojmo_49
Zsolnay (Ziegelfabrik)_107
Zürich_37
Zwirner, Ernst Friedrich_21
Zwister & Baumeister (Firma)_8